本书为中国社会科学院和英国学术院（British Academy）共同资助的"先进奖学金项目"（CASS–BA Advanced Fellowship）"社会福利与地方治理——中英比较的视野"的成果，受中国社会科学院学科建设"登峰战略"资助计划资助出版。

社会政策丛书
SOCIAL POLICY SERIES

SOCIAL POLICY
AND
LOCAL GOVERNANCE

社会政策与地方治理

—————— 欧 洲 和 中 国 的 经 验

Developments in
Europe and China

肖林　〔英〕张倩仪　主编

社会科学文献出版社
SOCIAL SCIENCES ACADEMIC PRESS (CHINA)

序

　　过去四十年中国经历了全面而深刻的社会转型过程。城市化、市场化、信息化和全球化的迅猛发展，给中国带来一系列重大挑战，诸如调整国家、市场和社会三者关系，缩小贫富差距和消除社会不平等，建设和完善社会福利体系，保护和改善生态环境，改革创新政府治理和社会治理体制等。与此同时，处于地球另一端的英国，也正在面临脱离欧盟、政府信任度的下降、难民危机及难民社会整合，以及社会福利制度的紧缩和转型等严峻问题。

　　"他山之石，可以攻玉。"身处全球化时代，有中国特色的现代化道路既离不开对发达国家先行经验的借鉴，同时也为世界贡献着带有独特鲜明"中国烙印"的重要经验。国际学术交流与合作本身就是全球化进程的重要组成部分。为促进中英学术交流与合作，2016年中国社会科学院社会学研究所与英国卡迪夫大学（Cardiff University）社会科学学院的学者共同申请了由中国社会科学院和英国学术院共同资助的"先进奖学金项目"（CASS-BA Advanced Fellowship）："社会福利与地方治理——中英比较的视野"。

　　位于威尔士首府的卡迪夫大学是一所世界著名学府和百强名校。它是威尔士地区唯一的罗素集团（The Russell Group，亦被称为英国的常春藤联盟）的成员。在英国官方发布的2014年英国大学科研实力排名（Research Excellence Framework，REF）中，卡迪夫大学位列第5位。卡迪夫大学社会科学学院，是英国规模庞大和最成功的以学科交叉为特点的社会科学学院之一。参与合作的英方团队的几位资深学者和年轻学者均来自该学院，他们各自在社会分层与社会流动、社会福利与社会政策、环境政策与环境治理、跨国贫困比较研究等领域取得了高水平和丰硕的学术成果；其中四位资深学者不仅在学术上颇有造诣，而且在欧盟、英国、威尔士等不同层级的政府决策和咨询中也发挥着重要的作用。两年多来，中方与英方学者分别在北京与卡迪夫开展了一系列丰富的学术交流活动，包括举办学术讲座和专题研讨会、与高校和智库进行座谈交流，以及参观访问本地社区与公益慈善组织等。

通过与英方团队的持续交流，我们觉得，虽然基本国情和所处发展阶段的不同导致双方学者的问题意识和研究对象有很大的差别，但他们的理论视角、研究方法和研究发现仍有不少值得借鉴之处。中英双方团队一致认为，共同编译出版一本中文学术论文集，向更大范围的中文读者推荐相关研究成果是一件很有意义的事情。论文集的英方论文选取主要是基于以下几点考虑：一是对中国国内相关研究具有一定启发或借鉴意义，二是能够反映英方学者的代表作品或前沿成果，三是结合定量与定性研究、兼顾学术价值和政策意义，四是优先选取发表在国际学术同行评审期刊上的文章。

"社会政策与地方治理"是本论文集所要关注的核心议题。20世纪末，"非国家主体"开始越来越多地进入西方国家的社会治理和福利供给过程中，各种形式的公私志愿合作模式大量涌现，比如通过私人市场和社会组织、社区等提供各类社会产品等，亦引发了西方学界对于治理问题的广泛关注，发展出福利多元主义、新公共管理、多层次治理、多空间治理等重要治理理论，这些对于中国治理理论的发展也具有相当有价值的借鉴意义。尽管如此，这些理论多是建立在西方国家（特别是崇尚效率的新自由主义国家）实践经验的基础上。事实上，中国的国家－社会关系因循了与西方国家不尽相同的发展轨迹，也演化出不同于西方实践的治理模式和治理经验。同时，中国的实践发展与西方国家也有相似之处，在市民参与的过程中，国家既扮演着协调者和推动者的角色，又保留了传统的管理者和监督者的角色。中国的实践经验表明，社会空间的开放和治理方式的转变，一方面有助于将普通居民形塑为具备更高道德水准的公民，另一方面也提升了国家提供社会产品的能力。

本论文集所选英方学者论文涉及欧盟的环境政策、环境治理中社会组织的作用、英国的难民和性别整合差异问题、就业市场上公平与社会流动的关系、工作贫困与社会排斥、物质剥夺与贫困的测量方法等不同研究主题。结合中国当前的生态和环境治理、精准扶贫战略、流动人口市民化、社会组织的培育和发展等重要现实问题，这些文章不仅具有理论对话价值也具有一定的政策借鉴意义。同时，本论文集也选取了中方团队中青年学者已发表的相关论文，涉及中国社区发展的自身路径、社会组织参与社区治理、社区公共服务等主题，其中的部分文章也得益于与几位英方资深学者的探讨交流。

这本论文集的编辑出版是我们双方交流合作的具体成果之一，希望借此机会为推动相关领域研究的国际交流和拓展学术视野贡献我们的一点绵薄之力。

肖林（中国社会科学院社会学研究所）
Sinyi Cheung（卡迪夫大学社会科学学院）

目　录

欧　洲

欧盟环境政策 …………………………… 苏珊·巴克（Susan Baker）/ 3

市民社会组织参与环境保护主流化的经验：一种欧洲区域政体的

政治系统视角 …………………… 保尔·钱尼（Paul Chaney）/ 45

欧洲居民如何应对经济动荡？

——对物质短缺的历时性研究

………… 安妮–凯瑟利·古伊欧（Anne-Catherine Guio）

马尔科·波马蒂（Marco Pomati）/ 79

性别与难民融入：有关融入与社会政策效果的定量分析

……………………………… 张倩仪（Sin Yi Cheung）

珍妮·菲利莫尔（Jenny Phillimore）/ 103

社会流动、公平与招聘政策

……………………… 拉尔夫·费夫尔（Ralph Fevre）/ 132

英国的工作贫困：对一个日益严重的问题的新分析

………………………… 罗德·希克（Rod Hick）

阿尔巴·拉瑙（Alba Lanau）/ 151

中　国

现代城市社区的双重二元性及其发展的中国路径 … 肖　林 / 187

"政府造社会"：社区公共服务领域的"社会生产"

　实践 ………………………………………… 史云桐 / 205

城市基层治理的民意分类视角

　——以北京市西城区"民意项目"为例 ………… 刘怡然 / 232

结构分化：当代中国社区治理中的社会组织 ……… 向静林 / 255

试探与博弈：权力让渡过程中的社会组织行动空间与边界

　——以 A 市某社会组织为例 …………………… 梁　晨 / 275

对我国医疗保险制度福利效应的评估

　——基于选择性的分析 ………………………… 於　嘉 / 297

欧盟环境政策

苏珊·巴克（Susan Baker）[*]

导　言

作为高消耗经济体，欧盟及其成员国不论在内部还是在世界范围内都对环境造成重大影响。约 8.8% 的全球温室气体排放量来自欧盟，并且欧盟每年制造出大约 250 亿吨废弃物，其中约有 9500 万吨是有害废弃物。[①] 与此同时，环境政策则是最重要且影响

---

[*] 苏珊·巴克，曾在佛罗伦萨（EUI, Florence）和瑞典（h. c. Umea, Sweden）获得博士学位，卡迪夫大学地方可持续发展研究所的荣休教授和联合主任。她被瑞典国王卡尔六世古斯塔夫认命为皇家环境科学教授，是第一位持有这个职位的女性。她是瑞典皇家农业和林业科学院的成员和皇家艺术协会的会员。她的研究专注于促进未来可持续的复杂的社会和生态的治理进程。她被任命为联合国多学科小组（Multidisciplinary Expert Panel of the UN IPBES）的专家，并担任联合国、欧盟委员会、瑞典政府环境保护署和威尔士政府的科学顾问。她有超过 160 篇的学术作品，她的作品已被翻译成好几种语言，在众多的国际科学会议递交论文。

[①] See Boden, T. A. , Marland, G. , and Andres, R. J. (2015). *National CO₂ Emissions from Fossil-Fuel Burning, Cement Manufacture, and Gas Flaring: 1751 – 2011*, Carbon Dioxide Information Analysis Center, Oak Ridge National Laboratory, US Department of Energy, doi 10. 3334/CDIAC/00001_ V2015；CEC, *Report from the Commission to the European Parliament and the Council: Progress Towards Achieving the Kyoto and EU 2020 Objectives*, Brussels, 28. 10. 2014, COM (2014) 689 final available at ec. europa. eu/transparency/regdoc/rep/1/2014/EN/1 – 2014 – 689 – ENF1 – 1. pdf. 2014；*Annex to the Report from the Commission to the European Parliament and the Council: Progress Towards Achieving the Kyoto and* （转下页注）

广泛的欧盟法律领域之一。20 世纪 70 年代初期伊始，欧盟就制定了一系列不断扩大的政策议程和监管制度来保护空气和水体质量、自然资源和生物多样性，管理废弃物，以及控制那些会产生不利环境影响的工业活动。此外，欧盟的环境政策还对其邻邦的环境政策产生相当深刻的影响，并且在全球环境治理中的作用愈发重要。

本文探究了欧盟的环境政策。首先讨论了欧盟对环境保护强有力的法律承诺，然后检视了架构欧盟路径的政策和战略文件。通过探索在部门层面整合环境政策时所面临的挑战，使读者深刻理解在实施中存在的困难。我们最后反思了更宽泛的政治和经济情境及其对于政策进展而言所产生的影响，而环境政策恰恰就嵌入这样的情境。

我们最后总结了更广泛的纳入了环境政策的一些政治和经济文本，以及纳入环境政策后产生的影响。

条约基础与监管的进展

1958 年的《罗马条约》（Treaty of Rome）中未曾提及环境保护，并且直到 20 世纪 70 年代，欧盟成员国内部以及国际上对环境的关注越来越多，欧盟才开始在此领域采取行动。欧盟声称经济扩张并不是唯一的目标，经济发展还应带来生活水准的提高和生命质量的改善（Baker, 2000）。然而，直到 1986 年《单一欧洲法案》（Single European Act of 1986）颁布，欧盟之环境保护的角色

（接上页注①）*EU 2020 Objectives*, available at ec. europa. eu/transparency/regdoc/rep/1/2014/EN/1 – 2014 – 689 – EN – F1 – 1 – ANNEX – 1. pdf. 2014；Eurostat, *Waste Statistics*, available at ec. europa. eu/eurostat/statisticsexplained/index. php/Waste_ statistics # Further _ Eurostat _ information；European Environment Agency, Waste Generation, 30 November 2017, available online at：https：//www. eea. europa. eu/airs/2017/resource-efficiency-and-low-carboneconomy/waste-generation.

才正式被认可。那时,欧盟委员会作为在欧盟提出新的政策议案的主体,担心成员国为了应对围绕环境议题持续增加的社会运动而加强环境立法会妨碍欧洲自由贸易。欧盟委员会,尤其是其中负责环境的管理部门——环境总局(Directorate-General for the Environment,简称 DG Environment),热衷于确保环境政策能更加全面地欧洲化。

欧盟环境政策最初聚焦于通过立法来抵御污染,特别是具有跨边界属性的污染,之后集中于支持内部市场的完善,包括制定欧盟贸易标准,诸如与产品有关的环境标准。有些进展是为了应对重大污染事件,例如《塞维索指令》(Seveso Directives)(Council Directive 96/82/EC;Seveso II & III 2012/18/EU),它试图控制包括危险物质在内的重大事故风险;而其他进展则是回应国际协定规定的义务。逐渐地,政策焦点发生了转变,从一般化的环境保护措施转向促进可持续发展。这种转变体现在条约的修订中,包括对 1992 年签署的《欧盟条约》[Treaty on European Union,又称《马斯特里赫特条约》(Maastricht Treaty)]以及 1997 年签署的《阿姆斯特丹条约》(Treaty of Amsterdam)的修订。《阿姆斯特丹条约》规定"可持续发展"与"经济和社会进步"一样,都是欧盟的目标。2001 年签署的《尼斯条约》(The Treaty of Nice)对此加以确认。2007 年签署的《里斯本条约》(The Treaty of Lisbon)强化了欧盟在内外追求可持续发展的承诺。2009 年,欧盟委员会重申,根据《里斯本条约》可持续发展仍旧是欧盟的一项基本目标。由于这些条约上的修订,可能没有哪个政府或国家联盟像欧盟一样,在可持续发展的问题上规定了这么严格的"宪法性"义务。可持续发展,如今在各成员国内和相互之间,已成为欧盟政治的一项准则(Baker and McCormick,2004)。《里斯本条约》还规定欧盟要进一步与保护和改善环境质量以及可持续利用全球自然资源的国际行动接轨。由于欧盟在全世界应对气候变化方面处于领导地位,该条约还将在国际层面应对气候变化确定为欧盟环境政策的一项特殊目标。

　　条约确定了欧洲一体化进程的范围和目标。在这些原则的指导下，欧盟通过调控经济行为以解决生产过程和部分消费活动对环境造成的负面影响，并在此方面发挥着越来越重要的作用。欧盟的经济调控行动催生出大量相关立法，主要以指令形式存在，以便管理日益增长的各类问题①。有几百项环境相关指令发布，旨在改善水的质量，包括海洋环境的质量；处理空气及噪声污染，包括交通及工业污染；确保化学品的安全；制定废弃物减量及循环再造标准；保护本地野生动植物；以及，维护生物多样性（Swords，2010）。其中，最复杂的指令之一为欧盟水框架指令（EU Water Framework Directive，WFD，2000）。该指令要求成员国划定流域地区并配套相应的流域管理计划（CEC，2014a），同时采用周期性流程管理的思维，要求所制订的"流域管理计划"每六年编制、实施和审查一次，并设定了一系列适用至 2027 年的实施细则。2012 年，为回应公众对"水框架指令"（Water Framework Directive）执行不力的质疑，欧盟委员会发布了一份保护欧洲水资源的蓝图，阐述了为改善"水框架指令"执行情况的行动计划（CEC，2012）。该蓝图预计将指导欧盟的水政策制定至 2050 年（CEC，2014b）。为了配合在环境政策中更多地利用市场手段的趋势，该蓝图同时阐述了如何通过将水资源使用及水污染成本内化来实现市场调节。为支持市场工具的利用，委员会随后对生态系统服务付费（Payments for Ecosystem Services）的应用进行了研究，以支持"水框架指令"的实施（European Union，2014）。该蓝图还提出了新的与水相关的绿色基础设施建设方案，如重新造林、恢复洪泛平原、土壤管理和建设可持续的城市排水系统，同时详细介绍了如何将水资源管理纳入欧盟的共同农业政策（CAP）和

---

① 各成员国必须达到欧盟指令设定的目标，各国政府必须使其法律适合这些目标，但可以选择具体的做法。各项指令都为成员国设定了具体期限，以便各国情有回旋的余地（参见：ec. europa. eu/eu_law/directives/directives_ en. htm）。

聚合政策（Cohesion Policy）。

然而该过程实际进展缓慢。2015 年一份关于"水框架指令"实施情况的报告发现，在"水框架指令"的基本措施中，只有23％已完成，66％正在实施，11％尚未启动（CEC，2015a）。此外，在"水框架指令"要求下划定的河流流域地区中，有三分之二地区不足以应对农业污染扩散问题。资金短缺也阻碍了相关工作开展。2017 年，Voulvoulis 等强调，作为有效实施"水框架指令"先决条件的系统思维的缺乏，实施过程偏离"水框架指令"初衷，同样阻碍相关工作执行（Voulvoulis et al.，2017）。欧盟委员会 2017 年的一份声明也反映出执行方面的困难，尤其是在跨境合作方面。尽管许多欧洲河流流域是国际性的，即跨越了行政边界和领土边界，但欧盟国家仍未找到有效执行水框架指令的通用方法。

在一项和欧盟水框架指令紧密相关的洪水评估与管理指令（2007/60/EC）（CEC，2017）[①] 中也发现了类似问题。在配额交易计划、自愿协议和生态标志的使用方面，也明显更多地使用市场工具，例如，在制定《欧盟排放交易体系》（ETS）的过程中就可以看到这一点。《第六次环境行动方案》（EAP）、《新的可持续发展战略》和《里斯本战略》（Lisbon Strategy）要求更多地利用这些手段，《第七次环境行动方案》也反映了这一点，这在下文还会提及。这些环境政策工具的使用，是欧盟向新治理风格转变的一部分。这种新自由主义的做法，让经济伙伴和利益相关者网络在政策的设计和实施过程中发挥更大的作用。人们对这些工具提出了一些批评，包括对《欧盟排放交易体系》（ETS）可能通过涨价将成本转嫁给客户，以及该计划可能导致"碳泄漏"给欧盟以外的企业的担忧（Muûls et al.，2016）。更严重的是，腐败使得二

---

① *Implementing the EU Water Framework Directive & the Floods Directive*，9 January，available online at：http://ec. europa. eu/environment/water/waterframework/objectives/implementation_ en. htm.

手碳补偿的转售和误报成为可能，黑客计划使得从国家碳排放登记处窃取信息成为可能，增值税欺诈行为仍在继续。2010 年，欧洲当局在排放交易中发现了数起所谓的"移转逃税"（carousel fraud）案件，涉案金额估计达 6.45 亿美元，造成至少 11 个国家的财产损失（UNEP，2013）。

2018 年 2 月，正式批准计划 2020 年后实施的新版《欧盟排放交易体系》（European Council，2018）。① 这些改革对每年减少的总排放量设置了上限，而将被纳入市场稳定储备的配额数量暂时增加一倍，直至 2023 年底（摄食率）。新的市场稳定储备金限额有效期限制机制将于 2023 年开始实施。修订后的《欧盟排放交易计划》（ETS）指令还包含一些新规定来抵御碳泄漏的风险（European Union，2018）。②

除了使用以市场为基础的和所谓的"命令和控制"立法和管理工具之外，该进程还依赖于"软"程序工具。这些措施包括《2001 年信息公开公约》（2001 Convention on Access to Information）、《公众参与决策和在环境事项上获得公正的机会公约》（又称《奥尔胡斯公约》）（Public Participation in Decision-Making Access to Justice in Environmental Matters，Aarhus Convention），以及在某些规划决策中使用环境影响评估（Environmental Impact Assessments，EIA）和战略环境评估（Strategic Environmental Assessments，SEA）。修订后的《2014 年环境影响评估（环评）指令》（2014/52/EU）简化了评估项目对环境潜在影响的指标。这种简化将推动更明智的监管，以减少行政负担，特别是对私营部门（CEC，2015b）。同样，

---

① *EU Emissions Trading System Reform*：*Council approves new rules for the period 2021 to 2030*，Press Release，27 February，available online at：http://www.consilium.europa.eu/en/press/press-releases/2018/02/27/eu-emissions-trading-systemre-Council-approved-new rules-for-the-period-2021-2030/.

② *Directive of the European Parliament and of the Council amending Directive 2003/87/EC to enhance cost-effective emission reductions and low-carbon investments and Decision (EU) 2015/1814*，Brussels，2015/0148（COD）/ PE-CONS 63/17.

也提出了修订废弃物政策指示的建议（CEC，2014c）。这些计划的改革是为了提高资源效率，包括通过废弃物收集和再利用。人们希望，这将创造一个更循环的经济，进而支持进一步的经济增长。它们还被设计成支持资源效率路线图和第七次环境行动方案的目标，下文还将提及。然而，有关修订废弃物的建议被撤回。官方给出的理由是，这些提案需要重新起草，使其更具远大目标，但一些议员认为，这一决定是大企业游说的结果（Crisp，2015）。2018年，基于欧盟委员会的循环经济政策，改革最终获得批准，下文将进一步讨论。在此，经济手段的使用（包括对"扩大生产者责任"计划的利用）是显而易见的。新的立法是建立在"废弃物等级结构"方法之上的，这就要求成员国采取具体措施优先考虑预防、回收和再利用，而不是掩埋和焚烧，促进循环经济（European Union，2018）。①

欧盟还加入了《联合国气候变化框架公约》（*UNFCCC*）、《京都议定书》（*Kyoto Protocol*）、《联合国生物多样性公约》（*UN Convention on Biological Diversity*）等一系列国际公约和议定书。它也是若干国际管理制度的成员，例如世界贸易组织制定的那些制度，这些制度的贸易政策有直接和间接的环境影响。国际社会的参与在制定欧盟政策，尤其是能源政策方面发挥着根本性的作用。在2015年巴黎联合国气候变化框架公约缔约方会议（COP21）的筹备阶段，欧盟同意到2030年在1990年的基础上减排40%。2020年、2030年和2050年的目标大致相同（CEC，2016a）。《巴黎协定》还包括一个5年的，所谓的"雄心周期"（ambition cycle），以盘点和重新审查他们的承诺，在必要时加强他们的贡献力度（CEC，2017b）。在《巴黎协定》规定的国家自主贡献（NDC）中，到2030年国内温室气体排放量较1990年水平至少减少40%的约束

---

① *Directive of the European Parliament and of the Council amending Directive 2008/98/ EC on waste*, *Brussels*, 2015/0275（COD）PE-CONS 11/18.

性目标现已得到所有成员国的批准（European Council，2015）。[①] 据估计，2016 年能源使用排放仅小幅下降 0.4%（Eurostat，2017），2017 年增加约 1%（Agora Energiewende and Sandbag，2018）。其结果是，1990 年至 2017 年的平均减排速度降至 0.8%。这是一个令人担忧的趋势，使欧盟更难实现 2030 年和 2050 年的减排目标。欧洲气候行动网络（Climate Action Network Europe）最近（2018 年 6月）的一份报告显示，所有欧盟国家都偏离了《巴黎协定》的目标。没有一个欧盟国家在减少碳排放的雄心和进展方面表现得足够好（CANE，2018）。[②]

这些具有约束力的减排目标对部门政策，包括下文讨论的能源部门政策，以及欧盟与其成员国之间的内部关系都产生了重大影响。例如，欧盟与维谢格勒集团（Visegrad group）（捷克共和国、匈牙利、波兰和斯洛伐克）之间关系紧张。捷克提议将能源效率节约从每年 1.5% 降到 0.35%；波兰提议将未使用的碳排放信用额转到下一个市场阶段，而这将压低其价格，减少二氧化碳排放激励。这些都是很好的例子（Neslen，2017）。此外，在气候政策方面，气候行动领先的成员国与落后的成员国间关系紧张。2018 年，瑞典的气候变化大臣呼吁欧盟到 2050 年实现零碳排放；荷兰首相敦促欧盟 2030 年的减排目标提高到较 1990 年减排 55%；与此同时，部分成员国政府对气候变化持明显的怀疑态度，爱沙尼亚、爱尔兰和波兰继续强烈反对国内及欧盟的气候行动。

2018 年 1 月，欧洲议会成员就清洁能源一揽子计划的关键内容、能源效率指令（EED）、可再生能源指令（RED）和能源联盟

---

① Available online at: http://www4. unfccc. int/Submissions/INDC/Published%20 Documents/Latvia/1/LV-03-06-EU%20INDC. pdf.
② *Off target: Ranking of EU countries' ambition and progress in fighting climate change*, Brussels, available online at: http://www. caneurope. org/docman/climate-energy-targets/3357 Off-target-rank-of-EU-countries-ambition and progress-in-fighting-climate-change/file.

监管治理达成一致。这些都是欧盟气候变化政策的关键组成部分，目前欧洲理事会和欧盟委员会正在就此类内容进行讨论。根据EED，议会通过了一项有约束力的欧盟层面的目标，即提高能源效率至35%，并将每年的节能要求从0.75%提高到1.22%。此外，RED还计划将可再生能源在欧盟能源结构中的比例在2030年前提高到35%。这一水平的雄心为与欧盟成员国进行一轮富有挑战性的讨论奠定了基础，欧盟成员国只同意将能效目标降低27%（IEEP，2018）。[①]

尽管委员会建议将气候目标的预算占比较目前的20%再做提高，但其影响将取决于如何严格衡量目标。这就需要对气候支出跟踪采取更严格的方法，并更明确地确定支出是用于缓解气候变化问题，还是用于增强气候弹性（IEEP，2018，见上文）。此外，提请审议的促进私人投资的新工具"InvestEU"的运作情况如何，以及它如何有效地针对低碳投资，也将至关重要。将气候变化考虑纳入欧盟政策还需要将气候主流化应用到气候支出目标（IEEP，2018）未覆盖的75%预算中。在预算谈判进行过程中，有人建议将第一支柱中用于环境保护的绝缘防范性资金（ring fenced money）［即所谓的"绿化"（greening）］移除，代之以"自愿生态计划"（voluntary eco scheme），这也引起了关注。

无论是历史上的减排速度，还是预计的减排速度，都不会让欧盟实现其2030年的目标，至少在现有措施下不会。因此，已宣布的针对气候变化采取行动的雄心与迄今为止取得的有限进展仍然不匹配（Remling，2018）。[②]然而，2017年11月达成的欧盟排

---

① 'Policy outlook for the environment 2018: could momentum return?', available online at: https://ieep. eu/news/policyoutlook-for-the environment-2018 could-momentum-return.

② See also European Commission and European Environment Agency, 2017, *EU Adaptation Policy*, European Climate Adaptation Platform（CLIMATE-ADAPT）, available online at: http://cli mate-adapt. eea. europa. eu/eu-adaptation-policy/landing.

放交易体系改革可能给当前情况带来改善，因为改革可能导致排放额度价格上涨，从而降低煤炭的竞争力。此外，到2021年，欧盟燃煤发电厂将遵守新的空气污染法规，这可能进一步降低对煤炭的依赖。

随着时间的推移，欧盟扩大到28个成员国。成员国规模扩大要求欧盟在制订政策时必须考虑到更加多样化的生态系统类型和环境条件。然而，不同国家政策风格和政治文化管辖权的增加，不仅使28个成员国之间的谈判更加复杂和耗时，而且往往导致软弱的妥协。同时，欧盟扩张还增加了确保政策有效执行的问题。若干新的成员国保持了不优先考虑环境问题的历史倾向，例如，维谢格勒集团（Visegrad Group）的国家能够在一系列环境问题上赢得欧盟的让步，包括上文提到的它们各自的国家减排目标。此外，新的成员国，特别是来自东南欧的成员国的执行能力也很弱。

环境行动方案

欧盟环境政策的框架是中期环境行动方案（EAPs），该计划将声明性承诺和法律承诺转化为政策行动。它们为欧盟环境总司的政策发展提供了前瞻性框架。第一次环境行动方案（1973～1976年）承认经济增长本身不是目的，第二次环境行动方案（1977～1981年）提到自然资源可得性对增长的限制，并申明"不应只从数量方面看待经济增长"。第三次环境行动方案（1982～1986年）将环境政策与共同体的工业战略联系起来，认为环境保护措施可以促进技术革新。这一论点被证明是决定性的，自第三次环境行动方案以来，环境保护已被视为提高欧盟经济竞争力的潜在动力。例如，这种信念继续反映在欧盟的政策中，下面讨论的2018年塑料战略（2018 Plastics Strategy）就证明了这一点。第四次环境行动方案（1987～1992年）进一步发展了这一理念，在借鉴和促进生态现代化原则的同时，将效率和技术创新作为解决环境问题的两大重点（Baker，2007）。

第五次环境行动方案（1993～2000年）第一次做出了促进可持续发展的明确政策承诺。方案在筹备里约热内卢地球首脑会议（Rio Earth Summit）期间拟订。环境评估方案一直是深入评估的主题，这些评估表明，到2000年为止，对环境有害的经济和社会趋势，特别是在运输、能源和旅游业方面，没有出现逆转（EEA，1995）。欧盟占全球资源消耗的15%～20%；在此期间，该占比保持不变。

第六次环境行动方案，《我们的未来，我们的选择》（Our Future，Our Choice）（2001～2010年），试图通过制定一个更具战略性和针对性的方案来解决实施中出现的系列问题（CEC，2001a）。它确定了四个优先行动的环境领域：气候变化，自然和生物多样性，环境、健康和生活质量，自然资源和废弃物。七项专题战略中都列出了详细措施，继而用来确定进一步的立法建议。在第六次环境行动方案指导下，欧盟采纳了多项新的环境政策和措施，在不同领域设定了雄心勃勃的目标，并制定了多项"跨界"的策略和计划。然而，由于未能制定具体目标，以及监测和报告机制有限，削弱了第六次环境行动方案的实施效果。此外，欧盟各项政策间的一致性也很弱。对委员会来说，部门一级的环境政策一体化特别难以实现。例如，运输持续造成重大的环境负担，不可持续的消费和生产造成的环境压力继续增长（CEC，2011）。欧盟在东欧交通政策中优先考虑道路建设，进而引发了道路建设项目与欧盟生物多样性保护政策之间的冲突，也是政策一体化失败的一个很好的例子（CEE Bankwatch Network，2007；Baker，2012）。

再举一个例子，共同农业政策（CAP）条例也导致了严重的环境恶化。对保持农产品价格的高度支持，鼓励了集约化农业的发展。由此增加的化肥和杀虫剂的使用导致了水污染及土壤污染。同时，集约化农业发展破坏了树篱、石墙、沟渠及湿地排水系统，减少了大量鸟类、植物和其他野生动物的自然栖息地。在一些地区，集约化农业已造成水的过度消耗，并加速了水土流失。当前，该计划已经进行了一系列改革，以解决日益严重的环境问题，使其能够更好地支持农村生计。改革包括引入农业环境措施，以及最近的气候变化措施。例如，2013 年的改革向农民提供了直接支付，即所谓的"绿色支付"（greening payments），以支持有利于气候和环境的农业实践（CEC，2016c）。

一些事态发展给改革带来了新的压力，包括农产品价格下跌、贸易谈判再次强调双边协议、欧盟在 COP21 后根据《联合国气候变化框架公约》（UNFCCC）和联合国可持续发展目标（SDGs）做出的国际环境承诺，以及日益增长的对食品安全的担忧（CEC，2017 c）。

2018 年 6 月，欧盟委员会推出了期待已久的将于 2020 年后实施的碳排放上限立法提案——《共同农业政策的现代化和简单化》（Modernising & Simplifying the Common Agricultural Policy）[1]。该提议与欧盟的预算方案——"2021 – 2027 多年度财政框架"（Multiannual Financial Framework 2021 – 2027）密切相关。新的方案更加强调环境，以支持向可持续农业的过渡。具体实施措施中，提高条件限制、强制生态计划以及延续在第二支柱下的环境和气候最低支出费用都包括在内。然而，对直接支付的持续关注使得大部分的 CAP 支出可能与公共产品的交付脱节（IEEP，2018）。[2] 还有人担心，委员会让成员国在预算期内自行提出农业部门应实现多少温室气体减排，这意味着，在各成员国 2021 年提交新排放上限之前，公众不会知道各成员国的实际减排贡献。非政府环保组

---

[1] Available online at：https：//ec. europa. eu/info/food-farm-fisheries/key-policies/commonagriculturalpolicy/future-cap_ en.

[2] *What is the fate of environmental ambition in the proposed EU agricultural policy?*，available online at：https：//ieep. eu/news/what-is-the-fate-of-environmental-ambition-in-the-proposed-eu-agricultural-policy.

织对这种做法一直持强烈批评态度①。与此同时，2018 年 5 月，来自 8 个国家的诉讼当事人，包括在瑞典本土萨米社区（Sami community）的成员，对欧盟以未能充分保护他们免受气候变化影响为由发起法律行动（The Guardian，2018）。② 欧盟委员会还提议将《欧盟环境与气候行动计划》（CEC，2018）。③ 的资助增加近 60%，这也包括将欧盟 25% 的预算用于气候变化的雄心壮志（IEEP 2018）。④

关于预算的决定对于塑造欧盟的政策方向至关重要。在一些人均 GDP 较低的成员国，欧盟预算既占总体公共支出的很大一部分，又是实现经济增长和基础设施现代化的关键工具。例如，在保加利亚、匈牙利和罗马尼亚，欧盟的支出约占国家财富的 5%，是公共投资可用资源的一个非常重要的组成部分。这也意味着欧盟预算在一些成员国中具有重大的政治意义（IEEP，2018）。⑤ 因此，预算在环境完整性方面的弱点已降到成员国一级。

将环境维度纳入共同渔业政策（CFP）的努力也被证明十分困难。共同渔业政策在 2013 年进行了改革，将弃鱼行动（即将超出配额或未被配额覆盖的鱼丢弃）替换为岸上义务。然而，渔业管理与环境保护的整合尚未实现（IEEP，2016）。此外，由于欧盟委员会主席让 - 克洛德·容克（Jean-Claude Juncker）领导的委员会

① Peter Teffer，'Commission bets on states to make farm policy 'green''，European Observer，1 June，available online at：https://euobserver. com/environment/141972.

② 'We can't see a future' group takes EU to court over climate change'，available online at：https://www. theguardian. com/environment/2018/may/24/families-take-eu-court-climate-change-emissions.

③ 'Commission proposes to increase funding to support the environment and climate'，IP/18/4002，available on line at：http://ec. europa. eu/environment/life/news/press/index. htm#pr2018.

④ *The New EU Budget：Commission's Regional Development proposals and key issues for the environment*，available online at：https://ieep. eu/news/the-new-eu-budget-commission-s-regional-development-proposals-and-key-issues-for-the-environment.

⑤ 'Commission budget proposals for 2021 - 2027：An IEEP guide to the environmental issues'，available online at：https://ieep. eu/news/commis sion-budget-proposals-for-2021-2027-an-ieep-guide-to-the-environmentalissues.

及海事和渔业总局优先考虑尊重辅助性、相称性和更好规制原则……总是寻找最有效和最轻松的方法，因此当前时期不大可能会有很大改善（Juncker，2014）。根据《海洋政策纲要》（CFP）和《2008 年海洋战略框架指令》（Marine Strategy Framework Directive of 2008），欧盟需要对海洋环境方面的可持续发展义务做出更大的承诺。该指令是 2007 年推出的综合海洋政策的一部分，旨在制定一个管理框架，在欧盟层面促进海洋环境的"蓝色增长"和空间规划，下文将进一步讨论与生物经济有关的内容。该指令在法律上要求成员国在 2020 年前实现其水域的良好环境状态。然而，实施计划仍然薄弱，特别是成员国层面的实施计划（IEEP，2016；EEA，2015b）。此外，随着时间的推移，关于部门一体化承诺的讨论，往往被欧盟政策中关于"反思"环境问题必要性的更广泛讨论所取代。

2013 年，欧盟采用了适用至 2020 年的第七个环境行动方案《在星球限制内好好生活》（Living Well, within the Limits of our Planet）（OJ，2013）。第七个环境行动方案确定了欧盟面临的一系列挑战，并试图通过将欧盟变成一个具有包容性和可持续的绿色经济体，提高欧洲的生态弹性。第七次环境行动方案确定了截至 2020 年的 9 个优先目标，包括保护自然和加强生态恢复能力；促进可持续、资源高效、低碳增长；解决与环境有关的健康威胁等方面。该方案制定了一个框架，通过更好地执行欧盟环境法来支持实现这些目标，加强科学知识普及，确保在支持环境和气候变化政策方面的必要投资，改善环境问题在其他政策中反映的方式。该计划还旨在帮助欧盟城市变得更具可持续性[①]。近 75% 的欧洲人生活在城市和市区，到 2020 年，这一比例预计将升至 80%。城市面临着若干环境挑战，包括在确保粮食供应安全的同时减少其对环境的影响，以及在城市扩张所需的土地日益增长的情况下，努

[①]　See ec. europa. eu/environment/newprg.

力平衡健康生活对绿色空间的需求和维持生物多样性对绿色空间的需求。2016 年《阿姆斯特丹协定》（Amsterdam Pact）概述了欧盟城市议程的主要特点，其优先事项包括解决空气质量问题，通过推广绿色基础设施解决气候适应问题，以及促进能源转型（NLU，2016）。

第七次环境行动方案明确认识到环境政策一体化的重要性，以及必须同其他政策领域建立跨专题的联系。这是将环境、社会和经济诉求纳入政策制定过程，进行综合考量的关键性的第一步。然而，该方案并没有明确指出它所设定的不同优先事项之间的取舍优先级，这使得不同行动者和不同诉求（如社会和环境问题）之间难以进行谈判，也难以采取适当的行动（Endl and Berger，2014）。欧洲经济区在 2016 年对第七次环境行动方案的评估中明确指出，"应对第七次环境行动方案复杂的、相互关联的优先事项，需要更加综合和系统的知识方法"（EEA，2016）。该报告还得出结论，欧盟的自然资本尚未得到保护，环境压力继续为疾病的总体负担加压，需要进一步努力落实现有的环境和健康立法和政策（EEA，2016；参见 EEB，2013）。第六次环境行动方案就已经面临此类批评的困扰①。参见委员会的各种沟通文件，包括 2008年和 2012 年的文件［COM（2008）773，final］。②

第七次环境行动方案不同于以往的行动方案，其目的是解决环境、经济和社会挑战日益交互的现实问题，特别是气候变化方面。方案表明，欧盟立法机构的立法工作已经完备，现在需要把着重点集中在方案实施和非立法事务方面。此外，第七次环境行动方案强调，欧盟必须在国际环境治理方面发挥领导作用，特别

---

① See www. eeb. org/index. cfm/news-events/news/eeb-welcomes-respect-for-planatoryli-mits-in-7th-eap-proposal-but-misses-concrete-targets.

② Available online at：http://ec. europa. eu/environment/legal/law/pdf/com_2008_773_en. pdf；and COM（2012）95，final，available online at：http://eur-lex. europa. eu/legal-content/EN/TXT/？uri = CELEX：52012DC0095.

是在气候变化方面。这反映了这样一个事实，即《里斯本条约》在欧盟一级的环境政策目标清单上增加了一条，即支持采取国际行动对抗气候变化。这反过来又要求，自然资源需求的增长及其对环境的影响，必须由欧盟在其内部和外部的国际事务中加以解决。

  然而，认为欧盟立法已经成熟的说法可能还为时过早，尤其是考虑到有新的证据表明，糟糕的空气质量标准（尤其是在城市环境中）对健康的影响，以及气候变化和生物多样性丧失（包括自然资源稀缺）带来的日益严峻的政策挑战。考虑到在第六次环境行动方案中的承诺，当前还需要制定支持保持土壤环境质量的规章细则。由于缺乏理事会的支持，关于土壤框架指令的建议在 2014 年 5 月被撤回（CEC，2016d）。在缺乏共同政策框架的情况下，当前没有欧盟层面的政治或立法框架来支持综合一致的土壤管理办法（Ecologic，2017）。

  第七次环境行动方案也反映了欧盟关注重点从立法转向设定长期的环境战略，如 2050 年《低碳经济的路线图》（*Roadmap to a Low Carbon Economy in 2050*）[COM（2011）122]，《2020 年欧盟生物多样性战略》（*EU Biodiversity Strategy to 2020*）[COM（2011）0244]，《欧洲节约型路线图》（the *Roadmap to a Resouree-Efficient Europe*）[COM（2011）0244] 和《欧洲 2020 战略》（*Europe 2020 Strategy*）[COM（2010）2020]，下文还将就其中部分内容进一步讨论。欧盟立法方式的转变也符合《"更好的监管"一揽子计划》（'*Better Regulation*' *package*）[COM（2014）368] 的要求，即调查欧盟立法是否与初衷契合，下文同样将做进一步讨论。

  在鸟类指令（Birds）（2009/147/EC）和栖息地指令（Habitats Directives）（92/43/EEC）的基础上，关于建立"Natura 2000"自然保护区网络的自然保护政策发布。此外，为维护生态系统，加强相关配套服务建设，《2020 年欧盟生物多样性战略》设立目标，要求至 2020 年通过建立绿色基础设施至少恢复 15% 的已退化生态系统。

当前，生物多样性仍然受到严重威胁，农业污染、过度捕捞、道路建设和城市开发占用土地以及气候变化都对生物多样性造成压力。题为《欧盟自然环境现状》（State of Nature in the EU）的报告证实了此类压力对不同生物地理和海洋区域的负面影响（EEA，2015b）。同样，相关部门也强调了在实现欧盟 2020 年生物多样性战略目标方面未能取得有效进展（CEC，2015c）。这导致欧洲议会迫切要求解决欧洲生物多样性丧失导致的社会、生态和经济后果，同时要求欧盟不要重蹈未能实现 2010 年生物多样性保护目标的覆辙。2017 年环境实现审查国家报告（CEC，2017，*The EU Environmental Implementation Review：Common challenges and how to combine efforts to deliver better results*，CEC，Brussels，［SWD（2017）33 - 60 final]）同样反映了 2015 年《欧盟自然环境现状》报告指出的问题，即受保护物种和栖息地的总体状况并没有明显改善。评估显示，有四分之三以上的栖息地处于养护不利状态，其中很大一部分持续恶化；60% 的欧盟层面的评估表明非鸟类物种存续遭受威胁；15% 的野生鸟类数量减少甚至濒临灭绝，17% 野生鸟类存续受到威胁。2018 年，一份由权威环境保护组织（ENGOS）、欧洲国际鸟盟（BirdLife Europe）、世界自然基金会（WWF）、欧洲环境局（EEB）和欧洲"地球之友"组织（Friends of the Earth Europe）共同发布的报告更加让人担忧，报告指出，尽管大多数成员国（67%）自认为本国法律体系充分体现了鸟类和栖息地保护相关指令，但大多数指令未能实际实现。①

---

① BirdLife Europe，WWF，European Environmental Bureau（EEB）and Friends of the Earth Europe，2018，*The State of Implementation of the Birds and Habitats Directives in the EU An analysis by national environmental NGOs in 18 Member States*，available online at：https：//www. birdlife. org/sites/default/files/attachments/nature_ scorecards_ report_ mar ch2018. pdf；see also CEC，2016，*Mapping and Assessment of Ecosystems and their Services，Mapping and assessing the condition of Europe's ecosystems：Progress and challenges，3rd Report*，Final，available online at：http：//ec. europa. eu/environment/nature/knowledge/ecosystem_ assessment/pdf/3rdMA ESReport_Condition. pdf.

基于欧盟做出的改善监管承诺，欧盟委员会在 2014 年启动了一项对自然指令的评估，即"健康检查"（Fitness Check）。评估发现，鸟类和栖息地保护指令与其设立的保护目标相一致，但要求更好的执行力来践行法令。为此，欧盟委员会通过了《自然、人民和经济行动计划》（Action Plan for Nature, People and the Economy）（CEC, 2017）。① 该计划适用至 2020 年，旨在改善法令执行情况，并确定优先行动领域。然而，由于该行动计划未涉及资金问题，因此给大多数成员国带来的改善可能微不足道（IEEP, 2018）。② 欧盟委员会内部以及各种经济和环境利益攸关团体对"传粉者"数量下降的日益担忧，以及预计将于今年启动的"欧盟'传粉者'行动计划"，可能有助于改善未来状况。面对传粉者减少的问题，欧盟一些成员国制定了自己的传粉者战略和行动计划，并加强了对传粉者的监测和研究，这给欧盟建立统一有效的措施带来了更大压力。欧盟在 2018 年 4 月颁布的禁止使用新烟碱类杀虫剂（Neonicotinoid Pesticide）指令，体现欧盟在这一问题上的行动决心。

欧洲议会针对第七次环境行动方案的中期审查发现当前方案实施缺乏政策一致性，许多部门政策不能充分反映方案提出的环境与气候目标，甚至与之冲突。此类批评在第六次环境行动方案中已经出现，困扰方案设定者。有关生物多样性、废弃物管理、空气质量和噪音方面的立法尤其滞后（European Parliament Research Services, 2017）。③

---

① Brussels COM（2017）198 final, 198 final, available online at：http://ec. europa. eu/environment/nature/legislation/fitness_check/action_plan/incex_en.

② 'Policy outlook for the environment 2018：could momentum return?', available online at：https://ieep. eu/news/policy-outlook-for-the-environment-2018-could-momentum-return.

③ 7th Environment Action Programme Mid-term review：European Implementation Assessment（European Parliament, PE 610. 998, available online at：http://www. europarl. europa. eu/RegData/etudes/STUD/2017/610998/EPRS_STU（2017）610998_EN. pdf.

出版于 2017 年的《环境执行审查政策》（The Environmental Implementation Review）（CEC，2017d）对欧盟环境法和环境政策的实施情况进行了广泛描述。该报告同样强调了减少废弃物产生仍是所有成员国面临的重要挑战，包括废弃物回收率高的成员国。将废弃物产生与经济增长脱钩仍然十分必要。报告同时指出，受保护物种和栖息地的整体状况没有明显改善[1]。此外，尽管欧盟的空气质量在过去的几十年中得到改善，目前仍有超过 16 个成员国正面临因 PM10 浓度超过限度值带来的法律诉讼，12 个成员国 NO_2 浓度超过限度值，并缺乏有效的措施来解决空气污染问题[2]。

为了解决政策执行亏空的问题，首先，委员会起草了 28 份报告，具体论述了每个成员国在环境政策执行方面所面临的主要挑战和机遇[3]。同时，委员会还在环境部门之间建立了一个新的点对点学习计划，即所谓的"TAIEX-EIRPEER2PEER"计划（European Commission，2018），[4] 欧盟在此前，特别是在东扩筹备期间，也曾使用过这种转变政策和反思教训的方法。

人们提出了若干因素来解释执行方面的不足，包括行政能力不足，数据、证据和资料不足，地方一级职能失效，不适当的制

[1] See also CEC, 2016, *Delivering the benefits of EU environmental policies through a regular Environmental Implementation Review*, Brussels, 27. 5. 2016 COM（2016）316 final.

[2] CEC, 2017, *The EU Environmental Implementation Review：Common challenges and how to combine efforts to deliver better results*, CEC, Brussels, ［SWD（2017）33 - 60 final］, available online at：http://ec. europa. eu/environment/eir/pdf/full_report_en. pdf; see also, CEC, 2017, *The EU Environmental Implementation Review：Common Challenges And How To Combine Efforts To Deliver Better Results Annex：Guidance To Member States：Suggested Actions On Better Environmental Implementation 28 Country Reports*, available online at：http://ec. europa. eu/environment/eir/index_en. htm http://ec. europa. eu/environment/eir/index_en. htm.

[3] Brussels, 2017, *The EU Environmental Implementation Review：Common challenges and how to combine efforts to deliver better results*, COM（2017）63 final［SWD（2017）33 - 60 final］.

[4] 'Peer Learning for environmental authorities', available online at：http://ec. europa. eu/environment/eir/p2p/index_en. htm.

裁和低数额的罚款造成政策威慑力弱等。同时，还包括成员国的政治意愿缺乏，即在各类政策、方案、项目中缺乏足够的环境考量。此外，出于对经济增长的坚定信念，环境政策经常在欧盟机构内遭到反对，有时甚至导致在采取具体实施措施中无效拖延，在某些情况下，降低成员国的行动意愿（IEEP，2010）。欧盟环境政策评估表明环境政策未能有效减少部门政策对自然资源和全球生态系统所造成的压力，政策执行不足的后果由此可见。

委员会内部对这一问题的认识促使其再次尝试制定一项新的实施战略方针，设立《环境执行审查政策》（Environmental Implementation Review）也表现出委员会内部的决心。这样做的目的是对成员国的执行差距有一个全景化、系统性的了解；为各成员国在应对差距、迎接挑战方面创造一些进行有组织的对话的机会；使委员会能够提供有针对性的支持；为政治辩论和审议提供知情基础，加强合规文化；认定并分享最佳实践行动与共同存在的问题，充分利用欧盟各地积累的经验①。

总之，"中期环境行动方案"的应用使欧盟能够进行前瞻性规划，建立定期审查程序，这有助于突出环境行动中的成就和失败之处，明确其未来的挑战。随着时间的推移，"中期环境行动方案"的应用在多方面被证明有益。方案把战略重点放在发展立法上，这些立法反过来有助于改善环境质量，包括保护水质、减少空气污染、改善废弃物管理、提高化学品处理安全等，同时促使各方面开始着手解决海洋环境压力。长期规划也使欧洲委员会能够将环境问题列入政策议程，尽管环境问题在政策重要性上时有波动。同时，方案促使一些主观参与意愿弱的欧盟成员国加强了包括自然保护在内的环境保护。但是，正如委员会经常强调的那样，不仅需要加强现有立法的执行力度，未来需要采取重要的相

---

① CEC，2016，*Delivering the benefits of EU environmental policies through a regular Environmental Implementation Review*，Brussels，2016，COM（2016）316 final.

应措施将环境关怀纳入欧盟的部门政策，特别是农业和运输政策。

可持续发展战略

除了以"中期环境行动方案"为指导外，欧盟的环境政策同样受战略举措指导，包括《资源效率路线图》（Resource Efficiency Roadmap）、《2020 年生物多样性战略》（2020 Biodiversity Strategy）和《低碳经济路线》（Low Carbon Economy Roadmap）[①]。此外，欧盟的环境政策还以《建立一个更美好的可持续欧洲：欧盟可持续发展战略》（A Sustainable Europe for a Better World：A European U-nion Strategy for Sustainable Development）（EU SDS）（CEC，2001b）为指导，该战略在欧盟扩张后于 2006 年 6 月更新（CEC，2005）。

自 2001 年在瑞典哥德堡举行的欧洲理事会会议通过《欧盟可持续发展战略》（Sustainable Development Strategy，SDS）后，该战略有时也被称为《哥德堡战略》（Gothenburg Strategy）。该战略发端于 1992 年的里约热内卢地球峰会（1992 Rio Earth Summit），当时各国政府同意制定明确的国家战略，以及 1997 年的里约热内卢 +5 峰会（1997 Rio + 5 Summit），该峰会为所有国家制定了于 2002 年的约翰内斯堡可持续发展世界峰会（2002 Johannesburg World Summit for Sustainable Development）之前实施可持续发展战略的目标。《欧盟可持续发展战略》的目的之一是显示欧盟如何为促进全球可持续发展努力做出贡献。

更新后的"2005 年可持续发展战略"侧重于七个主要挑战，特别是与气候变化有关的挑战，主要包括实施、监测和后续行动的详细安排，并明确了对其他欧盟机构以及成员国的期望。战略制定了具体的量化目标和措施，如针对温室气体排放和能源效率的目标与措施等。政策整合在这一战略中发挥了核心作用。这些

---

① See ec. europa. eu/environment/newprg/index. htm.

目标在很大程度上是基于当时欧盟做出的国际承诺，如欧盟在《京都议定书》（Kyoto Protocol）、约翰内斯堡可持续发展世界峰会（Johannesburg World Summit on Sustainable Development）和"千年发展目标"（Millennium Development Goals）中的承诺；同时战略反映了欧盟内部政策的发展过程，如生物燃料发展过程等（IEEP，2010）。2016 年，欧盟提交了对"联合国 2030 年议程"的回复（CEC，2016e；see also CEC，2016f）。

虽然该战略发布反映了欧盟促进政策根本改变的坚定承诺，但其执行仍然是一项挑战。战略中一些环境目标含糊不清，例如将经济增长与环境退化脱钩。战略对概念澄清和对传统政策目标做出必要修订方面关注不足，优先考虑经济增长而不是环境关怀。这导致了将环境问题纳入部门政策的路径模糊（IEEP，2010）。对于增长的关注也反映在《2017 年欧盟总体行动报告》（2017 General Report on the Activities of the European Union）中。Jean-Claude Juncker 强调："现在是欧盟经济复苏的第五年，2016 年和 2017 年经济增长速度超过美国和日本，经济发展成果惠及全部成员国……我们的欧洲投资计划已经发起了超过 2560 亿欧元的新投资，创造了超过 30 万个工作岗位"（EU，2018）。[1] 容克曾宣称，"我作为委员会主席的首要任务将是提高欧洲的竞争力，刺激投资，创造就业"[2]。

《可持续发展战略》也反映了对环境问题的新思考，例如，战略承认生态系统服务的价值，更加强调促进可持续消费和生产，并要求将环境和健康方面纳入支消政策。持续更新的可持续发展战略开始涉及外部维度。2014 年，欧盟委员会发表了题为《人人享有体面生活：从愿景到集体行动》（Decent Life for All：From Vision to Col-

---

① *The EU in 2017*：*General Report on the Activities of the European*，Luxembourg：Publications Office of the European Union，2018，C（2018）1280.

② Jean-Claude Juncker，*Political Guidelines*，15 July 2014，quoted in EU，2018，*The EU in 2017*：*General Report on the Activities of the European* Luxembourg：Publications Office of the European Union，CEC，Brussels，C（2018）1280.

lective Action）的文章，讨论了基于联合国 2030 年议程制定的联合国可持续发展目标。该文的重要性在于，它认识到欧盟行动的国际意涵，以及在全球范围促进可持续发展的重要性（CEC，2014e）。然而，如果欧盟不大幅度改变以高消耗为首的现状，不向发展中国家提供大量额外的财政捐助，其可持续发展目标将难以实现。

2016 年，根据《联合国 2030 年可持续发展议程》（UN 2030 Agenda for Sustainable Development），《欧洲未来可持续发展的下一步行动》（*Next Steps for a Sustainable European Future: European Action for Sustainability*）正式发布。行动的目的是支持欧盟将联合国可持续发展目标加入欧盟政策及工作重点，同时反思前期工作，提出发展长期愿景及 2020 年后的部门政策即 "下一步行动"（CEC，2016）。① 2020 年后，新的 "多年度财政框架"（Multiannual Financial Framework）还将重新调整欧盟预算，使其朝着实现欧盟长期可持续发展目标的方向发展。"下一步行动" 还表明，使用更好的监管工具是确保可持续发展在欧洲政策中进一步主流化的关键。然而，当更好的监管工具被设计成提高效率的工具时，它就很难被用作提升政策一致性（Renda，2017）。现有的指标也因其未能展现细化准则和目标变革的雄心等受到强烈的批评②。《发展、世界、尊严、未来的新共识》（The New Consensus on Development, Our World, Our Dignity, Our Future）（European Union，2017）③ 也强调了政策执行的重要性，特别是要注重一体化行动。

---

① *Next steps for a sustainable European future: European action for sustainability*, COM (2016) 739 final, available online at: https://ec. europa. eu/europeaid/sites/devco/files/communication-next-steps-sustainable-europe-2016 1122_ en. pdf.

② SDG Watch, 'Not fit for purpose-SDG monitoring report fails to illustrate how far the EU is from a sustainable future', available online at: https://www. eesc. europa. eu/en/agenda/our-events/events/measuring-eu-progress-meeting-sustainable-development-goals/presentations.

③ *The New Consensus on Development, Our World, Our Dignity, Our Future*, available online at: https://ec. europa. eu/europeaid/sites/devco/files/european-consensus-on-development-final-20170626_ en. pdf.

"生物多样性战略"（Biodiversity Strategy）是欧盟全球行动中的政策框架之一，该战略承诺，欧盟将通过最大限度地减少欧盟的全球生物多样性足迹，即尽量减少欧盟内部政策和消费模式对欧盟以外生物多样性丧失的影响，来应对生物多样性危机，并将生物多样性问题作为欧盟外部环境治理的一个重要组成部分。在实践中，欧盟通过一系列手段实现这些目标，包括国际对话和谈判，贸易限制和激励措施，专门立法，如欧盟关于非法木材和野生动植物贸易的法规，以及能力建设（IEEP，2018）。[①] 欧盟政策设立了相对远大的目标，并积极参与国际公约。从积极的方面来看，有证据表明欧盟禁止野生动植物贸易是成功的，在过去几十年为禁止特定物种的全球贸易做出了贡献（IEEP，同上）。然而，该战略也有几个弱点：欧盟的外部生物多样性政策包括一系列不同类型的工具，严重依赖同贸易和发展合作等其他政策领域的整合（尽管这种整合很弱），是临时性的且不成系统。此外，欧盟在融资方面对生物多样性相关行动的重视仍然有限，监控工作同样不足。评估欧盟生物多样性战略实施进展的关键监控框架并不全面，监控框架主要提供有关进程进展的信息，而没有对进程的本质、有效性以及是否适合于目标进行批判性反思。监测得出的进展结论并不一定与欧盟实际参与的促进可持续发展贡献相一致。例如，官方监测报告《欧盟可持续发展，2017 年欧盟可持续发展目标进展监测报告》（European Union，2017）[②] 发现，在关注陆地生态系统的联合国可持续发展目标第 15 条中，所选择的监测指标大部分显示进展良好，但基于此不足以得出欧盟生态系统和生物多样性状况良好的结论[③]。因此，虽然欧

---

① *EU's global biodiversity policy: increasing effectiveness for conservation and sustainability*, available online at: https://ieep.eu/news/eu-s-global-biodiversity-policy-increasing-effectiveness-for-conservation-and-sustainability.

② Available online at: http://ec.europa.eu/budget/img/budget4results/SustainableDevelopmentInTheEU.pdf.

③ See also CEC, 2016, *Key European action supporting the 2030 Agenda and the Sustainable Development Goals*, CEC, Brussels, SWD（2016）390 final.

盟统计局制定了一套可持续发展指标（SDIs）①，表明欧盟在应对气候变化和促进低碳经济方面已在国际上处于领先地位，但是欧盟在交通、消费和自然资源利用等多个领域的战略执行仍出现难以持续的趋势（CEC，2009；EU，2015）。

总的来说，"中期环境行动方案"和相关战略文件代表了欧盟的环境政策框架，有助于将法律义务和声明承诺付诸实践。它们规定了实际举措、次级立法、具体方案和筹资的基本结构。通过回顾我们可以清楚地看到，欧盟的环境政策议程中持续出现新议题，且随着时间的推移，这些议题已经超出了欧盟范围，特别是气候变化等全球环境变化议题。近年来，欧盟在应对全球环境变化的国际环境治理中发挥着越来越大的作用。然而，欧盟的实际环境成就显然远远达不到政策发布的目标，尤其是将环境诉求纳入部门政策方面行动不足。

一体化进程内部的强力

自欧盟开始积极参与环境政策领域以来，环境政策发生了很大变化，包括欧盟扩大到 28 个成员国、《里斯本条约》的生效在内的事件改变了欧盟的体制结构。随着时间的推移，尽管欧盟早期做出了坚定的环境政策承诺，但政治越来越倾向于优先处理经济和社会问题，而非环境关怀，这种趋势自 2008 金融危机后进一步恶化。欧盟环境政策的执行亏空必须嵌入这一更广泛的政治和经济背景中考虑。欧盟的环境与经济政策之间的紧张关系，在欧盟 10 年增长战略 "欧洲 2020" （*Europe 2020*）中表现得十分明显。

例如，委员会认为，第七次环境行动方案所反映的现行环境政策应有助于欧洲实现 2020 年战略的目标，即在 2020 年实现高水平就业、高生产力和高社会凝聚力。2010 年出台的 "欧洲 2020"

---

① See www. ieep. eu/assets/443/sdi_ review. pdf.

战略的目标是，通过一项为期 10 年的增长计划来帮助欧洲渡过目前的金融危机。"欧洲 2020"战略与之前的《里斯本条约》密切相关，《里斯本条约》的目标是使欧盟成为世界上最具竞争力和最具活力的知识型经济体。"欧洲 2020"战略建立在《里斯本条约》的愿景之上，着力于解决欧盟当前经济增长模式的缺陷，代之以一种明智、可持续和包容的新型增长模式。新模式聚焦于三个主题：促进智能增长，包括发展知识、创新、教育和数字社会；促进可持续增长，包括提高生产资源效率的同时提高竞争力；促进包容性增长，包括在提高劳动力的市场参与度，提高劳动力技能培养，努力消除贫困。

"欧洲 2020"战略设定了到 2020 年在就业、创新、教育、社会包容和气候/能源方面实现的 5 个目标。"欧洲 2020"战略还包括 7 项"旗舰计划"(*flagship initiatives*)①，《建设资源节约型欧洲路线图》(Roadmap to a Resource-efficient Europe)，该路线图支持欧盟向资源节约型低碳经济转型，实现可持续增长②（see CEC，2016g；CEC，2017e；CEC，2016h）。通过所谓的年度周期——"欧洲学期"(European Semester)监测进展情况，要求成员国分析其经济和体制改革，通过激励和/或制裁发送潜在政策警告（CEC，2014f；see also CEC，2017f）。

然而，该路线图往往只优先考虑那些有助于促进增长和就业的环境行动，而非基于更广泛的环境考虑。目前，关于增长和竞争力的社区谈判通常包括讨论向低碳经济转型和创造"绿色"就业机会，强调通过能源行动等来应对气候变化实现"双赢"的潜力。供应安全也是一个主要焦点，尤其是在俄罗斯控制对欧盟天然气出口的地缘政治背景下。促进脱碳和市场自由化的能源政策不仅被视为支持气候变化目标的关键工具，而且被视为取得更广

---

① See ec. europa. eu/europe2020/europe-2020-in-a-nutshell.

② See ec. europa. eu/resource-efficient-europe.

泛的经济和社会成就的关键工具（IEEP，2010）。容克强调建立一个"能源联盟"的必要性，认为能源政策是建设一个有韧性联盟的基础。同时，如果我们仍然希望在中期内拥有可负担得起的能源，那么这也是一项势在必行的产业政策。

人们越来越多地认为环境保护取决于一个充满活力的欧洲经济，从而使其服从于短期经济目标。对于能源政策的强调一直以牺牲环境政策和被广泛地理解为与气候变化适应和减缓相关的必要条件为代价。在容克担任主席期间，欧盟委员会进行了重组，失去了一个专门的气候变化投资组合，导致欧洲环境局（EEB）批评称，环境行动被边缘化（Energy Post，2016）。这种做法违背了可持续发展的基本原则，只有那些从政策发展一开始就综合环境、经济和社会考虑的政策才能实现长期的可持续发展。

除了"欧盟2020"战略，欧盟的政策也以所谓的循环经济方式为指导。这两者结合起来，构成了欧盟的经济发展方式，塑造了欧盟的长期目标。欧盟于2015年通过了《闭环——欧盟循环经济行动计划》（Closing the Loop-an EU Action Plan for the Circular Economy）（COM/2015/0614 final）。于2017年1月对该计划进行了回顾（CEC，2017a）。循环经济是建立在"级联使用"（cascading use）的基础上的，即通过资源（包括废弃物）的再利用和再循环，将可重复利用和再循环的材料作为新材料（原材料）注入消费循环。这就将一些经济行动者的废弃物转化为另一些行动者的二次原材料。循环经济倡议与欧盟在生物经济、工业增长、能源和气候方面的其他关键政策密切相关。关于塑料使用和处置的战略，以及关于包装废弃物，电子废物和垃圾填埋的新立法以及废物管理指令的改革都旨在支持循环经济倡议（CEC，2018）。① 它还旨在支持欧盟在可持续发展方面的国际承诺，如上文讨论的

---

① *Implementation of the Circular Economy Action Plan*：*2018 Circular Economy Package*，23/07/2018，available online at：http://ec. europa. eu/environment/circular-economy/index_ en. htm.

"下一步行动"所述，特别是有助于实现负责任消费和生产的"联合国可持续发展目标第 12 条"（SDG12）。

生物经济（Bioeconomy）的发展是循环经济的重要组成部分。生物经济是指依靠可再生的自然资源而不是化石燃料生产能源、产品及提供服务，以一体化思维看待粮食、能源和工业生产的经济。生物经济在向"后碳时代"过渡和践行气候变化政策方面发挥着关键作用。欧盟还认为生物经济具有很大的潜力，既可以使传统经济部门现代化，也可以通过生物技术和纳米技术等新技术实现经济增长（CEC，2017）。①

2012 年，《创新促进可持续增长：欧洲生物经济战略》（Innovation for Sustainable Growth：A Bioeconomy Strategy for Europe）启动（CEC，2012）。②"生物经济战略"的目标是减少对化石资源的依赖，确保粮食安全，同时"开拓如食品和生物基产品等新的多样化市场。这反过来将促进经济增长，并在现有和新工业部门及领域中创造就业机会"（CEC，2012：2）。

但是，对战略的审查表明，术语的定义和使用方面存在不一致之处，类似的问题同样存在于详细的行动计划中，并强调需要更明确地说明战略的目标（CEC，2017）。③战略审查同时强调了精简行动计划以减少重点行动的必要性（EU，2017）。④此外，战略中还需要澄清"生物经济战略"与应用于循环经济生物组成部

---

① *Bioeconomy Development in EU Regions：Mapping of EU Member States' regions' Research and Innovation Plans & Strategies for Smart Specialisation （RIS3）on Bioeconomy*，available online at：https://ec. europa. eu/research/bioeconomy/pdf/publications/bioeconomy_ development_ in_ eu_ regions. pdf.

② COM （2012）60 final，available online at：https://publications. europa. eu/en/publication-detail/-/publication/1f0d8515-8dc0-4435-ba53-9570e47d⁝d51.

③ *Commission Staff Working Document on the review of the 2012 European Bioeconomy Strategy* SWD （2017）374.

④ *Review of the 2012 European Bioeconomy Strategy*，Luxemburg，Publications Office of the European Union，available online at：https://ec. europa. eu/research/bioeconomy/pdf/review_ of_2012_ eu_ bes. pdf.

分的循环原则之间的关系，并要将其纳入创新和研究资金、共同农业政策（CAP）、森林政策和气候行动政策等综合考虑。

生物经济范畴包括多种经济行动，包括低碳、绿色增长、可持续农业、创新粮食生产、绿色化学、生态创新和蓝色增长①以"农业－粮食"为重点是生物经济最突出的方法。虽然以森林为基础的生物经济也在发展中，但除了原材料之外，森林还提供一系列重要生态系统服务。森林在减缓气候变化，保护生物多样性，提供淡水、非木材林产品和休闲环境方面发挥着重要作用。然而，包括竞争性使用生物量（例如食物、燃料），土地使用变化和栖息地丧失等在内的环境风险反过来又会导致传统生计（例如萨米驯鹿放牧）的丧失，生物经济的增长同时也将导致碳排放量的增加。

作为通过发展生物经济促进增长政策的重要一环，2012 年，《欧盟蓝色增长交流实录》（EC Communication on Blue Growth）（EC 2012c）强调了海洋和沿海地区作为经济增长驱动力的作用，如发展水产养殖和蓝色生物技术。蓝色经济包括既定的活动，如港口服务、造船、渔业、近海油气、沿海旅游，以及新兴行业，如可再生能源、生物技术、碳捕捉与储存。随后，欧盟发布了《蓝色增长战略》（The EU Blue Growth Strategy）（European Commission 2014b），强调了海洋生物产品作为碳和能源替代来源的重要地位，特别提到了微藻类等可再生资源的作用。2014 年，欧共体蓝色创新交流（EC 2014b）注意到发展蓝色经济面临的障碍，包括投资不足、缺乏技术知识和工作碎片化。欧洲结构与投资基金（ESIF）是生物经济相关活动的重要资金来源，但也可通过各种其他欧盟项目获得资金，如 Interreg（ERDF）、LIFE（and LIFE＋）、智能能源计划（Intelligent Energy Europe）、CIP（in 2007 – 2013, now in 2014 – 2020 COSME）、ERASMUS＋和 H2020。

---

① See CEC, 2017, *Study on the establishment of a framework for processing and analysing of maritime economic data in Europe*, *available online at*: *https*://*publications. europa. eu*/*en*/*publication-detail*/*-*/*publication*/*9c132514-982d-11e7-b92d-01aa75ed71a1.*

2018 年 1 月，欧盟委员会发布了备受期待的《循环经济中塑料使用的欧洲战略》（European Strategy for plastic In A Circular E-conomy），这是欧盟对塑料污染问题的回应①。该战略旨在通过技术强制，制定新的包装规则来提高塑料的可回收性，进而使回收业务有利可图，增加对可回收塑料含量的需求。战略特别提出到2030 年欧盟市场上所有的塑料包装都将是可回收的，要求减少一次性塑料的消费，限制微塑料颗粒的使用。该政策与循环经济原则相关，包括保护再生材料市场和减少经济对原始资源的依赖。但是，战略中包含的大多数未来行动的性质尚不明确（IEEP，2018）。② 2018 年 5 月，欧盟委员会还提出了一项关于一次性塑料指令的提案（CEC，2018）。③

2017 年，该委员会通过了一项 2.22 亿欧元的投资计划，通过支持欧洲在环境和气候行动生命方案，向更加可持续和低碳的未来过渡。项目资金旨在推动成员国向更加循环的经济过渡，尽管资金还将用于支持自然行动计划的实施，特别是 2000 个自然站点的管理，如前所述（CEC，2017）。④

2018 年委员会声明中也阐明了蓝色经济发展与经济发展和竞争战略之间的紧密联系：随着欧元区经济活动持续稳固，新兴行业增长势头将高歌猛进，为更高的潜在产出和更具弹性和包容性

---

① COM/2018/028 final, available online at: https://eur-lex. europa. eu/legal-content/EN/TXT/? qid = 1516265440535&uri = COM: 2018: 28: FIN.

② '3 key conclusions from EU Plastics Strategy and new initiatives for the circular econo-my', available online at: https://ieep. eu/news/3-key-conclusions-from-eu-plastics-strategy-and-new-initiatives-for-the-circular-economy.

③ *Proposal for a Directive of the European Parliament and of the Council on the reduction of the impact of certain plastic products on the environment*, Brussels, COM (2018) 340 final, 2018/0172.

④ 'Member States to benefit from over €222 million investments for environment, nature and climate action', Brussels, Press Release, 28 September, available online at: http://europa. eu/rapid/press-release_ IP-17-3429_ en. htm.

的增长奠定基础（CEC，2018）。① 因此，这一政策与欧盟环境政策面临同样矛盾。如何在海洋保护存疑的现状下，通过促进蓝色经济实现可持续发展，加强海洋生物资源、食品、海洋生物技术和海洋相关保健产品的开发及海洋生物资源在工业酶、功能性食品、药妆品市场中的使用。

紧缩政策对欧盟环境政策的影响也必须加以考虑。2008年至2009年的全球金融危机，以及2011年欧盟债务危机后出台的新紧缩措施，导致一些成员国在环境相关政策乃至公共支出方面做出严格限制。紧缩政策也被当作把管理环境问题的责任转移给私营部门的契机（EPSU，2012）。

2016年6月在英国举行的"脱欧"公投结果肯定了英国脱欧对欧盟环境政策的影响，但这种影响目前仍不确定。一方面，可以认为英国政府对欧盟环境政策的制定产生了负面影响，因此英国脱欧可能会使欧盟成为在环境问题上更为强大联盟。例如，英国支持放松转基因生物管理，曾试图阻止实施更严格的农药监管。最近英国呼吁弱化栖息地保护，试图阻止欧盟严格限制沥青砂进口，削弱欧盟的能源效率指令，成功阻止了具有约束力的2030年国家可再生能源目标，并威胁要阻止欧盟为保护蜜蜂的农药禁令（Burns，2015）。另一方面，履行《联合国气候变化框架公约》（UNFCCC）规定义务的呼声，继续在那些积极参与解决气候变化问题的成员国和那些不把气候变化作为政策重点的成员国之间，以及希望在权力自主原则下应对气候变化的成员国与希望欧盟发挥更大作用的成员国之间造成紧张关系。英国在欧盟内部及国际层面气候变化问题上发挥出强有力的领导力，英国脱欧可能会削弱欧盟在这一领域的国际环境领导力（Oberthür，2015）。然而，英国一直不太热衷于接受具有约束力的目标，尤其是在部门层面

---

① *Annual Economic Report on the EU Blue Economy*，available online at：PDF/Volume_01 KL-AR-18-001-EN-N 978-92-79-81757-1 2599-658410. 2771/305342，p. 71.

（包括能源部门），而是倾向于以市场为基础的方式，如碳排放交易体系。如果没有来自英国的强大的新自由主义的推动（这一推动不一定有利于欧盟环境政策的推进），一个没有英国的欧盟可能更愿意接受监管措施（Dupont et al. , 2016）。

尽管英国政府已确认，英国打算在英国法律基础上继续保留欧盟的环境权利，并肯定其在国际环境条约下的义务，但人们仍然担忧欧盟环境法未来发展，包括忧虑英国脱欧后可能削弱空气质量等环境标准和执行力度，降低审查和咨询水平，以及环境项目和环境政策的资金、资源水平下降。

2006 年 6 月生效的《化学品注册、评估、授权及限制规例》（*Registration，Evaluation，Authorisation and Restriction of Chemicals Regulation*）（No 1907/2006）（简称 REACH）就是一个例子。REACH 旨在加强对人类健康和环境的保护，使其免受化学品带来的风险。英国下议院环境审计委员会（House of Commons Environmental Audit Committee）在其关于《欧盟公投后化学品监管未来》的报告中发现，通过 REACH 建立的化学品监管框架"很难直接转化为英国法律"的原因之一是"成员国的合作和相互义务，监督和控制以及产品的自由流动"[1]。此外，许多行业利益相关者不希望承担遵守两个监管体系的成本和负担，且在英国建立一个独立于 REACH 的新监管体系，在财务成本、行政负担及知识能力等方面任务艰巨[2]。

2018 年，联合国环境规划署执行主任埃里克·索尔海姆（Erik Solheim）也表达了担忧：英国脱欧后，执行环境保护措施（包括应对气候变化）的体系可能会变弱。此类担忧的声音出现于英国和其他五个国家因未能解决非法水平的空气污染问题而被提

---

[1] UK Environmental Audit Committee, 2017, *Future of Chemicals Regulation after the EU Referendum*, HC 912, 2016-17, para 5.

[2] House of Commons, Briefing Paper, 2018, *Brexit and the Environment*, Sara Priestley and Louse Smith, Number CBP8132, January.

交欧洲法院之际。欧洲法院有权处以巨额罚款。然而，根据目前的提案，英国提议的新环境监管机构只有发布建议性通告的权力。①

欧盟层面也缺乏远见。2017 年《关于欧洲未来的白皮书》（White Paper on the Future of Europe）为欧盟的未来提供了不同的设想，主要就英国退欧后欧洲应如何发展展开广泛讨论（CEC，2017）。② 欧洲绿党严厉批评了白皮书，认为其在关键性的全球环境挑战面前缺乏行动决心，在欧盟如何为其公民利益采取行动上缺乏远见（European Greens，2017）。③

结　论

环境政策在欧盟是一个发展完善的领域，有条约义务、一系列全面的立法、战略文件和行动方案作后盾。然而，尽管欧盟似乎取得了一定的进展，但这不足以减轻环境压力，更不足以促进可持续发展。同样，显而易见，欧盟的环境政策不能完全脱离其他因素的影响，如欧洲的经济状况和不断变化的政治任务。这些都导致了欧洲一体化进程核心的紧张局势，即以增长为导向的经济政策激励与环境保护措施之间的关系紧张。在这种情况下，环境政策一体化仍然是一项艰巨的挑战，特别是基于目前环境和可

---

① The Guardian, 'Brexit could wreck green agenda', says UN, 19 May, available online at: https://www.theguardian.com/environment/2018/may/19/un-warns-britain-over-green-brexit.

② *White Paper on the Future of Europe Reflections and Scenarios for the EU27 by 2025*, COM (2017) 2025, available online at: https://ec.europa.eu/commission/sites/beta-political/files/white_paper_on_the_future_of_europe_en.pdf; see also CEEP for a detailed analysis, https://www.ceep.eu/opinion-on-the-european-commission-white-paper-on-the-future-of-europe/? cn-reloaded = 1.

③ *Jean-Claude Juncker's white paper on the future of Europe: five scenarios not to make a choice*, available online at: https://europeangreens.eu/news/jean-claude-juncker%E2%80%99s-white-paper-future-europe-five-scenarios-not-make-choice.

持续发展被边缘化的现状。当下，欧盟正在艰难地设想其未来的发展方向，但仍将优先考虑经济增长，实施严格的紧缩措施。这段时期可能会使欧盟丧失在过去几十年发展起来的环境领导作用。没有加倍的努力和承诺，环境造成的压力将在全球范围内持续超过环境有限的承载力。

参考文献

Baker, S. 'The European Union: Integration, Competition, Growth—and Sustainability', in W. M. Lafferty and J. Meadowcroft (Eds), *Implementing Sustainable Development: Strategies and Initiatives in High Consumption Societies*, pp. 303 – 336. Oxford, Oxford University Press, 2000. 43.

Baker, S. 'Sustainable Development as Symbolic Commitment: Declaratory Politics and the Seductive Appeal of Ecological Modernisation in the European Union', *Environmental Politics*, March 2007.

Baker, S. 'Environmental Governance: Influence of the European Union beyond its Borders', in Gladman, I. (Ed.) *Central and South-Eastern Europe 2013*, 13th edn, Abingdon, Routledge, 2012.

Baker, S., and McCormick, J. 'Sustainable Development: Comparative Understandings and Responses', in Vig, N. J., and Faure, M. C. (Eds). *Green Giants? Environmental Policy of the United States and the European Union*. Cambridge, MA, MIT Press, 2004.

Burns, C. *The EU Referendum and the Environment*. London, Friends of the Earth, 2015, available at: www. foe. co. uk/sites/default/files/downloads/eu_referendum_environment. pdf.

CEC. 'First Programme of Action on the Environment', *Official Journal of the European Communities*, Vol. 16, No. C 112, 20 Dec. 1973.

CEC. 'Second Environmental Action Programme, 1977 – 1981', *Official Journal of the European Communities*, No. C 139, 13 June 1977.

CEC. 'Third Environmental Action Programme', *Official Journal of the European Communities*, No. C 46, 17 Feb. 1983.

CEC. *Towards Sustainability*: *A European Community Programme of Policy and Action in Relation to the Environment* (1992 – 2000), COM (92) 23 final. Brussels, Commission of the European Communities, 1992.

CEC. *Environment 2010*: *Our Future, Our Choice*, COM (2001) 31 final. Brussels, Commission of the European Communities, 2001a.

CEC. *A Sustainable Europe for a Better World*: *A European Union Strategy for Sustainable Development*, COM (2001) 264 final. Brussels, Commission of the European Communities, 2001b.

CEC. *Review of the Sustainable Development Strategy—A Platform for Action*, COM (2005) 658 final. Brussels, Commission of the European Communities, 2005.

CEC. *Mainstreaming Sustainable Development into EU Policies*: *2009 Review of the European Union Strategy for Sustainable Development*, COM (2009) 400 final. Brussels, Commission of the European Communities, 2009.

CEC. *EUROPE 2020 A Strategy for Smart, Sustainable and Inclusive Growth*, COM (2011) 0531 final. Brussels, Commission of the European Communities, 2011.

CEC. ' The Sixth Community Environment Action Programme: Final Assessment ', COM (2011) 531 final. Brussels, Commission of the European Communities, 2011.

CEC. *A Blueprint to Safeguard Europe's Water Resources*, COM (2012) 673, final. Brussels, Commission of the European Communities, 2012.

CEC. *Review of Waste Policy and Legislation*: *Roadmap*, available at: ec. europa. eu/smartregulation/ impact/planned_ ia/docs/2014_ env_005_ waste_ review_ en. pdf. Brussels, Commission of the European Communities, 2013.

CEC. *River Basin Management Plans 2009 – 2015*: *Information on Availability by Country*, available at: ec. europa. eu/environment/water/participation/map _ mc/map. htm. Brussels, Commission of the European Communities, 2014a.

CEC. *A Water Blueprint*: *Taking Stock, Moving Forward*, available at: ec. europa. eu/environment/water/blueprint/index _ en. htm. Brussels, Commission of the European Communities, 2014b.

CEC. *Proposal for a Directive of the European Parliament and of the Council amending Directives 2008/98/EC on Waste, 94/62/EC on Packaging and Packaging Waste, 1999/31/EC on the landfill of waste, 2000/53/EC on end-of-life vehicles, 44 2006/66/EC on Batteries and Accumulators and Waste Batteries and*

Accumulators, and 2012/19/EU on Waste Electrical and Electronic Equipment, COM （2014） 0397, final, available at: eur-lex. europa. eu/legal-content/ EN/TXT/? uri = celex: 52014PC0397. Brussels, Commission of the European Communities, 2014c.

CEC. *2030 Framework for Climate and Energy Policies*. Brussels, Commission of the European Communities, 2014d.

CEC. Communication from the Commission to the European Parliament, the Council, the European Economic and Social Committee and the Committee of the Regions, *A Decent Life for All: From Vision to Collective Action*, COM/2014/ 0335 final, available at: eur-lex. europa. eu/legal-content/EN/TXT/? uri = CELEX: 52014DC0335. Brussels, Commission of the European Communities, 2014e.

CEC. *Making It Happen: The European Semester*, available at: ec. europa. eu/europe2020/making-it-happen/index_ en. htm. Brussels, Commission of the European Communities, 2014f.

CEC. *The Fourth Implementation Report—Assessment of the Water Framework Directive Programmes of Measures and the Flood Directive*, available at: ec. europa. eu/ environment/water/water-framework/impl_ reports. htm#fourth. Brussels, Commission of the European Communities, 2015a.

CEC. *Review of the Environmental Impact Assessment （EIA） Directive*, available at: ec. europa. eu/environment/eia/review. htm. Brussels, Commission of the European Communities, 2015b.

CEC. *Mid-term Review of the EU Biodiversity Strategy to 2020*, COM （2015） 0478 final. Brussels, Commission of the European Communities, 2015c.

CEC. Annex to the Communication from the Commission to the European Parliament, the Council, the European Economic and Social Committee and the Committee of the Regions, *Commission Work Programme 2016: No Time for Business as Usual*. Brussels, Commission of the European Communities, COM （2015） 610 final, available at: ec. europa. eu/atwork/pdf/cwp _ 2016 _ annex _ i _ en. pdf ANNEX 1, 2015d.

CEC. *Implementing the Paris Agreement: Progress of the EU towards the at Least 40% Target*. Brussels, ECE, 2016a, available at: https://ec. europa. eu/clima/sites/clima/files/eu_ progress_ report_ 2016_ en. pdf, 2016a.

CEC. *Report from the Commission to the European Parliament and the Council on E-valuating the Implementation of Decision No. 406/2009/EC pursuant to its Article 14*. Brussels, Commission of the European Communities, COM (2016) 0483 final, 2016b.

CEC. *The Common Agricultural Policy after 2013*. Brussels, Commission of the European Communities, available at: ec. europa. eu/agriculture/cap-post-2013, 2016c.

CEC. *Addressing Soil Quality Issues in the EU*, available at: ec. europa. eu/environ-ment/soil/process_ en. htm, 2016d.

CEC. *Sustainable Development: EU Sets out its Priorities*. Brussels, Commission of the European Communities, Press Release, Strasbourg, 22 Nov. 2016, available at: europa. eu/rapid/press-release_ IP – 16 – 3883_ en. htm, 2016e.

CEC. *Key European action supporting the 2030 Agenda and the Sustainable Development Goals Accompanying the Document Communication from the Commission to the European Parliament, the Council, the European Economic and Social Committee and the Committee of the Regions. Next Steps for a Sustainable 45.*

European Future: European Union Action for Sustainability. Brussels, Commission of the European Communities, COM (2016) 739 final, available at: https:// ec. europa. eu/europeaid/sites/devco/files/swd-key-european-actions-2030-a-genda-sdgs-390-20161122_ en. pdf, 2016f.

CEC. *Proposal for a Directive of the European Parliament and of the Council on the Promotion of the Use of Energy from Renewable Sources (Recast)*. Brussels, Commission of the European Communities, COM (2016) 0767 final/2 (2016) 0382 (COD), available at: eur-lex. europa. eu/legalcontent/EN/ TXT/? uri = CELEX: 52016PC0767R% 2801% 29. 0, 2016g.

CEC. *Proposal for a Directive of the European Parliament and of the Council amending Directive 2012/27/EU on Energy Efficiency*. Brussels, Commission of the European Communities, 2016, COM (2016) 761 final, available at: ec. europa. eu/energy/sites/ener/files/documents/1_ en_ act_ part1 _ v16. pdf, 2016h.

CEC. Report from the Commission to the European Parliament, the Council, the European Economic and Social Committee and the Committee of the Regions, *On the Implementation of the Circular Economy Action Plan*. Brussels, Commission of the European Communities, COM (2017) 33 final, available at: ec. europa. eu/environment/circular-economy/implementation_ report. pdf, 2017a.

CEC. *Paris Agreement*, available at: https://ec. europa. eu/clima/policies/international/negotiations/paris_ en, 2017b.

CEC. *Consultation on Modernisation and Simplifying the Common Agricultural Policy (CAP)*, available at: https://ec. europa. eu/agriculture/consultations/cap-modernising/2017_ en, 2017c.

CEC. *The Environmental Implementation Review (EIR)*, available at: ec. europa. eu/environment/eir/index_ en. htm, 2017d.

CEC. Report from the Commission to the European Parliament, the Council, the European Economic and Social Committee and the Committee of the Regions, *Renewable Energy Progress Report*. Brussels: Commission of the European Communities, COM (2017) 57 final, available at: eur-lex. europa. eu/legalcontent/EN/TXT/PDF/? uri = CELEX: 52017DC0057&qid = 1488449105433&from = E, 2017e.

CEC. *Eurostat: Headline Indictors Score Board*, available at: ec. europa. eu/eurostat/web/europe-2020-indicators/europe-2020-strategy/headlineindicators-scoreboard, 2017f.

CEE Bankwatch Network. 'Lost in Transportation', available at: bankwatch. org/documents/lost_ in_ transport. pdf. Prague, CEE Bankwatch Network, March 2007.

Crisp, J. , 'Waste Laws will be Binned, Despite Protests', *Euroactiv*, 23 Jan. 2015, available at: www. euractiv. com/section/sustainable-dev/news/waste-laws-will-bebinned-despite-protests.

Dupont, C. , Groen, L. , and Oberthür, S. , 2016 'The UK in EU Environmental Policy: Common Responses to Common Problems', in Dupont, C. and Trauner, F. (Eds), IES, April 2016, available at: www. ies. be/files/Brexit% 20Project. pdf.

EAP. 'Living Well, within the Limits of Our Planet', *Official Journal* L354, pp. 171 - 200. Brussels, EAP, 28 Dec. 2013.

EEA. *Environment in the European Union 1995—Report for the Review of the Fifth En-*

vironmental Action Programme, State of the environment report No 1/1995, a-vailable at: www. eea. europa. eu/publications/92 – 827 – 5263 – 1. Copenhagen, EEA, 1995. 46.

EEA. *Trends and Projections in Europe 2015—Tracking Progress towards Europe's Climate and Energy Targets*, EEA Report No 4/2015. Copenhagen, EEA, 2015a, available at: www. eea. europa. eu/publications/trends-and-projections-in-europe-2015.

EEA. *Results from Reporting under the Nature Directives 2007 – 2012*, Technical Report No 2/2015, 2015b.

EEA. *Marine Protected Areas in Europe's Seas—An Overview and Perspectives for the Future*, EEA Report No 3/2015, 2015c, available at: www. eea. europa. eu/publications/marine-protected-areas-in-europes.

EEA. *Environmental Indicator Report 2016, In Support to the Monitoring of the 7th Environmental Action Programme*, EEA Report No 30/2016. Copenhagen, EEA, available at: https://www. eea. europa. eu/publications/environmental-indicator-report-2016.

EEB. *Future of EU Environmental Policy: Towards the 7th Environmental Action Programme*, available at: www. eeb. org/index. cfm/activities/sustainability/7thenvironmental-action-programme. Brussels, EEB, 2013.

Ecologic. *Updated Inventory and Assessment of Soil Protection Policy Instruments in EU Member States.* Final Report. Berlin, Ecologic Institute, 2017, available at: ec. europa. eu/environment/soil/pdf/Soil_inventory_report. pdf.

Endl, A., and Berger, G. *The 7th Environment Action Programme: Reflections on Sustainable Development and Environmental Policy Integration*, ESDN Quarterly Report 32, March 2014, available at: www. sdnetwork. eu/quarterly% 20reports/report% 20files/pdf/2014-March-The_7th_Environment_Action_Programme. pdf. Vienna, ESDN, 2014.

Energy Post 2016 'Team Juncker: EU unveils new Energy Commissioner (s)', available at: www. energypost. eu/team-juncker-eu-unveils-new-energy-commissioners.

EPSU. *Environmental Protection Agencies Study: Syndex Report for the European Federation of Public Service Unions.* Brussels, SPSU Secretariat, 2012.

EU. *Sustainable Development in the European Union: 2015 Monitoring Report of the*

EU Sustainable Development Strategy, Brussels, European Union, available at: ec. europa. eu/eurostat/documents/3217494/6975281/KS-GT-15-001-ENN. pdf/5a20c781-e6e4-4695-b33d-9f502a30383f.

European Parliament, *European Parliament Resolution of 2 February 2016 on the Mid-Term Review of the EU's Biodiversity Strategy* (2015/2137 (INI)), available at: www. europarl. europa. eu/sides/getDoc. do? type = TA&reference = P8-TA-2016-0034&format = XML&language = EN.

European People's Party, 'My Priorities', (J. -C. Juncker, European People's Party), available at: juncker. epp. eu/my-priorities (not dated).

European Union Communication and Information Resource Centre for Administrations, Businesses and Citizens. *Support Policy Development for Integration of E-cosystem Service Assessments into WFD and FD Implementation*, available at: circabc. europa. eu/sd/a/95c93149 – 0093 – 473c – bc27 – 1a69cface404/Ecosystem%20service_WFD_FD_Main%20Report_Final. pdf. Brussels, 2014.

European Union Delegation to the United Nations. *EU Statement: United Nations Open Working Group on Sustainable Development Goals*, EUUN14 – 089EN, 20 June, available at www. eu-un. europa. eu/articles/en/article_15185_en. htm. New York, 2014.

Gravey, V. , 'Reforming EU Policy', in Burns, C. , Jordan, A. , Gravey, V. , Berny, N. , Bulmer, S. , Carter, N. , Cowell, R. , Dutton, J. , Moore, B. , Oberthür, S. , Owens, S. , Rayner, T. , Scott, J. , and Stewart, B. (2016) *The EU Referendum and the UK Environment: An Expert Review. How has EU membership affected the UK and what might change in the event of a vote to Remain or Leave?*, pp. 125 – 134, available at: environmentEUref. blogspot. co. uk/.

Institute for European Environmental Policy (IEEP). *Strategic Orientations of EU Environmental Policy under the Sixth Environment Action Programme and Implications for the Future*, Final Report', available at: www. ieep. eu/assets/556/Strategic_ Orientations _ of _ 6EAP-Revised _ report-May _ 2010. pdf. Brussels, IEEP, May 2010.

IEEP. *The Potential Policy and Environmental Consequences for the UK of a Departure from the European Union.* London, IEEP, 2016.

Juncker, J. -C. , President of the European Commission, *Mission Letter to Karmenu*

Vella, *Commissioner for Environment*, *Maritime Affairs and Fisheries*, 1 Nov. 2014, available at: efaep. org/sites/enep/files/President% 20Juncker% 27s% 20Mission% 20Letter% 20to% 20Karmenu% 20Vella. pdf.

Muûls, M. , Colmer, J. , Martin, R. , and Wagner, U. J. *Evaluating the EU E-missions Trading System*: *Take it or Leave it? An Assessment of the Data after Ten Years*. Imperial College London, Grantham Institute Briefing Paper No 21, Oct. 2016, available at: https://www. imperial. ac. uk/media/imperial-college/granthamin-stitute/public/publications/briefing-papers/Evaluating-the-EU-emissions-trad-ingsystem_ Grantham-BP-21_ web. pdf.

Neslen, A. , ' EU climate laws undermined by Polish and Czech revolt, documents reveal ' , *Climate Home*, 29 May 2017, available at: www. climatechangenews. com/2017/05/29/eu-climate-targets-undermined-polishczech-revolt-documents-reveal.

NLU. *Establishing the Urban Agenda for the EU*: *Pact of Amsterdam*, 30 May. 2016, available at: https://ec. europa. eu/futurium/en/system/files/ged/pact-ofamsterdam_ en. pdf.

Oberthür, S. , *How Would a Brexit Affect the Environment? London School of Economics*, 2015, available at: bit. ly/28Q7Qdf.

Official Journal of the European Union, Decision No 1386/2013/EU of the European Parliament and of the Council of 20 Nov. 2013 on a General Union Environment Action Programme to 2020, ' Living well, within the limits of our planet '. Brussels, EU, L354/171.

Renda, A. (2017), *How can Sustainable Development Goals be ' mainstreamed ' in the EU's Better Regulation Agenda?*, Centre for European Policy Studies, No. 2017/12, available online at: https://www. ceps. eu/system/files/Better% 20 regulation% 20and% 20sustainable% 20development_ CEPS% 20Policy% 20In-sights_ % 20A_ Renda. pdf.

Remling, E. (2018) ' Depoliticizing adaptation: a critical analysis of EU climate adaptation policy ' , *Environmental Politics*, 27: 3, 477 – 497, DOI: 10. 10 80/09644016. 2018. 1429207.

Swords, P. , *The Failures to Properly Implement EU Environmental Legislation in*

Ireland, Correspondence with Party Concerned, 28 June, Regarding Commu-
nication to Aarhus Convention Compliance Committee, ACCC/C/2010/54, a-
vailable at: www. unece. org/fileadmin/DAM/env/pp/compliance/C2010-UN
Economic Commission for Europe, 54/Communication/CommunicationACCC.
pdf. Geneva, 2011.

UNEP. *The Impact of Corruption on Climate Change: Threatening Emissions Trading
Mechanisms*? 2013, available at: https://na. unep. net/geas/getUNEPPage-
WithArticleIDScript. php? article_ id = 97.

Voulvoulis, N. , Arpon, K. D. , and Giakoumis, T. , 'The EU Water Framework
Directive: From Great Expectations to Problems with Implementation' , *Science
ofThe Total Environment*, Vol. 575, No 1, pp. 358 – 366, Jan. 2017.

（刘怡君① 译，史云桐 校）

---

① 刘怡君，河海大学博士研究生，研究方向为环境社会学。

市民社会组织参与环境保护主流化的经验：一种欧洲区域政体的政治系统视角

保尔·钱尼（Paul Chaney）[*]

摘　要　本文对于市民社会组织（Civil Society Organizations，CSOs）参与环境主流化经验的探索可视为对环境政策一体化文献的补充。环境政策一体化强调，在制度设计时应将对环境的关心纳入各方面考虑之中。大量国际条约和法律认为，执政者和外源群体间的意见交换和有效回应是使政策协调一致的有效途径。研究揭示了选举政治、党派力量、否决权行使者和战略上的联合对市民社会组织参与方式的形塑路径。受访者对主流化过程是否更关注合法性、表演性和参与性决策的出现而较少关注效果表示质疑。本研究的贡献在更广泛的意义上可概括为以下三方面：揭示了市民社会组织所面临的问题和挑战、强调了适应性参与战略的必要性、显示了国家在促进市民社会参与环境政策制定方面的偶然性。

关键词　责任制　市民社会　环境保护主流化　参与　政策

---

*　保尔·钱尼是卡迪夫大学政治与政策教授，他是威尔士社会、经济研究和数据研究所（WISERD）主任。他写作、编著了 14 本著作，在国际前沿期刊上发表了 60 多篇论文。他的研究和教学领域包括：地方政策、公共政策制定、市民社会、平等和人权。

导　言

　　尽管学术界共同关注促进外部群体参与决策，但在很大程度上仍将环境保护主流化（Environmental Mainstreaming，EM）的国际现象和国家权力下放视为相互独立的问题。本研究在中观层面对市民社会组织参与英国制定环境政策会议的机会和障碍进行分析和考察，以期弥补上述缺陷。本文在政党动态以及与之相关的选举政治调整如何锻造环境保护主流化的讨论中提出了政治制度视角（Easton，1953，1965a，1965b）。由于以下三个因素的一致性，该调查点显得十分和时宜：国家权力下放（或"权力下放"）的全球趋势（Treisman，2007）、环境保护的法律责任（Birnie and Boyle，2009）和环境保护主流化的日益流行（cf. UN RES 66/288，2012）。最近的全球金融危机使人们重新产生了对环保主流化的兴趣，主流化越来越成为使财政和政策合理化以及应对处理跨部门、跨领域的事项时出现的部门间不能协同的一种工具（Gazzola，2014：12）。

　　在定义上，环境保护主流化是环境政策整合议程的一部分（Jordan and Lenschow，2010）。它为政策制定提供了一套积极而注重整体性的决策方法，具体而言是主张"将相关环境问题纳入推动国家、地方和部门发展政策、规则、计划、投资和行动的机构的决策中"（Dalal-Clayton and Bass，2009：Ⅱ）。这就要求在决策的各个方面，包括"其他政策领域，在承认和解决的部门目标之间的一致性范围内"，都必须考虑环境或气候政策目标（Brouwer et al.，2013：135；see also Runhaar et al.，2014：234）。

　　本文关注的是环境保护主流化的一个特定维度，即市民社会参与。Mason（2000：78）很有说服力地描述了参与式环境管理的基本要求："除了对民主化决策的任何规范性承诺，它还基于各国对其能够更有效地产生相关的环境信息和民主合法性的切实认同。"Aongola（2009：xii）同意这样一种观点：市民社会组织往往是环境问题变革的真正推动者，有助于为普通生计者及小企业创造和传播可持续的选择。市民社会组织参与的优势在英国已获得长期承认（notably, as highlighted in the Skeffington Report of 1968, see Shapely, 2014），然而集团决策在土地利用规划案例中也表现出了显著的压力（cf. Bryner, 2002; Hewitt and Pendlebury, 2014），总体而言，市民社会组织参与的进展充其量是喜忧参半。其原因尚未得到完全的解释，导致现有相关文献中出现了空白，"对治理背景下的主流化进程以及在更发达国家地方和区域层面该进程的影响因素的理解仍然有限"（Haywood et al., 2014：78, emphasis added）。

在某种程度上，上述知识缺口来源于这样一个事实，即环境保护主流化多被运用于国际发展项目或被审视于超国家治理和环境政策制定的背景中。相应地，人们很少在中观层面关注国家权力下放和实践的影响。这是一个关键的知识缺口，Rodríguez-Pose和Gill（2003：334）将其原因描述为"一种席卷世界、涉及广泛的权力下放之趋势，将权力、权威和资源转移至了下面各级政府"（see also Kettl, 2000）。Heller（2001：132）将其原因解释为："在整个政治范围内，中央集权国家和官僚国家的脱离使权力下放的呼吁成为一种信仰。增强地方政府的权力不仅是为了提高政府的效率，还有助于加强问责制和参与度。"

因此，下文将以英国的威尔士为例，回应上述知识缺口。本研究的目的是探索市民社会组织在中观层面上参与环境保护主流化的经验，以及当前的选举政治和党派力量对市民社会组织参与方式的形塑机理。本文框架如下：关于市民社会、环境保护主流化、政策设计参与的文献回顾，研究背景和研究方法，最后将结合实证经验和社会理论来讨论研究发现及其深刻蕴涵。

文献回顾：市民社会、环境保护
主流化和参与政策设计

在本节中，笔者的注意力首先集中在定义"市民社会"上。在此基础上，总结了目前有关环境保护主流化的研究成果。然后，将针对三个相对独立的标题讨论新出现的知识缺口：市民社会组织、政党和系统/社会文化因素。在论文的后半部分，这些都被应用到数据分析中。

"市民社会"在这里被定义为与国家、市场和个人或家庭领域相关但不同的对话和人际关系领域（Keane，1988；Cohen and Arato，1994；Edwards，2009）。它是一个对环境政策制定具有关键意义的社会政治空间，因为它有抵抗国家机构主导力量的潜力，是多元化的基础也是知识和专业技能的来源（Alexander，2008）。

如前所述，环境保护主流化是环境政策一体化议程（the Environmental Policy Integration，EPI）的一部分。对环境政策一体化兴起的充分解释无法满足当前研究需要。Jordan 和 Lenschow（2010：147）解释道："环境政策一体化首次作为滞后性政策，是因为在20 世纪 90 年代兴起的可持续发展需求——1987 年布伦特兰报告中有力地表达了这一需求——将经济竞争力、社会发展和环境保护等看似有明显差异的目标联系起来，从而确保可持续发展。"尤其值得注意的是，环境政策一体化的相关文献对外源群体参与公共政策设计的关注十分有限（cf. Goria et al.，2010；Von Homeyer et al.，2010；Nilsson and Eckerberg，2007）。本文正是在这方面做出了及时的贡献。

尽管目前关于环境保护主流化"参与"方面的研究已十分翔实，但是也存在缺陷，主要包括：促成因素的存在（Dalal-Clayton and Bass，2009；Pasquini et al.，2013）、环境保护主流化实践深受环境政策挑战的严重性影响、国家监管能力和软激励的存在

（Sietz et al.， 2011；Brouwer et al.， 2013）。此外，其他研究还审视了环境主流化和政府的组织结构的关系（Nunan et al.， 2012；Haywood et al.， 2014）以及特定政体独特的生物地理特点对环境保护主流化政策制定的影响方式（Aongola，2009；Pelser and Letsela，2012；Gazzola，2014）。

显然，上述学术著作留下了一系列需要填补的知识缺口。本文将从三个维度出发讨论上述研究问题：市民社会、政党和社会文化因素。如前所述，这为讨论论文后半部分的研究发现提供了分析框架。

市民社会组织

目前有研究提出了一种可与环境保护主流化的当代挑战产生共鸣的、关于市民社会组织和政策网络的类型学（cf. Marsh and Rhodes，1992；Winter，1996；Grant，1995）。就外部参与而言，该研究提出了一种"内部人""外部人"二分法的类型学观点（Maloney et al.， 1994），强调了内外群体行为差异的表现。例如，外部人并不是通过官僚程序循序推进案件，而是通过宣传提高公众对他们观点的支持率从而向体制内施压。然而，这些文献缺乏了一种政治系统观点，以及选举政治和党派力量对内外部人士地位影响方式的关注。反而，目前大多数研究认为，执政党类型（例如，它是优先考虑环境问题的干涉主义取向，或者是自由放任取向）将决定向市民社会组织开放的政治机遇，从而影响环境保护能否成为政策核心，此时政府本质上不具备政治意义。

这里最重要的是执政党的更替率，即在民众选举中担任行政职务的政党被否决并被在野党取代的百分比。在一党主导的政治体制中，一个关键的危险是执政党的制度化（换言之，由于执政时间的延长，执政党与政府逐渐混为一体）。执政党权力的制度化会带来很多负面影响，如"非正式政治组织"的兴起。由于制度化政治和非制度化政治之间的边界具有模糊性和可渗透性，当执政党可以"短路"正式的政治渠道和进程时（McClurg and Lazer，2014），就会发生这种情况（Goldstone，2003：2）。这是一个与国家－市民社会关系的对立模式相矛盾的情形，在此政府的外生临界性得以维持（Evans，1996）。

那些没有获得与政府接触特权的"外部群体"可能面临着一种动态性衰落或称为"螺旋式下降"。这是因为这些"外部群体"被剥夺了与精英决策者接触的"氧气"（Dearlove，1973）。然而，有学者认为这恰恰是一种优势，因为外部群体可以保持其独立性（Mansbridge，1992；Elster，1998）。最重要的是，这可能会避免（新）社团主义的负面影响，或者"少数特权群体与国家之间的排他性关系，使来自各个部门的竞争群体之间不存在竞争"（Wilson，1990：69）。这样的情况可能是不民主的，并且可能会导致限制输入新想法。Piattoni（2001：4）认为，这也可能会造成更严重的裙带主义和政治庇护。这涉及"用选票和其他形式的党派支持来换取可分割利益的公共决策"（see also Blakeley，2001）。另一个缺点是（新）社团主义集中了权力，从而使精英圈之外的人处于从属地位。然而，其他人采取相反的观点，他们认为，（新）社团主义可能产生良性后果："如果政策制定要以更具包容性的方式进行，则需要加强对网络的国家管理……参与性政策制定的最有效途径可能尤其依赖操纵策略"（Hudson et al.，2007：55；Kickert et al.，1997）。然而，他们对（新）社团主义在推动环保主流化的尝试中发挥作用的方式并没有做出讨论。本研究的调查发现将对此问题做出回应。

还有一些与当前对环境保护主流化探索密切相关的、进一步讨论"内部人""外部人"关系的问题和理论线索。例如，通过资源依赖理论来研究市民社会组织如何接近和获取权力（McCarthy and Zald，1977；Zhan and Tang，2013）以及资源（尤其是资金和人力资本）在该过程中如何相互关联、构成权力的基础和成为组织有效性的关键。反过来，这也与市民社会组织的竞争策略或"行动策略"（Tilly，1995：42）有关：市民社会组织采用一定的方法（例如直接行动、游说、公开请愿、使用社交媒体）向当权者提出他们的政策主张并选择与执政精英接触的对象。后一种考虑被称为"战略联结"，适用于解释市民社会组织对议员的游说现象（Tilly，1978：125 – 133）。它与桥接社会资本（一种与网络相关的关系资源）的想法产生了共鸣（Coleman，1988）。同样，当前文献中鲜有研究这些事实对环境保护主流化的影响和形塑作用，这也是本研究将弥补的空白之一。

政　党

政治系统视角强调必须关注一直被忽视的在特定政体中党派力量的问题。正如研究结果将揭示的那样，党派力量是市民社会组织寻求与政党接触时所面临的机遇和挑战的力量之一。简而言之，这是一个双向过程。当前政党类型会影响市民社会组织参与环境保护主流化的集体动机（cf. Finkel et al.，1989：39），也决定了政党与外部利益群体接触的倾向。反过来，这形成了包括市民社会团体参与公共政策制定的政治和政策周期阶段在内的一系列因素。换言之，无论他们是否在政策的设计/制定过程中或之后发挥作用，他们只能就实施具体事项进行咨询。正如 Klijn 和 Skelcher（2007：561）所指出的，政体的党派力量对参与方式的形塑，恰恰是因为当一些政党倾向于与市民社会组织接触时，其他党派"担心交互式决策会威胁到他们作为决策者的主导地位"。

执政党的更替也与环境保护主流化有关，因为它决定了否决者的存在和权力。由于意识形态、教育、信仰、与商业联盟等因素，执政党内部人员可能会凭借其职位以及职位赋予的权力，驳回市民社会组织的政策要求。执政党人员的权力来源于这样一个事实，即面对政府（例如担任部长职位）时，市民社会组织别无选择，只能在政府提出政策要求时处理这些问题（Tsebelis，1995年）。尽管执政党成员存在于"常规"的自由民主党体制中，但因为任期相对较长，一党制赋予了他们权力重要性和挑战性。与"常规"民主不同，他们不仅不会被选举失败"扫地出门"，反而可能会在连续的选举周期中持续下去。一般来说，他们的政治生涯越长，权力精英循环时间越长。

可以将政党与外部利益接触的倾向放在表演性和合法性的背景下理解：换句话说，是否真正允许市民社会参与政策设计或是否有合法化的实行依据。这表示，"沟通旨在使人们认为，不管事实是怎样的，政府的行动都有助于公众达成他们所期望的结果"（Moore，2001：712）。用术语"表演性"来概括也是恰如其分。这是"对一个规范或一套规范的重申，如果它在目前获得了类似模式的地位，它就隐藏或掩饰了它是重复的惯例"。（Price and Shildrick，1999：241）。这两种理论都可以用来探索环境保护主流化行为的结构和实践是否与真正的参与以及知识共享有关，在这种背景下，权力精英们愿意根据外部群体的关键参与来修改他们的政策，或者，正如一些受访者的评论所示（见下文），推动环境保护主流化更多地在于政府接触民间组织的努力。

系统/社会文化因素

目前关于环境保护主流化的现有文献对系统性因素的关注十分有限，例如关注在市民社会组织参与政策设计时宪政的作用。这里的"宪政"描述了政策设计时不同层级政府的责任和流程以及互动机制。这是一个奇怪的疏忽，Thiel（2014：290）在研究中指出了环境治理的重新调整是如何可能的："行动者将其利益带到谈判中的可能性……是由宪法决定的"（see also Chaney，2014）。他补充道，"迄今为止，对（环境）治理的大规模重新调整何以可能的解释尤为偏颇，且未考虑宪法规则的作用。"新制度主义文献

（cf. Peters，2012）提供了弥补这一研究空白的潜力。然而，即使是新制度主义的环境政策文献，也倾向于以牺牲中上层政府为代价，给予国家和超国家层面特权（see，for example，Buhr et al.，2012）。

另一个系统性议题是，非透明的宪法安排是如何削弱政府问责制的（Bingham Powell，1989）。为了防止问责制力度被削弱，有效的监测和监管显得十分必要（Richards et al.，2000；Percival and Schroeder，2009）。然而，规章制度的研究者们认为在特定的政治体系中，党派力量是一个重要因素。尤其是，一党制可能会导致一些人质疑规章制度对于政府的独立性："政府、企业和环境组织团体之间的不信任……将努力偏离理想的环保结果"（Fiorino，2006：7）。正如环境保护主流化理论预测的那样，这种公正性感知的落差可能会降低市民社会组织参与政府决策的积极性。

另一个系统性因素与特定政治中的社会资本和公民行动主义有关（cf. Putnam et al.，1993；Putnam，2000）。Shutkin（2000：77，emphasis added）观察到，"没有强大的社会资本储备，社区就没有能力评估、监测和阻止环境危害。事实上，没有人关心社区。"近几十年来，有关改变公众环境态度的文献不断涌现（van Liere and Dunlap，1980；Tranter，2014）。有研究描述了人们的环境观是如何由一系列包括正规教育（Pooley and O'Connor，2000）以及社会心理属性（如世界观、意识形态和社会化）（Dietz et al.，1998）在内的复杂因素塑造的。反过来，这些因素会影响公民参与环境保护主流化的意愿。

一个充满活力和参与积极性高涨的市民社会是环境保护主流化政治愿景的核心。例如，"我们认识到，人们有机会影响他们的生活和未来、参与到决策中来、表达他们对环境的关心是非常重要的……（要达到这一点）需要具体而迫切的行动。"这一目标只有在公民、政府、市民社会和私营部门的广泛联盟下才能实现。为了实现我们现在和子孙后代想要的未来，需要各阶层人士的共同努力。然而，van Laerhoven（2014：91）发现，环境保护主流化文献中有一个关键的缺陷，该缺陷验证了当前对中观层面关注的正确性："社会资本和学习需要达到何种程度，参与式治理才能出现？这是我们需要探索的……对于那些想通过推动民主分权议程来实现良性治理的人来说，在市民社会投入精力似乎是一个万无一失的选择。"

综上所述，通过文献回顾发现，现有文献中存在着具有研究意义的空白，例如市民社会组织参与环境保护主流化的中观经验以及民主国家盛行的选举制度对外源群体参与环境保护主流化行为的形塑路径。下文讨论将对以上研究问题做经验性阐释。下面将先就研究背景和研究方法做简要概述。

研究背景

1998～1999 年英国实行分权制（或"权力下放"），将英国重新定义为由四个政体组成的准联邦国家。威尔士、苏格兰和北爱尔兰（circa 1998/1999）立法机关的重新设立加速了环境非政府组织运作的现行法律、政策框架和治理实践的分歧（cf. Birrell，2012）。至关重要的是，这意味着市民社会－国家关系是由区域性管理模式、中观政治进程和与权力下放相关的宪法所塑造的。在威尔士形势十分特殊，即在中层政治方面，工党一直是主要的政治力量（Hopkin et al.，2001）。

近几十年来，在联合王国层面上，工党已经从其 20 世纪的社会基层转向占据政治中心的位置（这与其他欧洲社会民主党有很多共同之处）（Thorpe，2015）。相比之下，威尔士的工党则避开了这一点，它反而公开把自己定位为社会主义者。Drakeford（2007：175－176）将该党主张的原则概括为："渐进的普遍主义"（或"对普遍福利而不是经过考验的服务的持久信念"）；"集体主义"（"合作胜过竞争"……"在威尔士，公共服务和公共资产及事务的集体所有制"）；和"社会正义"（"对提高集体发言权而不是完全依赖个人选择的统一倾向"）。

在 1945 年的选举中，威尔士工党获得了 58.6% 的选票，此后，它在议会中占据了多数席位（通常是绝对多数）。此外，在 1999 年之后的"地区"选举中，工党总是获得最多的选票，这一事实突显了工党的优势。威尔士的选举制度本来就是为了防止一党专制而特意设计出来的混合制度（即议会三分之二的席位由得票多者当选，其余席位由比例代表制选出）。尽管如此，工党仍占据主导地位，这十分令人震惊，且与英国议会完全依赖第一轮投票得票过半数形成了鲜明对比。通过这种方式，威尔士的混合制度可能为反对党提供与市民社会组织联合起来的机会，以不同于威斯敏斯特的做法提供替代政策。以下统计数据可突出工党的统治地位。1999 年，该党在威尔士国民议会的 60 个席位中赢得 28 席（获得 37.6% 的选票，高出其最接近的竞争对手 9.4%）。在接下来的三次投票中，工党获得了半数的议会席位，其选票数量与三大主要竞争对手的票数总和相同（2003 年为 40%，2007 年为 32.2%，2011 年为 36.9%）。这一选举记录确保了工党自 1999 年威尔士国民议会成立以来一直保持执政党的地位。

工党在威尔士（与苏格兰和联合王国相比）占据主导地位的第一个原因是，其主要竞争对手保守党被公认为与威尔士文化价值观格格不入，尤其是被视为"联合国政党"。因此，一个多世纪以来，保守党在选举支持方面的表现总是非常糟糕。第二个原因是阶级、威尔士经济和劳动力市场的相互作用。值得注意的是，19 世纪威尔士乃至整个英国的工业化（例如，煤、铁、钢、锡和铜产业的出现）对工党的发展有不可或缺的影响。工党的领导人物代表着威尔士选区，受益于强大的、一直持续到现在的工人阶级基础的支持。在随后的几十年中，面对有时被认为是威斯敏斯特强加的政策，工党也一直被视为以上产业的关键捍卫者（Hopkin et al. , 2001）。

就与权力下放有关的宪法而言，根据《威尔士政府法》（2006年）附表七，威尔士国民议会有在威尔士部长行使行政职能的领域制定和通过法案的立法权。环境领域就在立法权领域范围内。然而，正如许多多层和联邦系统（Bryner，2002）一样，现实情况较理论更为复杂。首先，威尔士政府受欧洲指令的约束。在笔者写作此刻，英国目前进行的关于是否脱离欧盟的公投意味着脱欧的"反对"票将结束这种做法。因为相当多的政策是由欧盟指令制定的，所以在这种情况下，环境决策的动力几乎肯定会失去。面对这种情况，威尔士政府是否会自愿地利用自己的权力，继续在其政策计划中效仿欧共体之后的指令，这也是未知的。

撇开这些问题不谈，在英国，中央政府和威尔士行政当局之间的权力划分是基于一套广泛、复杂和持续的、从威斯敏斯特的个别法令中衍生出来的累积行政职能（"授予权力"）。这意味着威斯敏斯特在法律上仍然在"环境"这一广阔的舞台上拥有一定的控制权。如下文所言，这给环境组织带来了问题，因为这两个立法机构之间的责任划分常常是不明确的（see, for example, Rawlings, 2003）。权力下放安排的另一个独特之处是，宪法要求威尔士政府部长公布一项可持续发展计划，阐明他们在履行职责时针对促进可持续发展的建议。此外，宪法还要求定期发布报告，"包含对其建议（如计划中所述并已实施的）在促进可持续发展方面的有效性的评估"（Government of Wales Act, 2006, s. 79）。值得注意的是，由此产生的方案明确提及了环境保护主流化，例如："鉴于威尔士政府是一个典范组织，它将可持续发展作为其主要的组织原则"（p. 25）；"可持续发展将完全成为我们在该方案的使用期限内的中心组织原则"（p. 26）；"可持续发展强调让公民参与影响他们的决策，使他们能够积极参与社会"（Welsh Government, 2014：29）。

研究方法

本研究分析了 2003～2015 年在威尔士对 75 名市民社会组织管理者和成员进行的半结构化访谈所收集的数据。不仅包括关注保护生物圈和生存可持续的环境市民社会组织，而且也是跨越一系列政策领域的组织的目的性样本，反映了环境保护主流化转变政府实践的目标。受访者为市民社会组织的经理、董事及政策人员。访谈由作者和项目研究助理进行，他们基于一个由环境政策的主要文本（如 Lenshow，2001；Carter，2007；Nilsson and Eckerberg，2007）提出了核心问题组成的访谈时间表。半结构式访谈允许使用探索性、追加和补充性问题，因此运用于目前的任务尤为合适（King and Horrocks，2010）。这使参与者能够探索和澄清所描述的问题和经验，从而增强了数据的可靠性。

访谈以威尔士语或英语进行，持续时间约 1 小时。数据收集和分析遵循既定的科学实践伦理，尤其是向参与者提供匿名、保密和仅使用研究数据的保证。对访谈进行记录，并采用了选择性同期笔记法，深入收集与核心主题相关的数据并捕捉非语言线索（see Brugha and Varvasovszky，2000）。所使用的归纳编码框架（Sayer，1992）是"通过从原始数据发展出摘要主题或类别，在复杂数据中创造意义"的最合适手段（Thomas，2006：239）。

发　现

以下分析将围绕三大离散性因素展开：市民社会组织、政党以及系统/社会文化因素。它们更广泛的意义在于揭示了在国际政策和法律中为确保环境保护主流化寻求参与模式所面临的障碍和挑战。这些主题构成了对环境保护主流化的"政治制度视角"，具体总结于表 1 中。

表 1 政治系统观下影响环境主流化与市民
社会组织政治参与的权变因素

1 市民社会组织	
资源	资源有限是环境主流化参与的障碍。本案例揭示了政策资格削弱问责制的宪法问题是如何使问题复杂化的
人力资本/能力	技能/人力资本被认为是影响市民社会组织环境主流化参与的关键因素
战略联结	市民社会组织在连续的选举周期内，必须与关键个人打交道（一党制大大增加了现任者的权力）
新社团主义/资源依赖	在连续的选举周期中（通过政府资助的政策网络、统计基金等新社团主义的措施），市民社会组织可能被迫与该党建立更加密切的关系。在一党制下，这种关系加强了
信任	主导/具有选举优势的政党妥协压力更小，更倾向于优先考虑党派利益
行动方案/战略协调	执政党的变更催化了市民社会组织的竞争格局/问责机制的改变（在一党制下不存在）。通过加强联盟来共同抵制执政党的力量（尤其是在一党制度下）
非正式/议会外政治	市民社会组织通常通过体制外渠道与政府发生关键接触，方式为与内部政党联系/打入内部网络（减少了问责制/透明度，在一党制下尤为突出）
2 政党	
集体性诱因	主导政党/选举上具有优势的政党的存在使市民社会组织丧失与在野党接触的积极性，因为在野党未来很难组成政府，导致于对未来政策收益减少/消失的担心
合法性/执行性	引发了问题——环境主流化的尝试是关于市民社会组织的真正参与还是对参与和政府反馈的管理？
否决权行使者	主导政党/选举上具有优势的政党的存在限制了政治精英的成员资格。由此产生的精英循环使否决权行使者的存在格外具有意义——他们具有持久的影响力/不太可能因选举失败而失去部长职位。该情形在一党制下尤为明显
模糊的政党与市民社会界限	运动成员与政党高度重叠。市民社会组织对政府的重要性可能随着主导政党/选举上具有优势的政党的出现而降低
3 系统/社会文化因素	
宪法	非透明的宪法政策权限的划分削弱了政府的问责制并阻碍了环境主流化进程，因为市民社会组织不确定在特定问题上参与哪个立法机构

	3　系统/社会文化因素
监管制度	无效的监管削弱了问责制/降低了市民社会通过环境主流化结构与程序参与政府管理的积极性
党派制度化	是在连续选举周期中的长期互动中，任职时间延长化/"标准化"和关系强化以及共同依照规范的结果。党派的制度化带来巨大的风险和成本（临界值下降，缺乏开创性/创新性等）。该情形在一党制下尤为严重
社会资本/公民行动主义	社会资本的现行水平（规范、网络、信任和互惠）决定了市民社会参与环境主流化的倾向。政策制定传统也塑造了在特定政体/社会中的政策能力

市民社会组织

访谈数据强调了资源依赖理论对环境保护主流化的突出作用（McCarthy and Zald，1977；Zhan and Tang，2013）。大多数来自市民社会组织的受访者认为，有限的资源是阻碍环境保护主流化参与的障碍之一。然而，这一问题在某种程度上阻碍了吸引各种利益的政策目标（Welsh Government，2006：39），对较小的组织产生了不同程度的不利影响。许多受访者提到，由于官员和议员对实际情况不了解，政策工作给市民社会组织造成了相当的财政和人力上的负担，最终导致他们在竞争优先权时难以应付（cf. Casey，2004）。

这是一个因宪法因素而加剧的问题。正如 Jordan 和 Lenschow（2010：150）所解释的："从制度的角度来看，环境保护主流化是一个多部门和多层次协调的（政策）挑战。"在目前情况下，更大战略方面的环境政策（例如核能、国际条约谈判）由中央政府负责，其余的大部分（但不是全部）由地区一级决定。至关重要的是，受访者提到与威尔士有关的宪法安排的不透明性质（Commission on Devolution in Wales，2014）对资源如何分配产生了不利影响。他们指出了参与环境保护主流化政策制定的关键壁垒。例如，一个市民社会组织的首席执行官解释道："人们没有意识到，我们参与决策小型事件（例如发电）是'没问题'的，但任何具有一定规模的决策均由威斯敏斯特决定，这在其他基础设施和规划也一样适用（即权力没有下放），这非常令我们头痛。我们需要'双向关注'……应该了解目前形势并时刻关注威斯敏斯特……并在那里也发出我们的声音……这是一种弹性机制"（08号受访人）。另一位受访人补充道："至于交通政策、建筑法规……我们不得不依赖（英国市民社会组织在威斯敏斯特的政策人员）的善意……目前拥有坚定的支持基础……我们不用为此埋单……但这并不算合理的安排……事实上，我们不能同时监控这两个（立法机关）……没有预算"（23号受访人）。

与上述情况类似，受访者提到了人力资本和宪政之间的联系。他们提到了2011年中小型立法机构获得初等立法权所提出的要求："是的，这有点让人头疼……这是积极的，它会给政策'牙齿'，你知道的，但对我们来说……（这都是）相当神秘的东西……委员会阶段、起草（议会）法案、反对党（对法案）的修正案，要维持这些需要花费大量时间。……这需要大量的时间来尝试和保持这一点"（受访者71号）。其他人则提到了与2008年后全球经济衰退有关的资源问题："人员配备是一个大问题，是我们（组织）的主要成本……是我们的专长……可怕的是……我在一些案例中看到了这一点……在为解决紧缩问题、节约成本而不得不裁员时，辞退（即失去工作）的往往是政策研究员……这是一个很大的打击……民主的声音被大大弱化了"（受访者11号）。

"战略联盟"适用于市民社会组织对国会议员的游说（Tilly，1978：125－133）。在这方面，市民社会组织面临着一个挑战：具体而言，国会议员应该参与哪些工作，以最好地推进他们的政策要求。当前研究在突出执政党更替对于环境保护主流化的形塑作用方面做出了独特的贡献。如前所述，威尔士政体的特点是一党制。正如 Greene（2010：155）所指出的那样，这种制度"是将真正的选举竞争与缺乏人员流动相结合的'奇怪的鸭子'"。受访者的评论强调了政党更替和案例研究中的一党制对环境保护主流化的重要性，这是因为市民社会组织通常不认为反对党（在"常规"体系中）具有如此的影响力，因为反对党被认为不太可能获得未来的政府职位。反过来，这扭曲了政治动态，并产生了将市民社会组织的参与引导到占主导地位的政党的附带效果。例如，一名政策协调员表示："这真的令人沮丧……我们与自由民主党（反对党）有着良好的关系……他们真的很支持……问题是工党，他们才是真正重要的……所以这是我们最重视的地方。"另一个人说："你必须把注意力集中在政府部长身上……你也必须……他们（工党）今天说了算，选举后再说了算……很简单，这就是我们的制度……它不会很快改变"（受访人 62 号）。

从主流观点来看，缺乏执政党的更替和/或单一政党的主导地位可能成为有效参与的障碍，受访者也强调了这一点。首先，它会影响市民社会组织对政府的信任。这是连接社会资本和形成市民社会组织政策参与倾向的关键组成部分（Mishler and Rose，2001）。在本研究中，访谈数据显示了一党制增加市民社会组织对政府的不信任度的方式。受访者谈到，执政党的权力意味着它可以忽视外生的主张。因此，一些受访者表示，议员们更关心政党利益，而不是促进对话和接触。例如，某环保组织的政策官员说："人们对政府失去了信任……我想我们当时太天真了……（然后）我们的一位受托人说，看看它的政治意义吧！作为一个政党，他们的支持基础大多是城市和南部地区……现在你很难相信他们会把农村利益放在首位！……不管他们（在选举中）许诺过什么"（受访人 35 号）。

其次，数据中出现的相关问题是非正式网络的负面因素（不透明和问责制的削弱），以及这些负面因素对环境保护主流化的削弱方式。在执政党掌权的情况下，这些负面因素会"短路"正式的政治渠道和流程（McClurg and Lazer，2014）。在"定期"更替的民主政体中，当新政党被选举为执政党，执政党和市民社会组织的关系就被重写，而更替的缺失意味着该关系在连续的选举循环中变得规范化和持续化。因此，一些受访者解释说，市民社会组织倾向于选择与执政党接触进行游说，而不是通过议会程序，这即是原因之一。对受访者来说，这引发了有关透明度和问责制的问题。正如一名市民社会组织主任在谈到一项具有负面环境影响的重点休闲发展项目时所说："我们有充分的证据表明，这些决定是在政党政治背景下做出的……在我看来，这对民主没有任何帮助"（受访人 58 号）。另一篇文章则暗指一些市民社会组织是如何"走在内部轨道上……（他们）通过政党联系在政策上获得了'正面消息'"（受访人 69 号）。

受访者还提到了人员流动对市民社会组织"竞争台本"的影响（Tilly，1995：42）。这是市民社会组织通过与政府接触来寻求将其环境政策纳入主流的各种手段。因此，举例来说，受访者提到了深思熟虑的战术协调和组织间不同的参与模式来解决一党制问题。一位经理宣称：

> 我认为环保运动是一个连续体，一些组织能做"在较远处——真正关键的东西"，市民社会组织主要做与新媒体相关的东西，而我们（组织）做的是主流，我们要更多在"帐篷"里，但是当我们"把我们的玩具从婴儿车里扔掉"（换句话说，反对政府的竞选活动显著加剧政策）——我们会在真正需要的时候采取行动。（受访人 43 号）

这项研究另一个关键发现是，市民社会组织的制度结构和实践塑造主流化的方式（cf. Sietz et al.，2011）。因此，受访者反复提到他们认为的局限性和障碍来自对英国多层次治理现实的不适应。具体地说，他们强调，为了充分利用中层环境保护主流化的政治机会结构，跨境市民社会组织必须建立有效的组织结构和管理机制。因此，一个人说："这很敏感，我们可以说我们在伦敦的同事不太明白……他们不明白这里的立法机构在不断壮大……我认为，他们没有意识，也没有意愿让我们在这里尝试制定议程……"另一个人认为："签署协议的仍然是我们（英国）总部……现在我可以挑战这一点……有时我会赢，但这不是重点。""这是一个问题。说实话，这是一个累赘，你知道，我们必须不断争取权力，以决定我们如何与（国民）议会打交道……上次我与爱丁堡的行政人员交谈时，她不敢相信……他们没有这个问题"（受访人 65 号）。

政　党

访谈数据还揭示了执政党更替对环境保护主流化的另一个影响：政党中否决权的行使。执政党中的一些人可能会由于意识形态、教育、信仰、与商业联盟等因素而反对市民社会组织的政策要求。执政党之所以可以拒绝市民社会组织的要求，是因为其权力来源于以下事实：在政府（例如担任部长级职务）中，市民社会组织在推进政策需求时除了与政府打交道别无选择（Tsebelis，1995）。虽然他们存在于"常规"的自由民主制度中，但政党的主导地位使他们的权力更加重要和具有挑战性。这是因为他们的任期相对较长。与"常规"民主不同，它们不会被选举失败"横扫"，反而可能在连续的选举周期中持续存在。一般来说，他们的部长生涯较长，在权力精英阶层中循环的时间也较长。他们的影响力尤其体现在政策启动阶段，在该阶段，他们能够抵制针对新政策理念的直接游说和请求（他们限制参与公共政策磋商的能力较弱）。因此，一位受访者说：

　　我曾在住房（政策）部门工作，我们一直试图说服（被任命为政府部长的人）听取我们的意见……但他没有理解

（我们的需求）或者不想理解。无论如何，我们没有取得任何进展，不像（被任命为部长的）他的前任……即使我们并不总是同意，我们也愿意与他接触。（受访人72号）

受访者的评论还提供了关于执政党更替对市民社会组织在参与式环境保护主流化方面的集体性诱因视角。受访者发现，在当前政治环境背景下，一个政党的主导地位阻碍了组织成员与反对派成员的接触，因为反对派成员被认为不可能在未来的选举周期中当选为政府官员。重要的是，将其纳入主流可能会形成一个负面反馈循环：随着时间的推移，市民社会组织与反对派议员之间接触的减少可能会进一步削弱反对派的力量，从而使市民社会组织失去在未来参与推进政策主张的动力。因此，一位环境社会组织的负责人回忆道："这很棘手，你希望被视为不偏不倚……我们仍然把目标对准所有（政党）领导人及其团队……就像我们去年的可再生能源（竞选）……是的，如果我诚实地说，他们（反对党）确实'踩着软踏板'（没有优势）。""你想要的是内阁……这是最重要的……我们真正投入时间的地方"（受访人46号）。

近几十年来，学术界对社会资本和公民行动主义的明显下降愈发关注。人们普遍认为这会对政府和公共行政产生负面影响，因为它会破坏代表性和反应能力（Putnam，2000）。它促使政府利用新社团主义的做法进行干预，试图促进外部利益（如市民社会组织）与政府（Mansbridge，1992）之间的接触。在这里，一个关键驱动因素是政府需要利用市民社会的专业知识（Schroeder and Lovell，2012）。在本研究中，这种干预措施采取政府赞助的政策网络形式以及国家对政策论坛的支持形式。

然而，这些措施带来了伴随而来的危险。因此，受访者的意见支持 Hunold（2005：325）的评价，即在国家与市民社会的关系中，"非一体化的市民社会更有利于绿色和民主化的努力"。例如，环境保护署署长反映：

> 他们已经建立了一个政策网络，并且大肆宣传。现在对我们来说是一面双刃剑……是的，它让我们进入（决策圈），但我们的迫切要求还没有取得任何进展……政府的回应总是"不"……更重要的是，政府设定了议程，有自己的运行路径……对我们来说，参与需要代价，"因为我们的一些成员不喜欢参与政府主导的政治结构"。（受访人31号）

另一位受访人对一党制和新社团主义实践的总体影响进行了反思：

> 实际上，你现在拥有了国家支持的市民社会，批评政府变得更加困难。所以他们创造了一个市民社会，但这是一个贫血的社会，因为他们控制着血液的流动，他们不希望它（市民社会）变得太强大。（受访人66号）

调查结果的另一个方面是，受访者认为环境保护主流化在一定程度上是在执行力的背景下理解的，是一种合法化的形式。如前所述，Moore（2001：712）解释了后一种说法："合法化包括旨在管理公众对政府行为有效认知，促进其预期目标方面的沟通行为，无论这种认知是否符合事实。"这些理论可以用来质疑，在权力精英愿意根据外生群体的关键意见修改政策的背景下，参与式环境保护主流化的结构和实践是否是真正的参与和知识共享——或者，正如一些受访者的评论所暗示的，环境保护主流化更多的是政府被视为参与市民社会组织。例如，一名市民社会组织的管理人员说："是的，我们参加了与官员的会议……是的，我们也进行了回复……是的，我们与部长和（特别）顾问进行了交谈……在我们的高管会议上，一名同事确切指出了这一点，她问……这只是一种伪装吗？"（受访人34号）另一个人说："好吧，他们只是做做样子，不是吗？问题是，他们听了吗？做出改变了吗？（高速公路扩建项目）让问题变得非常明显，这都是一种假象，不管别人怎么说，他们都不听"（受访人 27 号）。

正如 Piattoni（2001：4）所观察到的，与此相关的裙带关系和任人唯亲涉及"以选票和其他类型的党派支持换取可分割利益的公共决策"。Blakeley（2001：104）更进一步地概述了"裙带关系可能仍然是自由民主政治不可避免的特征"。目前的访谈数据支持这一结论。他们还指出，在执政党更替率较低的体系中，情况更为复杂，因为这可能削弱市民社会及其监督能力。例如，环境保护署署长说：

> 我们有个"客户站"，政府——直接或间接通过不同机构——把大量资金投入……组织中：用钱让他们闭嘴。我们非常幸运的没有接受过威尔士及其他政府的资助，这意味着我们可以自由地站起来去批判和挑战政府。然而，相当数量的组织认为他们不可以那样做。（受访人 54 号）

系统和社会文化因素

受访者们提到，案例研究中，非透明的宪法安排是如何削弱政府问责制力量的（Bingham Powell，1989）。这是因为，在许多问题上，缺乏明确性是新兴市场的障碍，因为市民社会组织往往不确定哪个立法机构（地区或威斯敏斯特）可以参与。因此，一位市民社会组织的首席执行官抱怨道："（宪法）边界缺乏明确性是一个持久性的问题……该问题使生活变得艰难，不仅对于像我们这样的志愿组织而言，也对于客户而言……如果我们的客户有问题，我们能向他们解释是谁的错吗？这种不明晰的问题非常棘手"（受访人 33 号）。另一位代表说："对我而言，目前的（宪法）解决方案相当适合政府……不仅仅相当适用于现任政府，对前任政府也是……长期缺乏进展，一旦提出抗议声音，威斯敏斯特就会成为罪魁祸首……（这）非常方便，（地区政府说）'我们取得必要的权力'……"（受访人 18 号）。

越来越多的文献证明，有效的监测和监管是有效的环境保护不可或缺的一部分（Richards et al.，2000；Percival and Schroeder，2009）。然而，正如 Fiorino（2006：7）观察监管框架时所言，"政府，企业和环境团体之间的不信任……使努力偏离了理想的环境结果"，特别是通过降低市民社会组织参与政府政策设计的倾向。在目前的案例研究中，受访者将政府承担的维持宪法可持续的责任视为一项普遍的积极因素。然而，尽管有独立专员的存在，但一些人还对监督和执行职责的可靠性表示担忧。例如，有一位市民社会组织的政策官员说："这有点像'做给自己布置的家庭作业'……（威尔士政府）法案显示，政府会宣传政策已经有多么完善……这简直是浪费墨水……他们绝不会说已经将事情弄得多么糟糕或者为了下次选举做准备而忘记长远计划"（受访人 17 号）。另一位受访人说："它被吹捧为重要的，独一无二的……如果你问我对它的态度，我会说这是无效的"（参与者 47）。

现有的研究强调了选举政治如何通过高峰或"竞争周期"来塑造市民社会参与的模式和方法（Tarrow and Tilly，2001）。目前的研究发现中，很少显示一党制对参与式环境保护主流化的影响方式并将原因归结为其破坏了诸如执政党更迭（往往引发新的参与模式和阶段）的催化效应等周期。相反，在一党制制度化的背景下（Mainwaring and Scully，1995：4），受访者同意以下观点。据一位政策官员说，"如果你知道我的意思，就会觉得它可能会变得有点过时……最好的使下传上听的方法就是和工党（特别顾问）以及部长和高级官员联系起来……它可能会有点像土拨鼠日（前途未卜），记住……"（参与者 42）。另一位则暗指"那种试图绕过政治障碍的东西"（参与者 18）。

如前所述，社会资本和公民行动主义（cf. Putnam et al.，1993；

Putnam，2000）在参与式民主的规范性追求中发挥着关键作用。与此相关的是，近几十年来，关于改变公众环境态度的文献迅速增多（Van Liere and Dunlap，1980；Tranter，2014）。现存的研究描绘了环境态度是如何被一系列复杂的因素塑造的，包括正规教育（Pooley and O'connor，2000）以及社会心理学属性（例如世界观、意识形态和社会化）（Dietz et al.，1998）。反过来，以上因素会影响公民参与环境保护主流化的意愿。受访者强调了市民社会组织增强政府环境关心的迫切需求，也提及了政治体制中宪法史的局限性影响。虽然这些都是特定于这种政治，但这些因素在强调公民传统塑造环境保护主流化的方式方面仍然具有更广泛的显著性。

在案例中，威尔士在 1999 年以前接受了行政权力下放。尽管公共行政是通过国土部（威尔士办公室）运作，但现实情况是，政策制定主要在威斯敏斯特进行（Rawlings，2003），因此没有彻底的"土著"政策制定传统和发达的政策社区。所以，一名受访者说，"我并没有真正感觉到组织的反应，就像他们应该正确理解权力下放一样"（参与者 17）。据一名政策官员说：

> 我们并没有真正习惯所有政策方面的事情。然后，"砰"！"你能对此做出回应吗？""我们能听听您的意见吗？您知道我们的公众想看什么吗？"（政策咨询）……要挺住……你知道，我们来这里不仅仅是填表格和（国民议会成员）聊天……在某种程度上这是一个巨大的进步……现在每个人都想听到我们的声音。对于像我们这样的组织来说，这是一个"大要求"……很明显……与其他市民社会组织交谈，我们还没有以我们希望的方式参与其中——我知道我们并不孤单……这不会在一夜之间发生，不是吗？就像威斯敏斯特已经走过了几百年，但他们仍然没有把事情做对一样。（参与者 05）

讨 论

本研究的核心目标是，通过定性研究，在中观层面研究市民社会组织参与公共政策设计的经验，以弥补关于环境保护主流化的国际文献中的空白。访谈数据揭示了国际条约和国内政策和法律要求实现有效实践的一系列问题和挑战。这些问题是多方面的，从概念上讲，它们突出了环境保护主流化的偶然性质和政治制度观点的适当性。正如 Jones 和 Hanham（1995：188）所解释的："偶然性不能被视为一个剩余范畴，或是语言特殊性的新面纱，而应为由过程嵌入的上下文相关差异引起的过程中的一种干预。偶然事件中断了过程的运行，从而在不同的环境下产生不同的经验结果。"正如前面的讨论所表明的，环境保护主流化进程与特定地区的政治制度密切相关，特别是与选举政治和执政党更替密切相关。

一系列的影响源于经验发现。例如，关于将平等纳入公共政策主流的文献强调了主流化作为强制和自愿"项目"的双重性质（cf. Payne，2011：528）。这种张力在当前的环境政策制定案例研究中也很明显。特别是，政府和市民社会组织的行动都受到了一党制的严重影响，这是案例研究政治的一个显著特征。一方面一党制给市民社会组织参与公共政策设计带来了一系列障碍，包括存在否决权参与者、战略桥接模式倾斜以及执政党制度化的负面影响。另一方面，它对其他自由民主政治具有更广泛的意义，即突出选举政治和执政党更替对环境保护主流化的作用。历史和宪法因素也发挥了作用。各级政府环境政策责任的不透明划分，加上本土政策制定传统的薄弱，造成了进一步的障碍。值得注意的是，受访者质疑环境保护主流化是否转化为政策成果；一些人提出，新社团主义结构（例如赞助的政策论坛、国家对政策网络的支持）更关注合法性、效果和环境参与性决策的出现。而不是暗示统治精英们愿意妥协并满足外部群体的政策需求。在政策监测和监管的背景下，成果方面的质疑进一步被提出。具体而言，研究中的受访人对执行宪法义务的部长使可持续发展成为主流的作用表示质疑。值得注意的是，受访人还指出了与市民社会组织自身结构和程序相关的限制因素，其中包括参与政策工作的机构能力、资源和专业知识、重新配置跨境市民社会组织的需要，以反映英国向准联邦主义的转变，并为区域一级的管理者提供充分的自主权。

结 论

国家权力下放的全球趋势、对环境保护的法律要求以及环境保护主流化的潮流，均是促进外部群体参与政府工作的核心与关键。然而，目前学术研究往往不认同以上主题的相关性。此外，目前关于环境保护主流化的大多数分析认为政府本质上是非政治的。该假设很奇怪的地方在于，环境保护主流化是一个深刻的政治"项目"，即可挑战一系列行动者去反思他们获取政治权利的方法。为了解决这些空白，上述讨论采用了政治制度的视角。这种原始方法强调了新选举政治（举行地区选举）的影响，并强调了党派动态对市民社会组织参与环境政策制定的影响。这是一个适当的焦点，因为当选的政党类型及其选举实力（特别是一党制是否存在）决定了市民社会组织的政治机会。反过来，这将影响环境保护主流化的成功与否。

在强调市民社会组织试图与政府接触时所面临的挑战时，本研究也为其他环境下的市民社会组织提供了可借鉴的经验。最重要的是，数据表明，市民社会组织需要采用适应性的参与策略，以抵消执政党的一些负面影响。正如受访者的描述所证明的那样，不成比例的权力带来了一系列的病态现象，这些病态现象可能会挫败或阻止参与式环境保护主流化的尝试。正如前面的分析所解释的，这些病态现象可以在选举周期中自我维持。反对派政党被认为缺乏影响力、不太可能在未来担任政府职务，也没有能力推进市民社会组织对环境的政策要求，因此，市民社会组织以牺牲反对派为代价与执政党接触。然而，随着时间的推移，反对派政党力量被不断削弱，执政党力量逐渐增强并且在政策议程上妥协的必要性降低。作为回应，市民社会组织应采取行动，通过跨党派的补偿性参与，防止这种扭曲现象。此外，市民社会组织不应完全依赖与政府在环境保护主流化方面的尝试有关的结构和程序，而应保持警惕，采用广泛的行动方案，不仅涉及与政府的例行公事的、主要是官僚主义的接触，而且还包括各种抗议、竞选和抵制手段。综上所述，本研究的更广泛意义是三方面的。

1. 它提供了实证数据，揭示了市民社会组织在试图影响公共决策对环境的影响时所面临的问题和挑战。

2. 它强调了市民社会组织需要采用适应性参与战略来克服某些挑战。

3. 它显示了国家试图促进参与式环境保护主流化的偶然性。

因此，未来的研究需要运用政治系统的观点，认识到影响环境保护主流化的偶然因素在三个领域中的运作方式，并将历史和宪政因素考虑在内，在市民社会中组织寻求影响政府环境政策设计的运作模式和过程。

参考文献

Alexander J. 2008. *The Civil Sphere*. Oxford University Press：New York.

Aongola L. 2009. *Creating and Protecting Zambia's Wealth：Experience and Next Steps in Environmental Mainstreaming*. International Institute for Environment and Development：London.

Bingham Powell G. 1989. Constitutional design and citizen electoral control. *Journal of Theoretical Politics* 1（2）：107 – 130.

Birnie P, Boyle A. 2009. *International Law and the Environment*. Oxford University Press: Oxford.

Birrell D. 2012. *Comparing Devolved Governance*. Basingstoke: Palgrave Macmillan.

Blakeley G. 2001. Clientelism in the building of the state and civil society in Spain. In *Clientelism, Interests, and Democratic Representation: the European Experience in Historical and Comparative Perspective*, Piattoni S (ed.). Cambridge University Press: Cambridge; 77 – 100.

Brouwer S, Rayner T, Huitema D. 2013. Mainstreaming climate policy: the case of climate adaptation and the implementation of EU water policy. *Environment and Planning C: Government and Policy* 31 (1): 134 – 153.

Brugha R, Varvasovszky Z. 2000. Stakeholder analysis: a review. *Health Policy and Planning* 15 (3): 239 – 246.

Bryner G. 2002. Policy devolution and environmental law: exploring the transition to sustainable development. *Environs-Environmental Law and Policy Journal* 1 (8): 86 – 102.

Buhr K, Thörn P, Hjerpe M. 2012. The clean development mechanism in China: institutional perspectives on governance. *Environmental Policy and Governance* 22 (2): 77 – 89.

Carter N. 2007. *The Politics of the Environment: Ideas, Activism, Policy*. Cambridge University Press: Cambridge.

Casey J. 2004. Third sector participation in the policy process: a framework for comparative analysis. *Policy and Politics* 32 (2): 241 – 257.

Chaney P. 2014. Party Politicisation and the Formative Phase of Environmental Policy-Making in Multi-level Systems: Electoral Discourse in UK Meso-elections 1998 – 2011. *Political Studies* 62: 252 – 272.

Cohen J, Arato A. 1994. *Civil Society and Political Theory*. MIT Press: Cambridge, MA.

Coleman J. 1988. Social capital and the creation of human capital. *American Journal of Sociology* 94 (Suppl): S95 – S120.

Commission on Devolution in Wales. 2014. *Empowerment and Responsibility: Legislative Powers to Strengthen Wales*. Commission on Devolution in Wales: Cardiff. http://commissionondevolutioninwales. independent. gov. uk/files/2014/03/Empowerment-Responsibility-Legislative-Powers-to-strengthen-Wales-Executive-Summary. pdf [accessed 30 October 2014].

Dalal-Clayton B, Bass S. 2009. *The Challenges of Environmental Mainstreaming: Experience of Integrating Environment into Development Institutions and Decisions.* International Institute for Environment and Development: London.

Dearlove J. 1973. *The Politics of Policy in English Local Government.* Cambridge University Press: London.

Dietz T, Stern PC, Guagnano GA. 1998. Social structural and social psychological bases of environmental concern. *Environment and Behavior* 30 (4): 450 – 471.

Drakeford M. 2007. Social justice in a devolved Wales. *Benefits* 15 (2): 171 – 178.

Easton D. 1953. *The Political System: an Inquiry into the State of Political Science.* Alfred A Knopf: New York.

Easton D. 1965a. *A Systems Analysis of Political Life.* Wiley: New York.

Easton D. 1965b. *A Framework for Political Analysis.* Englewood Cliffs, NJ: Prentice Hall.

Edwards M. 2009. *Civil Society.* Polity Press: Cambridge.

Elster J (ed.). 1998. *Deliberative Democracy.* Cambridge University Press: Cambridge.

Evans P. 1996. *Government action, social capital and development: reviewing the evidence on synergy.* World Development 24 (6): 1119 – 1132.

Finkel SE, Muller EN, Opp K. 1989. Personal influence, collective rationality, and mass political action. *American Political Science Review* 83 (3): 885 – 903.

Fiorino D. 2006. *The New Environmental Regulation.* MIT Press: Cambridge, MA.

Gazzola P. 2014. Reflecting on mainstreaming through environmental appraisal in times of financial crisis—from 'greening' to 'pricing'? *Environmental Impact Assessment Review* 41: 21 – 28.

Gilek M, Kern K. 2015. *Governing Europe's Marine Environment.* Ashgate: Farnham.

Goldstone J (ed.). 2003. *States, Parties and Social Movements.* Cambridge University Press: Cambridge.

Grant W. 1995. *Pressure Groups, Politics and Democracy in Britain.* Harvester Wheatsheaf: London.

Greene KF. 2010. *The political economy of authoritarian single-party dominance.* Comparative Political Studies 43 (7): 807 – 834.

Goria A, Sgobbi A, von Homeyer I (eds). 2010. Governance for the Environmental: A Comparative Analysis of EPI. Elgar: Cheltenham. Haywood BK, Brennan A, Dow K, Kettle NP, Lackstrom K. 2014. Negotiating a mainstreaming spectrum: climate change response and communication in the Carolinas. *Journal of Environmental Policy and Planning* 16 (1): 75 – 94.

Heller P. 2001. *Moving the state: the politics of democratic decentralization in Kerala, South Africa, and Porto Alegre.* Politics and Society 29 (1): 131 – 163.

Hewitt LE, Pendlebury J. 2014. Local associations and participation in place: change and continuity in the relationship between state and civil society in twentieth-century Britain. *Planning Perspectives* 29 (1): 25 – 44.

Hopkin D, Tanner D, Williams C. 2001. *The Labour Party in Wales 1900 – 2000.* University of Wales Press: Cardiff.

Hudson J, Lowe S, Oscroft N, Snell C. 2007. Activating policy Networks. *Policy Studies* 28 (1): 55 – 70.

Hunold C. 2005. Green political theory and the European Union: the case for a nonintegrated civil society. *Environmental Politics* 14 (3): 324 – 343.

Jones JP, Hanham RQ. 1995. Contingency, realism, and the expansion method. *Geographical Analysis* 27 (3): 185 – 207.

Jordan A, Lenschow A. 2010. Environmental policy integration: a state of the art review. *Environmental Policy and Governance* 20 (3): 147 – 158.

Keane J (ed.). 1988. *Civil Society and the State, New European Perspectives.* University of Westminster Press: London.

Kettl DF. 2000. The transformation of governance: globalization, devolution, and the role of government. *Public Administration Review* 60 (6): 488 – 497.

King N, Horrocks C. 2010. *Interviews in Qualitative Research.* Thousand Oaks, Ca: SAGE.

Kickert W, Klijn E, Koppenjan J (eds). 1997. *Managing Complex Networks: Strategies for the Public Sector.* Sage Publications: London.

Klijn E, Skelcher C. 2007. Democracy and governance networks: compatible or not? *Public Administration* 85 (3): 587 – 608.

Kok MTJ, de Coninck HC. 2007. Widening the scope of policies to address climate change: directions for mainstreaming. *Environmental Science and Policy* 10 (7 – 8): 587 – 599.

Lenshow A. 2001. *Environmental Policy Integration: Greening Sectoral Policies in Europe*. Routledge: London.

Mainwaring S, Scully T. 1995. *Building Democratic Institutions: Party Systems in Latin America*. Stanford University Press: Stanford, CA.

Maloney WA, Jordan G, McLaughlin AM. 1994. Interest groups and public policy: the insider/outsider model revisited. *Journal of Public Policy* 14 (01): 17 – 38.

Mansbridge J. 1992. A deliberative perspective on neocorporatism. *Politics and Society* 20 (4): 493 – 505.

Marsh D, Rhodes R (eds). 1992. *Policy Networks in British Government*. Clarendon Press: Oxford.

Mason M. 2000. Evaluating participative capacity-building in environmental policy: provincial fish protection and parks management in British Columbia, Canada. *Policy Studies* 21 (2): 77 – 98.

McCarthy JD, Zald MN. 1977. Resource mobilization and social movements: a partial theory. *American Journal of Sociology* 82 (6): 1212 – 1241.

McClurg SD, Lazer D. 2014. Political networks. *Social Networks* 36: 1 – 4.

Mishler W, Rose R. 2001. What are the origins of political trust?: testing institutional and cultural theories in post-communist societies. *Comparative Political Studies* 34 (1): 30 – 62.

Moore L. 2001. Legitimation issues in the state-nonprofit relationship. *Non-Profit and Voluntary Sector Quarterly* 30 (4): 707 – 719.

Nilsson M, Eckerberg K. 2007. *Environmental Policy Integration in Practice: Shaping Institutions for Learning*. Routledge: London.

Nunan F, Campbell A, Foster E. 2012. Environmental mainstreaming: the organisational challenges of policy integration. *Public Administration and Development* 32 (3): 262 – 277.

Pasquini L, Cowling RM, Ziervogel G. 2013. Facing the heat: barriers to mainstreaming climate change adaptation in local government in the Western Cape Province, South Africa. *Habitat International* 40: 225 – 232.

Payne S. 2011. Beijing fifteen years on: the persistence of barriers to gender main-streaming in health policy. *Social Politics: International Studies in Gender, State and Society* 18 (4): 515 – 542.

Pelser A, Letsela L. 2012. Mainstreaming sustainability into biodiversity conservation in Lesotho. *Environment, Development and Sustainability* 14 (1): 45 – 65.

Percival R, Schroeder C. 2009. *Environmental Regulation: Law, Science, and Policy.* Aspen Publishers: New York.

Peters B. G. 2012. *Institutional Theory in Political Science.* Continuum: London.

Piattoni S. 2001. *Clientelism, Interests, and Democratic Representation: the European Experience in Historical and Comparative Perspective.* Cambridge University Press: Cambridge.

Price J, Shildrick M. 1999. *Feminist Theory and the Body: A Reader.* Routledge: London.

Pooley J, O'Connor M. 2000. Environmental education and attitudes: emotions and beliefs are what is needed. *Environment and Behavior* 32 (5): 711 – 723.

Putnam R, Leonardi R, Nanetti R. 1993. *Making Democracy Work.* Princeton University Press: Princeton, NJ.

Putnam R. 2000. *Bowling Alone: the Collapse and Revival of American Community.* Simon & Schuster: New York.

Rawlings R. 2003. *Delineating Wales: Constitutional, Legal and Administrative Aspects of National Devolution.* University of Wales Press: Cardiff.

Richards JP, Glegg GA, Cullinane S. 2000. Environmental regulation: industry and the marine environment. *Journal of Environmental Management* 58 (2): 119 – 134.

Rodríguez-Pose A, Gill N. 2003. The global trend towards devolution and its implications. *Environment and Planning C: Government and Policy* 21 (3): 333 – 351.

Runhaar H, Driessen P, Uittenbroek C. 2014. Towards a systematic framework for the analysis of environmental policy integration. *Environmental Policy and Governance* 24 (4): 233 – 246.

Sayer A. 1992. *Method in Social Science: A Realist Approach,* 2nd edn. London: Routledge.

Schroeder H, Lovell H. 2012. The role of non-nation-state actors and side events in the international climate negotiations. *Climate Policy* 12 (1): 23 – 37.

Shapely P. 2014. Introduction. In *People and Planning*: *Report of the Committee on Public Participation in Planning* (The Skeffington Committee Report). Routledge: London; vii – xvi.

Shutkin W. 2000. *The Land That Could Be*: *Environmentalism and Democracy in the Twenty-First Century*. MIT Press: Cambridge, MA.

Sietz D, Boschütz M, Klein RJT. 2011. Mainstreaming climate adaptation into development assistance: rationale, institutional barriers and opportunities in Mozambique. *Environmental Science and Policy* 14 (4): 493 – 502.

Tarrow S, Tilly C (eds). 2001. *Silence and Voice in the Study of Contentious Politics*. Cambridge University Press: New York.

Thiel A. 2014. Rescaling of resource governance as institutional change: explaining the transformation of water governance in southern Spain. *Environmental Policy and Governance* 24 (4): 289 – 306.

Thomas DR. 2006. A general inductive approach for analyzing qualitative evaluation data. *American Journal of Evaluation* 27 (2): 237 – 251.

Thorpe A. 2015. *A History of the British Labour Party*. Basingstoke: Palgrave Macmillan.

Tilly C. 1978. *From Mobilization to Revolution*. Addison-Wesley: Reading, MA.

Tilly C. 1995. *Popular Contention in Great Britain*, *1758 – 1834*. Harvard University Press: Cambridge, MA.

Tranter B. 2014. Social and political influences on environmentalism in Australia. *Journal of Sociology* 50 (3): 331 – 348.

Treisman D. 2007. *The Architecture of Government*: *Rethinking Political Decentralization*. Cambridge University Press: Cambridge.

Tsebelis G. 1995. Decision making in political systems: Veto players in presidentialism, parliamentarism, multicameralism and multipartyism. *British Journal of Political Science* 25 (3): 289 – 325.

Van Laerhoven F. 2014. When is participatory local environmental governance likely to emerge? A study of collective action in participatory municipal environmental councils in Brazil. *Environmental Policy and Governance* 24 (2): 77 – 93.

Van Liere KDV, Dunlap RE. 1980. The social bases of environmental concern: a review of hypotheses, explanations and empirical evidence. *Public Opinion*

Quarterly 44 （2）：181 - 197.

Von Homeyer I, Goria A, Nilsson M, Pallemaerts M （eds）. 2010. *The Promise and Practice of Environmental Policy Integration：a Multi-Level Governance Perspective*. Elgar：Cheltenham.

Welsh Government. 2006. *One Wales：One Planet The Sustainable Development Scheme of the Welsh Assembly Government*. Cardiff：Welsh Government.

Welsh Government. 2014. *One Wales：One Planet_ the Sustainable Development Annual Report 2013 - 14*. Cardiff：Welsh Government.

Wilson FL. 1990. Neo-corporatism and the rise of new social movements. In *Challenging the Political Order：New Social and Political Movements in Western Democracies*, Dalton RJ, Kuechler M （eds）. Polity Press：Cambridge；67 - 78.

Winter M. 1996. *Rural Politics*. Routledge：London.

Zhan X, Tang S. 2013. Political opportunities, resource constraints and policy advocacy of environmental NGOs in China. *Public Administration* 91 （2）：381 - 399.

（汪璇① 译，肖林 校）

---

① 汪璇，河海大学博士研究生，研究方向为环境社会学。

欧洲居民如何应对经济动荡？

——对物质短缺的历时性研究

安妮-凯瑟利·古伊欧 （Anne-Catherine Guio）

马尔科·波马蒂 （Marco Pomati）*

一 引言

研究家庭应对低收入而采用的家计策略的文献显示，人们在面对从温和到严重的物质短缺 （Material Deprivation，MD）[1] 时创造出了很多的办法和经验。低收入的家庭为了至少在某些方面维持以往的生活水准，通常会依赖正规的收入来源 （比如政府福利），不过也会借助非正式的财务/社会援助和互帮互助 （Dean and Shah，2002）。这些非正式的应对方法包括亲朋好友之间的

* 安妮-凯瑟利·古伊欧 （Anne-Catherine Guio） 来自卢森堡社会经济研究院 （Luxembourg Institute of Socio-Economic Research，LISER），马尔科·波马蒂 （Marco Pomati） 来自英国卡迪夫大学 （Cardiff University）。在此，对 Anthony B. Atkinson，Eric Marlier，Céline Thévenot，Björn Halleröd，Isabelle Maquet 以及 Serge Paugam 表示诚挚的谢意，感谢他们富有成果的讨论与评论建议。本研究得到了欧盟委员会——通过欧盟就业、社会事务和机会均等总司 （DGEMPL） 与欧盟统计局 （Eurostat） ——资助的 Second Network for the analysis of EU-SILC （Net-SILC2） 项目的支持。本文的分析与结论均由作者独立完成，欧盟委员会对其不负责任。通信邮件地址：anne-catherine. guio@ liser. lu 或 PomatiM @ cardiff. ac. uk。

[1] 本书中也有的地方译为 “物质剥夺”，为尊重不译者的理解，未强求统一。——译者注

相互帮衬、搬回父母或公婆的家同住（Orr et al.，2006）。然而，尽管许多家庭可以摆脱低收入的困境，大量的证据仍显示：由于薪资一类的正式收入的减少，缺东少西的情况越来越多了（Ye-ung and Hofferth，1998；Saunders et al.，2006；Berthoud and Bry-an，2011）。①

　　Orr 等（Orr et al.，2006）认为只有高收入家庭能够轻松应对由于失业或是疾病导致的物力减少。对于中等收入的家庭，尽管在生活水准、物质财富和日常活动方面基本没有变化，但他们也会开始减少度假或是依赖家人或朋友的帮助。然而，随着能得到的东西越来越少，能用的社会关系也都用得差不多了，当初唾手可得的消费变得无法负担，人们不得不节衣缩食，连温暖的住房也成为遥不可及的奢侈品。这样，有着相似家境的家庭就面临着相似的物质短缺状况（Smith，2005）。同样的，大范围的生活花费调查也证明：当那些经历过物质短缺的家庭收入增加时，他们的日常消费将向更高收入家庭逐渐靠拢（Farrell and O'Connor，2003；Gregg et al.，2005）。

　　欧盟收入与生活水平统计（European Union Statistics on Income and Living Conditions，EU-SILC）等多项问卷调查，提供了许多家庭由于支付不起而没有的东西或进行不了的活动的信息。然而，尽管有大量关于物质短缺的可用数据，人们却很少关注欧洲居民究竟采用了什么样的缩减开支的策略。

　　有人说贫困是由于肆意挥霍和没有量入为出导致的，了解了家庭如何应对拮据的经济情况后，就能知道这样说是否站得住脚。比方说，可能发现有相当多人说，他们有钱用来远游，却没钱买两双合脚的鞋子，或是为房间供暖。

---

①　虽然在统计学上物质短缺和收入之间呈显著的负相关，但由于测量误差与非收入因素对物质短缺的影响，这种负相关并不完全可靠。其中非收入因素包括：生活成本（保健支出、住房支出、育儿支出等），以前积累下来的家底或债务，在社会上或亲友间进行的实物交换等（see Fusco et al.，2010）。

了解不同物质先后短缺的次序也便于欧洲福利国家之间建立衡量物质短缺严重程度的统一标准。总之，了解欧盟不同国家的人们削减开支的模式，可以帮助我们更好地理解在生活条件中哪些方面是最重要的，以及是否有一些潜在的因素造成了欧盟国家的民众在削减开支方面有着一些共同的模式。这种研究与欧盟委员会定义贫困的过程一致，欧盟委员会根据 Townsend（1979）的理论，把穷人（the poor）定义为：在居住国中无法维持最低生活标准的人。

本文的主要内容是：运用欧盟收入与生活水平统计（EU-SILC）的历时性数据，评估欧盟以及欧洲各国经常出现的物质短缺的顺序。从定义来看，缩减开支是一个历时过程，对它的最理想的研究方法是：追踪调查同一批被调查者在不同时间段的物质短缺状况。以前的论文主要是利用截面数据（cross-sectional data）来决定物质短缺的次序，即在同一时点上比较不同物质短缺水平的人的物质短缺状况（see Deutsch and Silber，2008；Deutsch et al.，2015），而通过利用历时性的分析，我们引进了新的研究方法。

利用欧盟收入与生活水平统计（EU-SILC）的数据，可能不会得到我们进行历时性分析所需要的全部数据，毕竟在写作本文的时候，该统计数据库中只有一个与物质短缺相关的子序列。[1] 不过，通过提供每个人长期的物质短缺状况的变化信息，历时性数据能反映不同物质出现短缺的次序。通过本文的历时性研究方法，读者就能明白截面数据所反映的次序是否能有效代替历时性数据所反映的次序。

本文的安排如下：第二部分列出了分析所用到的数据和与物质短缺有关的项目；第三部分主要解释样本描述统计中的排序方

---

[1] 我们选择使用数据库提供的 4 年的数据中的 3 年来增加样本量。欧盟收入与生活水平统计（EU-SILC）是一个滚动的截面数据组，即每年有 1/4 的样本会被新的样本替换。利用 3 年的数据可以跟踪 50% 的样本，而利用 4 年的数据则只能跟踪 25% 的样本。

法和项目反应理论模型（Item Response Theory model），这样的方法证实或帮助解释了横向次序结果和历时性次序结果；第四部分是结论。

二 数据

为了估计不同国家的人们依什么样的次序削减物品或活动的开支，我们使用了欧盟收入与生活水平统计（EU-SILC）中的截面数据（2009 年）和历时数据（2009 ~ 2011 年）。

截面数据分析是基于 2009 年欧盟收入与生活水平统计（EU-SILC）提供的针对物质短缺问题的 13 个指标。这 13 个指标是由 Guio、Gordon 和 Marlier（2012）建议的，用来测量每个欧盟成员国的物质短缺水平，有人建议用它们来更新替代欧盟目前使用的指标。历时性分析利用了上述 13 个指标中的 6 个指标，它们是在写作本文时欧盟收入与生活水平统计（EU-SILC）所能提供的历时性指标。① 表 1 列出了表征物质短缺的各项指标，最后一列说明数据是否可得。

表1 在横向分析和历时分析中用到的各项指标的短缺比例［基于
2009 年欧盟收入与生活水平统计（EU-SILC）数据］

单位：%

表征物质短缺的物品或活动事项	短缺比例 （2009 年）	有没有用于历时性分析的 数据（2009 ~ 2011 年）
居家项目，指在家庭层面采集的项目。居家项目的短缺包括所有的家庭成员（包括孩子）因为没钱而负担不起的物品或活动		
没能做到每年外出一周度假	38	有

---

① 目前这 6 个指标是欧盟收入与生活水平统计（EU-SILC）每年都要调查的核心指标。另外的由 Guio、Gordon 和 Marlier（2012）建议的 7 个指标，2009 年第一次被列入统计，2013 年由一些国家自愿选用，2014 年被列入一个适用于所有欧盟国家的专门调查物质短缺的模块中。本文中只使用了 2009 年的数据。

表征物质短缺的物品或活动事项	短缺比例（2009 年）	有没有用于历时性分析的数据（2009～2011 年）
出现超支	35	有
有想换，但不能更换旧的家具（确实是该换了，而不是可换可不换）	31	没有。只有 2009 年数据
有没能避免的拖欠（抵押贷款或租金，水电费或消费信贷）	12	有
不能保证每隔一天享用一顿肉、鸡、鱼和蔬菜均衡搭配的膳食	10	有
不能使房间保持适当温度	10	有
想有，但却没有个人使用的轿车或货车	9	有
想有，却没有电脑和网络接入	5	没有。只有 2009 年数据
"成人事项"是指，针对成人（16 岁以上）的调查项。所有的家庭成员（包括孩子）都被要求提供，成人的物质短缺信息是指家中至少一半的成人不能负担下列事项		
想拥有，却没有规律的闲暇时间	18	没有。只有 2009 年数据
想有，但没有可以自主使用而不用与别人商量的零花钱	17	没有。只有 2009 年数据
想做到，但不能做到至少每个月与家人或朋友聚一次餐	13	没有。只有 2009 年数据
想换掉旧衣服，却不能添置新的（不是二手的）衣服	12	没有。只有 2009 年数据
想拥有，却没有两双合脚的（包括一双适合各种天气的）鞋子	3	没有。只有 2009 年数据

注：所有成人事项，还有更换旧家具和获得网络接入的事项，并不在历时性数据中。2009 年，欧盟 27 个国家中，有 3% 的人没有两双合脚的鞋。

资料来源：作者的计算，2011 年 8 月。

利用现在的 6 个指标，表 2 根据个人连续两年（2010 年、2011 年）的物质短缺的轨迹将样本分组。表 2 显示：尽管有不可忽视的少部分人在物质短缺方面毫无变化（奥地利 8% 的样本），或者只是短缺的指标类型发生了变化而指标的总数并没变（比利时 2% 的样本），那些在 2010 年和 2011 年两年中都节衣缩食的人（见左数第 3 列和第 6 列），大多数人的短缺状况都有或多或少的变化。总之，表 2 说明对于绝大多数国家的居民来说，在两年间，物质短缺状况发生了相当多的变化，本文所呈现的方法将有助于解释这种历时性变化。并且，从表 2 呈现的个人境况的变化轨迹可以看出，有很小一部分人的物质短缺状况毫无变化，或者只是在拆东墙补西墙。要完全了解消费者的消费选择与价格的关系，我们就需要考察更多更细的关于被调查者已经购买或没有购买的商品的品质和价格（包括在国际市场上的价格）的信息。我们在结论部分将对此做简要回顾。在接下来的部分，我们要打开物质短缺状况转变机制的黑箱，看看我们能否找到一种适用于各个国家和各种研究方法的有关缩减开支的模式。

表 2　根据物质短缺的数量和类型（基于 6 项历时性指标）
对欧盟收入与生活水平统计（EU-SILC）被
调查者的分类（2010 年、2011 年）

单位：%

	在 2010 年和 2011 年没有出现物质短缺	在 2010 年和 2011 年有相同的物质短缺指标	2011 年（与 2010 年相比）有更多/更少/不同的短缺指标		
			更多指标	更少指标	短缺指标的总数不变，但指标类型有变化
比利时	63	10	13	12	2
保加利亚	8	22	27	35	9
捷克共和国	39	21	18	18	4
丹麦	75	5	10	8	2
爱沙尼亚	27	21	23	23	5
西班牙	42	13	17	23	4
意大利	37	7	31	20	4
塞浦路斯	26	16	30	23	5
拉脱维亚	8	23	33	29	8
立陶宛	12	23	26	31	9
卢森堡	71	7	11	11	1

续表

	在 2010 年和 2011 年没有出现物质短缺	在 2010 年和 2011 年有相同的物质短缺指标	2011 年（与 2010 年相比）有更多/更少/不同的短缺指标		
			更多指标	更少指标	短缺指标的总数不变，但指标类型有变化
匈牙利	12	35	27	22	4
马耳他	31	34	44	23	1
荷兰	74	8	8	8	2
奥地利	61	8	10	18	2
波兰	25	36	17	19	3
葡萄牙	25	21	25	25	5
罗马尼亚	12	45	20	21	3
芬兰	63	9	13	12	2
英国	54	10	16	17	4

注：在奥地利 2010 年和 2011 年的被调查者中，针对 6 项指标，61% 的人在两年中并没有出现短缺；8% 的人在两年中短缺的事项是一样的；10% 的人短缺的事项增加了；18% 的人短缺的事项减少了；还有 2% 的人虽然短缺的事项的总数没变，但其中部分或全部的事项发生了变化。

资料来源：作者的计算，2011 年 8 月。

三 物质短缺的先后次序

（一）直观分析（Visual analysis）

基于欧盟收入与生活水平统计（EU-SILC）2009 年的 13 个物质短缺的事项形成了上一节的表 1，该表说明没有两双合脚的鞋的人只是很少的一部分（3%），特别是与诸如每年不能享有至少一周的假期这样的更普遍的短缺情况相比。我们的分析还说明那些没有两双合脚的鞋的人中，大约 90% 的人每年无法享受至少一周的假期；而在每年无法享受至少一周假期的人中，只有 10% 的人没有两双合脚的鞋（EU-SILC 2009）。这说明人们更多地会首先缩减假期，而只有当他们财力极度匮乏时才会连像鞋子这样的基础生活品都买不起。可以利用图 1 这样的图表把被调查者根据他们无法承担的事项（Guio 等 2012 年建议的 13 项短缺指标）的数量进行分类，从而形象地证明这一观点。为了说明方便，图 1 列出了四项物质短缺（没有假期、缺少鞋子、不能支付预算外的支出、拖欠缴费）的人数，相对于各项短缺人数的百分比。该图说明，在物质短缺的序列上，不能支付预算外的支出和没能度假的情况，比出现拖欠缴费和买不起鞋子的情况更普遍。在 13 项短缺事项上经历了两项的人中超过一半的人不能享用假期或应对额外开销，而且随着物质短缺事项数量的增加，这一比例也渐渐变大。相反，只有很少的比例不能避免拖欠缴费或没有两双合脚的鞋。不过，这两项的比例也随着物质短缺事项数量的增加而增长。最重要的是，在物质短缺的序列上这四项（没有假期、缺少鞋子、不能支付预算外的支出、拖欠缴费）的次序是不变的。

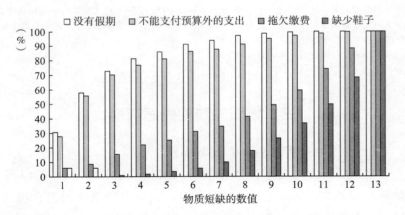

**图 1　存在各项物质短缺的人数（根据 2009 年
欧洲物质短缺水平）**

注：在 13 项短缺事项上经历了两项的人中超过一半的人不能享用假期。
资料来源：作者的计算，2011 年 8 月。

这一次序只不过是概率性的：尽管大体上被调查者都符合这一模式，但并不是说这一模式对所有的被调查者都适合。类似一个预测模型，在预期次序和测得的次序之间常有多多少少的差别：即便在上面提到的四个事项中，也有很少数的人虽然买不起两双合脚的鞋子，但却能享用假期。这可能是测量误差造成的，特殊的个人原因和/或特殊的境况使这一小拨人和大多数人不一样。随着短缺事项的增加，相应的短缺次序变得更不确定，与最常见的缩减开支的次序不一致的例子也越来越多。正如图2所示，在物质短缺的序列上，没能度假、不能支付预算外开支、买不起合脚的鞋的次序是稳定的，而其他的事项（如买不起车、不能避免拖欠）的次序则并不明显。

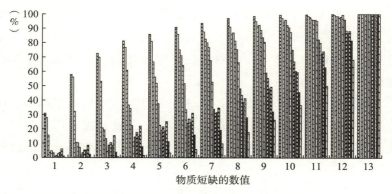

图 2　存在各项物质短缺的比例（根据 2009 年
欧洲物质短缺水平）

注：参见表 1，了解对各事项的详细说明。
资料来源：作者的计算，2011 年 8 月。

显然不可能直观地列出在欧盟所有国家中最有代表性的包括全部 13 个事项的压缩开支的次序，需要采用更好的方式。

（二）物质短缺的次序：研究方法

研究个人的消费水平和各项消费内容占总体的份额，这长久以来一直是经济学的议题（Engel，1895；Working，1943；Leser，1963）。根据经典的关于消费行为的微观经济学理论，消费者面对一组价格不同的商品时，将会基于实现效用的最大化的原则把他们的收入用于购买商品。计量经济学经常会利用由从家庭预算调查到对均衡需求的估算系统提供的具体的个人消费数据，而个人各项支出的比例取决于不同商品的相对价格、可支配收入的多少和个人性格［可参见 Deaton and Muellbauer（1980）提供的其他模式］。一些研究专门调查随着收入的增加，消费者优先购买的商品随时间的推移将如何变化，以及人们在获得商品时，是否有类似的优先模式（Roos and Von Szelisk，1943；Paroush，1965，1973；McFall，1969；Hebden and Pickering，1974）。Deutsch 和 Silber（2008）采用了与 Paroush（1965，1973）和 Guttman（1950）相同的方法，但调查的方向是相反的，就是测算那些面临贫困威胁的人是否会按一定的次序减少各种商品的消费。该方法将数据组中每种物质短缺的次序与所有可能的次序相比较，从而找到累积误差最小的最佳次序。

例如，如果某个调查问卷中只有两项物质短缺的指标项，比方说是每年一周的假期和两双合脚的鞋子，就只能有两种削减开支的次序。而当物质短缺的境况加剧时，家人可能决定首先取消假期，而后再取消保证有两双鞋子的计划；不过，他们也可能先不买鞋子，但仍就去度假。假设只收集了两项指标的数据，把那些能够支持某项开支的人（包括想支付和不想支付的）赋值为 0，而在此项上短缺的（支付不起的）的赋值为 1，就有可能测算出哪一种次序与我们的样本中的情况最接近。

如果度假是最先被取消的，而后才是鞋子，那在这一次序中就有 3 种模式（见表 3）。这样我们就能在数据表中比较 3 种模式，同时把不符合这 3 种模式的情况归入误差中，并测算每一种次序的总的误差值。有 $K!$ 种可能次序，K 是指标项的总数。在这一简单的例子中，只有 2 种（$2! = 2$）可能的模式。被调查者或者可以同时负担假期和鞋子（第 1 行），或者只能负担其中的一种（第 2 行），或者哪一项都负担不起（第 3 行）。在这里，被调查者不能买鞋子但却能度假的情况［模式：（0，1）］与预期的次序不一致，需经调整（1 个误差）才能变成其最接近的模式［从（0，1）变成（1，1）］。这种情况，就被认为存在一个误差（An error of 1）或者说该模式存在一项遗漏。

表 3　次序 1 的可能模式（首先削减假期）

削减假期	削减买鞋子的开支
0	0
1	0
1	1

如果预期的次序与上面的相反（先削减买鞋子的开支），那么这一次序中可能模式就如表 4 所示。

表 4　次序 1 的可能模式（首先削减买鞋子的开支）

削减买鞋子的开支	削减假期
0	0
1	0
1	1

历时性的数据能展示同一个人在不同时期的信息，从而扩展这一关于短缺次序的研究方法。根据某种设定的次序所包含的模式（比如：假期，鞋子），可以对个人的物质短缺模式进行打分。主要的不同是，设定的次序也能测量随着时间的变化个人得分的变化。每一种情况都会与设定的次序进行比较，并得出误差值。正如已经提到过的，误差值是某一特定数据组的物质短缺模式与设定的模式之间的，最小的差值。所有与设定模式相同的情况，都被赋值为 0。表 5 显示了表 3 中列出的次序 1 的历时性

变化。

表 5　次序 1 可能存在的历时性模式（先削减假期）

第一期		第二期	
削减假期	削减买鞋子的开支	削减假期	削减买鞋子的开支
0	0	0	0
0	0	1	0
1	0	0	0
0	0	1	1
1	0	1	0
1	1	0	0
1	0	1	1
1	1	1	0
1	1	1	1

　　类似的，也可以进行不同横向的比较研究，可以在国家/欧盟的层面测算总的误差值，而那个有最小误差值的次序就是最有代表性的或者说明常见的（best）国家/欧盟的次序。

　　（三）物质短缺的次序（deprivation sequence）：调查结果（results）

　　1. 欧盟最常见的次序（Best EU order）

　　根据 6 项现在的历时性数据（参见表 1），欧盟最常见的次序如下（各国家的结果，可参见表 6）：

　　1. 削减假期

　　2. 出现超支

　　3. 膳食均衡（肉/鸡/鱼/蔬菜）

　　4. 保持室内温暖

5. 拖欠账单

6. 买不起车（轿车/小货车）

　　家庭一般会首先取消他们的年度假期，然后可能花光他们的积蓄（这是由于无法支撑额外的花销）。随着物质短缺进一步加剧，他们可能无法享用蛋白质充足的食物，不能为房间保暖，拖欠账单，最后连轿车/小货车也买不起了。历时性分析的结果与横向比较研究的结果［关于横向研究的讨论，可参见 Deutsch et al. (2015)］在很大程度上是相同的。在国家层面，这一排序结果要么完美要么非常接近。这说明横向研究的 13 项指标可以被视为（非常）好的对历时性物质短缺次序的预测。在欧盟的层面，次序如下（参考表 1，国家的结果可参见表 7）。

1. 假期 *

2. 出现超支 *

3. 更换家具

4. 零用钱

5. 休闲

6. 外出喝酒或用餐

7. 买衣服

8. 膳食均衡（肉/鸡/鱼/蔬菜）*

9. 为房间保温 *

10. 拖欠账单 *

11. 买车（轿车/小货车）*

12. 电脑或网络接入

13. 鞋子

* 有历时性数据的项目

表 6　关于削减开支的最有代表性的次序的历时数据（2011 年）和截面数据（2009 年）

削减项目	类型	欧盟	比利时	保加利亚	捷克共和国	丹麦	爱沙尼亚	西班牙	意大利	塞浦路斯	拉脱维亚	立陶宛	卢森堡	匈牙利	马耳他	荷兰	奥地利	波兰	葡萄牙	罗马尼亚	芬兰	英国
削减假期	横向	1	1	2	1	2	1	1	1	1	2	2	2	2	1	2	2	1	1	1	2	2
	历时	1	1	2	1	2	1	1	1	1	2	2	2	2	1	2	2	1	1	1	2	2
出现超支	横向	2	2	3	2	1	2	2	2	2	1	1	1	1	2	1	3	2	3	3	1	1
	历时	2	2	3	2	1	2	2	2	2	1	1	1	1	2	1	3	2	3	2	1	1
膳食均衡（肉/鸡/鱼/蔬菜）	横向	3	5	4	3	4	4	6	4	5	3	3	4	3	3	6	6	3	5	4	4	4
	历时	3	5	4	4	4	4	5	5	5	3	4	4	3	3	5	6	3	6	6	5	5
保持室内温暖	横向	4	4	1	5	6	6	4	3	3	6	4	5	6	4	5	4	4	2	5	6	3
	历时	4	4	1	5	6	6	4	4	3	6	4	5	6	6	4	4	4	2	5	6	4
拖欠账单	横向	5	3	5	6	3	5	3	5	4	5	6	3	4	5	3	5	5	6	6	3	5
	历时	5	3	5	6	3	3	3	3	4	5	6	3	4	4	4	5	5	5	4	3	3
买车（新车/小货车）	横向	6	6	6	4	5	3	5	6	6	4	5	6	5	6	6	6	6	4	2	5	6
	历时	6	6	6	4	6	5	6	6	6	4	5	6	5	5	6	6	6	4	3	4	6

注：横向次序是根据 Deutsch et al.（2015）基于 13 个指标项计算的最初结果。省略了 7 个没有历时数据的项目，保留了剩下 6 项的排序。历时性数据与截面数据对照，所有没有短缺的样本，所有没有短缺数据的样本（误差值为 0）和少数缺的什么都没排除了（总误差值为 6）被排除了，因为这些样本对本研究没有意义。

注意：在截面和历时数据中，在奥地利，人们首选削减的是额外的开销，最后削减的是为房间保暖。

资料来源：Authors' computation, EU-SILC 2009 cross-sectional data（UDB August 2011）and EU-SILC 2011 longitudinal data（UDB August 2013）。

表 7　各国人们削减开支的次序，2009 年的横向数据

	欧盟	比利时	保加利亚	捷克共和国	丹麦	爱沙尼亚	西班牙	意大利	塞浦路斯	拉脱维亚	立陶宛	卢森堡	匈牙利	马耳他	荷兰	奥地利	波兰	葡萄牙	罗马尼亚	芬兰	英国
假期	1	1	3	2	2	2	1	2	2	1	3	1	2	2	2	2	2	1	3	2	1
出现超支	2	2	4	3	1	1	3	1	3	3	2	2	3	1	1	1	1	3	1	1	2
更换家具	3	3	1	1	3	6	2	3	1	2	1	11	1	3	3	3	3	2	2	5	3
零用钱	4	6	6	5	5	5	5	5	8	4	4	3	8	6	5	4	6	6	5	4	5
休闲	5	4	8	6	6	4	7	7	6	5	5	4	6	5	4	5	5	5	4	3	4
外出喝酒或用餐	6	5	7	10	7	3	8	6	9	6	8	5	9	7	6	6	4	4	6	6	6
买衣服	7	7	5	9	4	8	6	13	7	8	7	6	7	4	7	7	7	7	7	8	7
膳食均衡（肉/鱼/蔬菜）	8	10	9	4	10	7	9	11	10	11	9	8	10	8	8	10	8	8	12	7	8
为房间保温	9	9	2	11	12	9	13	9	5	9	11	7	4	11	9	11	11	9	11	12	9
拖欠账单	10	8	10	12	8	10	10	4	4	7	6	9	5	10	11	9	9	10	8	9	10
买车（轿车/小货车）	11	11	11	7	11	12	4	8	12	12	12	13	12	9	10	12	10	11	9	10	11
电脑或网络	12	12	12	8	13	13	11	10	11	10	13	10	13	12	12	13	12	12	13	11	12
鞋子	13	13	13	13	9	11	12	12	13	13	10	12	11	13	13	8	13	13	10	13	13

注意：在奥地利，人们首先削减的是额外的开销，最后削减的是购买鞋子。

资料来源：The cross-sectional orders are based on the original results from Deutsch et al. (2015) calculated on the full 13-item list available in EU-SILC 2009 cross-sectional data, UDB August 2011。

2. 欧盟各国物质短缺次序的相同性

在表6中，在国家层面的分层上，有很大一部分是重合的：在所有的国家中，假期和额外开销都是最先被削减的。对于其他项目来说，大多数国家与欧盟有相似的次序，但差别更明显。例如保加利亚和葡萄牙，这是仅有的保持房间温暖被排在削减次序的第一和第二位的国家。类似的，在罗马尼亚，买车被排在削减次序的第二（横向）和第三位（历时）。

在注意不同国家的最具代表性的次序的不同的同时，也要看到，欧盟的次序对于大多数国家是基本符合的。更明智的策略是列出 720（6！）种排列组合方式列对其进行排序。从表 8 可以看出，在 720 种历时性分类的排列组合方式中，在所有国家（除了丹麦和芬兰）中，欧盟的次序排在 55 位之前。这说明虽然欧盟的次序不一定是最具代表性的，但它比所有国家（除了丹麦和芬兰）各种可能的排序方式中 92% ［即（720 - 55）÷720］的排序方式更接近实际。而且稍好一些的排序方式与欧盟的次序也只有很小的差别。对于丹麦和芬兰，欧盟的次序仍然比大多数的排列方式要好，只是排位要低一些（分别是第 134 位和第 154 位）。该表的第 3 列还显示，将假期和额外支出列在次序最后的排序方式，在各个国家的都非常适合。

以上的结果反映的主要信息是，缩减假期和减少额外支出的次序在所有国家都是很相似的，而其他四项（均衡的膳食、为房间保暖、避免拖欠账单、购买轿车/小货车）则更具变数（在历时性分析和横向分析中都是这样）。不过，通过横向的和历时性的对削减开支的次序的研究得出的欧盟的削减开支的次序，很好地预测了这四项的削减次序。

累计误差的历时性分析也揭示了类似的削减开支的模式：在给定年限（N）内大部分的出现物质短缺的人，在前一年（$N-1$）就已经出现减少度假和无法应付额外支出的情况，但他们大多并没有经历其他四项的短缺。

表8 欧盟的次序在各个国家的排序中的位置，2011 年的
历时性数据

	欧盟的次序在各个国家的排序中的位置	消减假期和出现额外开销在最后的（分别在第五和第六位）排序的最高排位次序
波兰	1	515
捷克	3	435
马耳他	4	517
意大利	6	478
保加利亚	8	483
罗马尼亚	13	498
爱沙尼亚	15	520
匈牙利	16	519
比利时	17	478
立陶宛	17	429
西班牙	19	431
奥地利	20	478
塞浦路斯	30	425
拉脱维亚	30	541
英国	33	466
葡萄牙	46	381
卢森堡	53	343
荷兰	54	415
丹麦	134	355
芬兰	162	251

注意：在 720 种历时性的排列方式中，最具代表性的欧盟排列方式 [1. 削减假期；2. 出现超支；3. 膳食均衡（肉/鸡/鱼/蔬菜）；4. 保持室内温暖；5. 拖欠账单；6. 买不起车（轿车/小货车）] 在奥地利排位在第 20 位，而把削减假期和出现超支排在最后的排列方式的最高排位第 478 位。

资料来源：作者的计算，2011 年 8 月。

（四）项目反应理论

Dickes（1983，1989），Gailly 和 Hausman（1984），Perez-

Mayo（2004），Cappellari 和 Jenkins（2007），Ayala 和 Navarro
（2007，2008），Fusco 和 Dickes（2008），Guio、Gordon 和 Marlier
（2012）以及 Szeles 和 Fusco（2013），还有其他一些研究者，已经
在关于物质短缺的研究中运用了项目反应理论（Item Response
Theory，IRT）。项目反应理论也被称为隐性特质分析，它是一组统
计模型，描述了问卷项目回答与未观察到的隐性特质之间的关系，
如学术能力、幸福感或物质短缺状况。项目反应理论假定每个项
目与潜在的物质短缺特征之间存在关联，这一点最好使用项目特
征曲线（ICCs）来表示。

　　图3画出的13条项目特征曲线（ICCs），说明了潜在的物质
短缺特征（即表1所示的物质短缺的标准化的得分）和每个项目
出现短缺的可能性之间的关系：物质短缺（在 X 轴显示，表示对
平均值的标准差）增加时，每个项目出现短缺的可能性（在 Y 轴
显示）也会增加。项目特征曲线越靠右，物质短缺越严重。曲线
是按欧盟（横向）物质短缺的次序排列的（见表7欧盟次序一
列）。次序中的前两项（假期和额外支出）的项目特征曲线的值
在 -1 至 1 之间变化：正如在前面提到的，首次出现物质短缺和绝
大多数的物质极度匮乏的人（数值超过1的）都不在其中。这些
曲线间的垂直距离（曲线的陡峭程度反映物质短缺的严重程度）
显示，这两项的项目特征曲线很接近，但是与历时性物质短缺次
序分析中其他四个项目［膳食均衡（肉/鸡/鱼/蔬菜），保持室内
温暖，拖欠账单，买不起车（轿车/小货车）］相差很大。这说明，
与这两项相关的物质短缺的严重性与其他四项相比要更低。不过，
随着短缺状况的恶化，在次序后面这四项［膳食均衡（肉/鸡/鱼/
蔬菜），保持室内温暖，拖欠账单，买不起车（轿车/小货车）］出
现短缺的可能性是很接近的；这些曲线非常靠近以至难以把它们
区分开，这也可以说明不容易就这几项进行先后排序。这样的结
果也有可能解释为什么在国家层面这些项目的削减次序有很大的
差别，而欧盟的次序仍然在平均水平上很好地适合大多数国家。

这四项表征了比削减假期和额外支出更严重的物质短缺状况，但它们在次序中的互对位置看来是可以互相调换的。

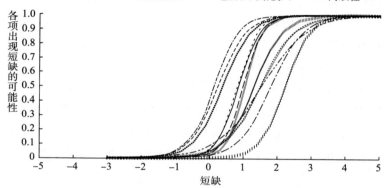

图3　项目特征曲线（ICCs），在欧洲层面，13 个指标项（截面数据），2009 年各项出现短缺的可能性

注意：每条曲线代表在给定的物质短缺水平（X 轴）下，一个项目被削减的可能性（Y 轴）。例如，那些比平均的物质短缺水平境遇更差的人，几乎可以确定不会有额外的开支，而他们却只有 50% 的可能保障不了在每两天中的膳食是均衡的（肉、鸡、鱼或蔬菜）。

资料来源：作者的计算，2011 年 8 月。

项目特征曲线证明了上面列出的结果：连两双合脚的鞋子都买不起证明了最严重的物质短缺（数值在 1 以上），而且这也是大多数国家和人口中不同群体将最后削减的开支。项目特征曲线再次说明，有必要在历时性的和横向的调查中包含更多的项目从而了解各种程度的物质短缺。在 Guio、Gordon 和 Marlier（2012）建议的 13 个项目指标中，那些还没有被列为欧盟收入与生活水平统计（EU-SILC）主要调查项的指标，对于充分了解物质短缺的严重程度来说至关重要。

四 结论

由 Deutsch 和 Silber（2008）在研究物质短缺时采用的短缺次序研究法（The *Deprivation Sequence* methodology）被证明是一种探究削减开支的次序的深具洞察力的方法。正如本文所展示的，这一以资料为基础的简单的方法，能很方便地适用于历时性研究。项目反应理论（Item Response Theory，IRT）也能被用于开展深入研究，分析欧盟范围内国家间的物质短缺状况的排序。

本文的分析说明，物质短缺数据可以被用来深入阐释在各成员国中人们是如何渐渐地不具备生活条件中某些重要的方面的。横向分析显示，人们通常先是取消他们的年度假期，然后由于应付额外支出、买新家具、进行休闲和社会活动，他们的积蓄也会越来越少。那些物质短缺状况更严重的人可能得不到富含蛋白的食物、温暖的房间，会拖欠账单，甚至连两双合脚的鞋都买不起。尽管用少数的项目（因为在写作本文时能找到的历时性数据还不多），本文的最主要贡献是利用历时性数据把 Deutsch 等人（Deutsch et al.，2015）提出的横向分析方法又向前推进了一步。这一分析证明了：在一段时期中追踪同一人群能发现相同的物质短缺模式；当缺少历时性数据时，可以用截面数据进行替代。在整个欧盟，都没有把度假看得比其他物品和活动更重要的情况，这清楚地回击了批评人们是由于不会精打细算或胡乱花钱才陷入贫困的说法。大多数连基本的生活开销（比如均衡膳食和买双合脚的鞋）都应付不了的人，根本不会去度假，他们也没有钱支付额外的开销。分析也明显地证明了社会活动——如每月能出去和朋友、家人聚餐——的重要性，重申了把贫困视为一种脱离日常生活方式、习惯和活动的状态的重要性。

这样的分析对于确定对欧盟总体上的物质短缺状况和各种［由 Guio、Gordon 和 Marlier（2012）建议的］具体指标项目的测量的准确性和有效性也是非常重要的。分析证明，这 13 项指标能很好地表征在较大范围内的物质短缺的严重程度，而目前欧盟收入与生活水平统计（EU-SILC）中的项目并不能很好地体现这方面的信息。例如，研究说明有必要在欧盟收入与生活水平统计（EU-SILC）的历时性部分加入关于物质极度短缺（例如连两双合脚的鞋都没有）的调查问题，以此进一步证明横向分析的结果，并且从更普遍的意义上掌握物质短缺的状况到了什么地步。

虽然（收集家庭生活用品的质量和价格信息的）消费行为理论和相对价格理论对于具体的消费研究有帮助，但我们认为通过欧盟收入与生活水平统计（EU-SILC）这样的调查取得的数据并不适合此类理论的实证研究。例如，具体的消费数据能够显示随着资源的减少，人们如何削减某些商品的数量和质量，或者人们能或不能找到更便宜的商品，但物质短缺项目只是简单地显示人们被迫放弃某些东西。大多现有的物质短缺项目信息的长处在于，它们能揭示由于缺少资源人们被排除在某些生活方式、习惯和活动之外。不过，随着数据越来越多，未来可以用相对价格理论研究在几年间物质短缺的变化轨迹，也有可能通过把物质短缺数据和生活消费数据联系起来从而整合这两个领域的研究。最后，我们要说，我们提出的问题值得在将来进一步深入，特别是在利用正式的和非正式的资源防止人们陷入极度贫困方面。

参考文献

Ayala, L. and Navarro, C. (2008), 'Multidimensional indices of housing deprivation with applications to Spain', *Applied Economics*, Vol. 40, No 5, pp. 597 – 611.

Berthoud, R. and Bryan, M. L. (2011), 'Income, Deprivation and Poverty: A Longitudinal Analysis', *Journal of Social Policy*, Vol. 40, No 1, pp. 135 – 156.

Cappellari, L., and Jenkins, S. P. (2007), 'Summarising multiple deprivation indicators', in S. P. Jenkins and J. Micklewright (eds), *Inequality and poverty: Re-examined*, Oxford University Press, Oxford, pp. 166 – 184.

Council of the European Union (1985), *Council Decision of 19 December 1984 on Specific Community Action to Combat Poverty*, 85/8/EEC, OJ L 2, Brussels.

Dean, H. and Shah, A. (2002), 'Insecure Families and Low-Paying Labour Markets: Comments on the British Experience', *Journal of Social Policy*, Vol. 31, No 1, pp. 61 – 80.

Deaton, A. and Muellbauer, J. (1980), 'An almost ideal demand system', *The American Economics Review*, Vol. 70, No 3, pp. 312 – 326.

Deutsch, J., and Silber, J. (2008), 'The order of acquisition of durable goods and the multidimensional measurement of poverty', in N. Kakwani and J. Silber (eds), *Quantitative approaches to multidimensional poverty measurement*, Palgrave-Macmillan, New York, pp. 226 – 243.

Deutsch, J., Guio, A. -C., Pomati, M., Silber, J. (2015), 'Material deprivation in Europe: which expenditures are curtailed first?', *Social Indicators Research*, Vol. 120, No 3, pp. 723 – 740.

Dickes, P. (1983), *Modele de Rasch pour items dichotomiques: Theorie, technique et application a la mesure de la pauvrete*, Universite de Nancy II, Nancy.

Dickes, P. (1989), 'Pauvrete et Conditions d'Existence. Theories, Modeles et Mesures', *Document PSELL* No 8, CEPS/Instead, Walferdange.

Fusco, A. and Dickes, P. (2008), 'The Rasch model and multidimensional poverty measurement', in N. Kakwani and J. Silber (eds), *Quantitative approaches to multidimensional poverty measurement*, Palgrave-Macmillan, New York, pp. 49 – 62.

Engel, E. (1895), 'Die Lebenskosten belgischer Arbeiter-Familien fruher and jetzt', *International Statistical Institute Bulletin*, Vol. 9, pp. 1 – 74.

Farrell, C. and O'Connor, W. (2003), *Low-income families and household spending*, Department for Work and Pensions Research Report No 192, Corporate Document Services, Leeds.

Fusco, A., Guio, A. -C., Marlier, E. (2010), 'Characterising the income poor and the materially deprived in European countries', in A. B. Atkinson and E. Marlier (eds), *Income and living conditions in Europe*, Publications Office of the European Union, Luxembourg.

Gailly, B. and Hausman, P. (1984), 'Des desavantages relatifs a une mesure objective de la pauvrete', in G. Sarpellon (ed.), *Understanding poverty*, Franco Angeli, Milan, pp. 192 – 216.

Gregg, P., Waldfogel, J. and Washbrook, E. (2005), 'That's the way the money goes: expenditure patterns as real incomes rise for the poorest families with children', in J. Hills and K. Stewart (eds), *A more equal society? New Labour, poverty, inequality and exclusion*, Policy Press, Bristol, pp. 251 – 275.

Guio, A. -C., Gordon, D. and Marlier, E. (2012), *Measuring material deprivation in the EU: Indicators for the whole population and child-specific indicators*, Eurostat methodologies and working papers, Publications Office of the European Union, Luxembourg.

Guio, A. -C., Gordon, D. and Marlier, E. with Fahmy, E., Nandy, S. and Pomati, M. (2016), 'Improving the measurement of material deprivation at EU level', *Journal of European Social Policy*, Vol. 26, No 3, pp. 219 – 333.

Guttman, L. (1950), 'The basis for scalogram analysis', in A. S. Stouffer et al., *Measurement and Prediction*. Clausen Studies in Social Psychology in World War II, Volume IV, Princeton University Press, Princeton, pp. 60 – 90.

Hebden, J. J. and Pickering, J. F. (1974), 'Patterns of Acquisition of Consumer Durables', *Oxford Bulletin of Economics and Statistics*, Vol. 36, No 2, pp. 67 – 94.

Leser, C. E. (1963), 'Forms of Engel functions', *Econometrica*, Vol. 31, No 4, pp. 694 – 703.

McFall, J. (1969), 'Priority Patterns and Consumer Behavior', *Journal of Marketing*, Vol. 33, No 4, pp. 50 – 55.

Orr, S., Brown, G., Smith, S. J., May, C. and Waters, M. (2006), *When Ends Don't Meet: Assets, Vulnerabilities and Livelihoods. An Analysis of Households in Thornaby-on-Tees*, Church Action on Poverty, Manchester and Oxfam, Cowley.

Paroush, J. (1965), 'The Order of Acquisition of Consumer Durables', *Econometrica*, Vol. 33, No 1, pp. 225 – 235.

Paroush, J. (1973), 'Efficient purchasing behavior and order relations in consumption', *Kyklos*, Vol. 26, No 1, pp. 91 - 112.

Perez-Mayo, J. (2004), 'Consistent poverty dynamics in Spain', *IRISS Working Paper Series* No 2004 - 09, CEPS/Instead, Differdange.

Roos, C. F. and Von Szelisk, V. S. (1943), 'The Demand for Durable Goods', *Econometrica*, Vol. 11, No 2, pp. 97 - 122.

Saunders, P., Sutherland, K. Davidson, P., Hampshire, A. King, S. and Taylor, J. (2006), *Experiencing Poverty: The Voices of Low-Income Australians. Towards New Indicators of disadvantage Project. Stage* 1 *Focus Group Outcomes*, Social Policy Research Centre —SPRC, Sydney.

Szeles, M. and Fusco, A. (2013), 'Item response theory and the measurement of deprivation: Evidence from Luxembourg data', *Quality and Quantity*, Vol. 47, No 3, pp. 15 - 45.

Smith, D. M. (2005), *On the Margins of Inclusion: Changing Labour Markets and Social Exclusion in London*, The Policy Press, Bristol.

Townsend, P. (1979), *Poverty in the United Kingdom*, Penguin, London.

Working, H. (1943), 'Statistical laws of family expenditure', *Journal of the American Statistical Association*, Vol. 33, No 221, pp. 43 - 56.

Yeung, W. J. and Hofferth, S. L. (1998), 'Family Adaptations to Income and Job Loss in the U. S. ', *Journal of Family and Economic Issues*, Vol. 19, No 3, pp. 255 - 283.

（扈春香[①]、隋嘉滨[②] 译，於嘉 校）

---

① 扈春香，经济学博士，北京联合大学副教授。
② 隋嘉滨，社会学博士、中国研究学博士，研究方向为法律社会学、宗教社会学，现为社会科学文献出版社编辑。负责本书翻译部份的协调、统稿。

性别与难民融入：有关融入与社会政策效果的定量分析

张倩仪（Sin Yi Cheung）*

珍妮·菲利莫尔（Jenny Phillimore）**

摘　要　英国的难民数量正在增长，鉴于英国政府对欧洲难民危机的反应，难民人数还会继续增长。这篇论文另辟蹊径，对难民融入结果做了性别分析，分析涉及各个与社会政策高度相关的领域，包括社会网络、语言能力、健康、教育、就业与住房等。我们利用英国唯一的长期难民追踪调查对其进行了二手数据分析（secondary data analysis），以考察那些跟融入结果相关的因素。我们发现人们在语言、自述的健康状况、参与规划家庭开支的能力、可否进入正式的社会网络以及获得良好的住房条件方面存在显著的性别差异，女性的境遇普遍不如男性，有的不平等状况随着时间会持续，有的则

---

* 张倩仪（Sin Yi Cheung）是卡迪夫大学社会科学学院研究部副主任、社会学教授。她是 *Frontiers in Sociology* 期刊中种族和民族副刊的首席编辑。她在牛津大学获得博士学位，她在国际前沿期刊发表教育与工作、族群不平等和移民融入等方面的作品。她是第一部关于少数族群在西方社会不利地位的跨国研究著作 *Unequal Chances*（Oxford University Press 2007）的联合主编。她的研究引起了英国政府劳动和养老部、内政部和副首相办公室的注意。通信地址：School of Social Sciences, Cardiff University, Glamorgan Building, King Edward VII Avenue, Cardiff CF10 3WT, UK. email: cheungsy@ cardiff. ac. uk.

** Institute for Research into Superdiversity, University of Birmingham, Edgbaston, Birmingham, B*15* 2TT, UK. email: j. a. phillimore@ bham. ac. uk.

会加剧。我们呼吁相关机构将难民融入的结果纳入其监
测数据，以便识别和报告不平等状况。这些发现也使得
人们可以判定哪些社保政策领域可能需要格外关注性别
差异。

引 言

过去的几十年里，英国的人口状况发生了前所未有的变化，
移民成为一种促进人口增长的重要动力。自发地寻求庇护的
人——那些并未通过政府或者联合国难民署（UNHCR）组织的项
目而前来寻求避难的个人——的到来，促进了英国人口的增长以
及英国的极度多元化（superdiversification）（Vertovec，2007）。国
内冲突和环境灾害，加上交通和通信条件的改善，导致大规模的
人口流动，使人们可以跨越国境寻求避难所。尽管世界上大多数
的难民都辗转于国内或者被安置到难民营，但还有数以百万计的
人前往发达国家寻求避难。当前欧洲正在经历的所谓"难民危机"
尤其如此，2015 年超过 100 万难民逃离叙利亚和阿富汗前往欧洲
大陆避难。颠沛流离者和受迫害者的大规模移动越来越成为问题。
许多国家已经出台措施企图减少前来寻求避难的人数，但也为那
些成功穿越边境（边境线在渐渐关闭）的人提供帮助。这些国家
在应对难民问题时，既要履行 1951 年《联合国难民公约》（UN
Refugee Convention）规定的义务，同时还得安抚国内普通民众的情
绪，他们越来越抵触为难民提供支持的做法（Migration Observato-
ry，2011）。

目前欧洲约有 150 万名被确定难民身份的人。确定难民身份指
的是，一个前来寻求避难的人经过审核（甄别其申请是否合乎要
求）之后，被认定为真正的难民。这样，他/她就会获得某种留居
权。2013 年欧洲国家收到了 50 多万人的避难申请，比 2012 年增
长了 32%（UNHCR，2013）。世界上收到避难申请最多的国家是

美国，排在美国后面的依次是欧盟中的德国、法国、瑞典和英国。2012 年居住在英国的已知难民有 149765 人，到了 2013 年 6 月新增了 23499 份申请（UNHCR，2013）。欧洲难民危机以及媒体和政界对难民危机的反应，对有关围绕到达难民的规模以及欧盟如何接待、扶助和整合难民的某些争论，都已有很好的说明。

意识到寻求避难乃是英国人口增长和多样化的驱动因素之一，也为了应对公众的日益关切，英国已经推出了多种措施打击避难者的积极性。1999 年，负责为难民提供援助的部门——内政部——启动了一项疏散方案，旨在降低扶持难民的社会政策的成本，这一成本主要由英格兰东南部的地方政府承担，因为那里的住房既昂贵又稀少。国家难民援助服务（National Asylum Support Service，NASS）实施的疏散方案为难民在英国其他地方提供廉价、租得起的房屋，对难民的疏散没有给他们"选择"的机会，这也导致了多元化扩散到主要城市圈之外。寻求避难的人在增长，这会给资源、自我认同，以及凝聚力造成冲击，人们对此冲击越来越关切，内政部也开始把难民融入作为工作重点。

对融入这个概念有很多的争论。然而就政策层面而言，已经有了一些共识：融入包括平等享有资源、习得一个国家的语言以及积极参与社会活动（Phillimore，2012）。融入在概念上不够清晰并且具有的多方面特征，意味着很少有人尝试过测量难民在何种程度上融入了社会。我们认为理解融入是重要的，因为融入的许多指标——有住房、接受教育、就业、健康以及社会凝聚力的生发——都是社会政策的关键内容。时至今日英国的很多研究都是无视性别因素的（gender-blind），尤其是将女性难民的融入结果隐性化了（Hunt，2008；Bloch et al.，2000）。在这篇论文里我们另辟蹊径，对英国的"新难民调查"（UK's Survey of New Refugees，SNR）做了性别分析，探索多个维度上的性别差异，包括有住处、就业、健康状况，最后简要论述融入政策和实践为何有必要格外关心性别这一因素。

难民融入、性别与社会政策

融入被定义为"移民为社会所接受的过程"（Pennix，2003：1）。自 20 世纪 30 年代以来这一概念已经成为学术界关注的焦点，而且随着新移民的到来，也越来越为政策制定者所关注。这个术语确切的意思尚未达成共识，有人认为融入是一个线性或者双向的进程，涉及难民和"接纳国"（host societies）（Berry，1997），也有人认为融入是环境与文化之间的商讨（Bhatia and Ram，2009）。暂且不论融入的社会—文化定义，已有的研究重点放在找出那些起到标识融入用途的因素上，这些因素兴许能让我们对个体或群体融入的程度做出判断。经济学家差不多只关注工资平等，其他人则强调融入的多维性，即多种场域（domains）或指标交相作用产生不同的结果（Zetter et al.，2002）。还有人则关注融入的功能维度，Fyvie 等人（2003）强调社会政策的核心领域：认为教育、培训、就业、健康以及住房至关重要。多数的政策重点都放在这些功能性方面，也许是因为在这些方面最有可能将融入进展量化（Korac，2009）。然而对进展的评价几乎都在一个维度上进行，没有超过一个维度的，多数都把重点放在语言技能或者谋求就业上，而多个功能之间、多个社会维度之间的相互作用几乎没有取得进展。然而难民融入已经引起政策制定者的兴趣。

英国政府在 2000 年时制定过一个难民融入策略，旨在让难民成为"完全与平等的国民"（Home Office，2000）。最初的方法是综合性的，由国家支持难民社群组织、资助专家服务，以此促进难民的文化习得与融入（cultural maintenance）。政府委托专人编写了"融入指标"框架（Ager and Strang，2004：166），试图"反映人们对构成成功融入的各种相关因素存在的共识"。这个框架包括住房、教育以及就业等，既是融入的途径也是融入程度的指标，并且突显出社会关系以及语言的重要性。

随着第二种难民融入策略"融入很重要"的制定，英国内务部（2005）不再为难民社区活动提供资金，而是推出了"全国难民融入服务战略性升级"（SUNRISE），后来更名为"难民融入与就业服务部门"（RIES）：这一融入服务部门指引新移民获取各个关键社会政策领域的主流服务，即教育、就业、语言培训和住房。内务部长期追踪也为一个"新难民调查"（SNR）提供资金，该调查是其测量涉及融入结果各类指标的唯一尝试。这次调查意在帮助英国打磨其融入政策与实践，然而等到结果出来之后政策已经发生重大转变，不再资助融入项目。2010年民主自由党和保守党联合执政政府当选之后厉行节俭，"难民融入与就业服务"被大刀阔斧地削减了。2012年联合政府推出一项策略宣告难民融入是当地政府的责任，但是不为当地政府的措施提供资金支持（CLG，2012）。接下来的三年中，政府重点关注削减移民和前来英国寻求避难者的数量，因为政府虽努力但却未能兑现自己将净移民数字减少到以万计的竞选诺言。尽管坚决拒绝加入欧盟帮助安置数十万逃离西南亚洲和中东的难民的分配体系，2015年9月新的保守党政府迫于压力采取了更为人道的立场，宣布计划5年内重新安置两万名直接来自叙利亚邻国难民营的难民。尽管他们提议选择最为脆弱的难民，多为妇女和小孩，但他们几乎没去关注如何支持这些人的融入。

个别社会政策出版物中已经出现了对避难和融入政策的批评（Sales，2002；Phillimore，2011），但有关难民融入的思考并未占据重要篇幅，尽管社会政策和融入明显相关。批判社会政策的分析家（例如Williams，1989）明确批评过该学科无视性别和种族，更近期的则有Vickers等人（2013）指责社会政策成了将种族和民族特性边缘化或者病理化的一个学科。大多数关乎难民融入的学术探讨都被专业学术期刊边缘化了（Ager and Strang，2004；Phillimore and Goodson，2008）。这些文献中性别更是被边缘化了，其研究用的是性别中立的语言，将普通难民描述成男性（Bloch et al.，

2000）。在某种程度上这一情况反映了一种现实：直至最近，多数避难申请都是男性提出的，分配给男性的角色就是首要申请者，女性在避难数据中较为少见。然而，2008 年至 2012 年英国主要申请者的 29.3% （32231 人）为女性。联合国人口基金会（UNFPA，2006）强调性别分析的重要性，指出女性担负着家庭融入的责任，而且在她们自己的国家更可能遭遇社会的、结构性的不平等。其他人则强调有必要用交叉方法（an intersectional approach）来研究融入，考察性别、信仰、种族、阶层如何共同作用影响机会结构和经历（Anthias and Pajnik, 2014）。

有关难民融入和性别的许多研究都是定性研究，关注的是来自特定国家的少数女性的经历（Carolan, 2010），而不是对比例如健康（Phillimore, 2011）或就业（Dumper, 2002）等社会政策领域内因性别而异的结果（参见 Casimiro et al., 2007；Hunt, 2008；Koyama, 2014），也没有调查融入的多维性质和性别差异。个别做了性别比较的研究亦多为定性的（Pittaway and Bartolomei, 2001；Franz, 2003），而我们发现的唯一的定量研究仅仅评估了 354 名难民在融入劳动力市场过程中的性别差异（Mamgain and Collins, 2003）。研究发现女性难民在寻求上语言课（Brahmbhatt et al., 2007）、获取医疗服务（Phillimore, 2011）、找工作（Dumper, 2002）时，都会遭遇额外的困难。

如果关注健康，有关女性融入结果不佳的解释就会不同，这种关注跟经历不为人知的性暴力有关（Pittaway and Bartolemei, 2001）。研究表明有孩子的女性最不可能就业（Koyama, 2014），受教育水平更高的女性收入也更高（Koyama, 2014；Mamgain and Collins, 2003）。Franz（2003）认为融入结果的差异更多是由性别而非其他变量决定。而有关性别为何如此重要的解释多数指向女性社群内部自身的，以及政策制定者们的性别刻板印象（gender stereotyping）和性别歧视。往往给女性分配的是传统的角色，而且几乎不支持女性重新商定性别认同（Koyama, 2014；Casimiro et al. , 2007）。Pittaway 和 Bartolomei（2001）也表示针对移民人群的种族主义导致女性对性别歧视保持沉默，给女性施压使其维持传统角色，以此维系社群。定性研究注意到了融入的过程性，发现对女性而言譬如社交网络的发展这样的社会实践乃是融入进程的关键组成部分（Hunt，2008），Koyama（2014）认为这些进程并非线性的。然而鲜有研究对融入的多个方面进行性别分析，更少有研究使用大规模样本的量化数据，或采用长周期而非回顾性的方法来甄别结果如何随时间变化。本论文的创新之处在于参照一系列指标考察了融入结果的性别差异。依据"新移民调查"，我们精确描述了融入结果中的性别差异，我们认为一刀切对待融入是不合适的，第一次明确指出那些也许需要格外关心性别差异的社会政策领域。

数据与方法

此项研究依据的是 2005～2007 年的"新移民调查"（SNR），这是英国有关难民融入的长周期量化数据的唯一来源。在大量咨询后内政部委托研究咨询者实施了该调查（Home Office，2010）。我们从英国数据局（the UK Data Service）下载了微观层面的数据，在原有变量的基础上构建了新的测量融入的方法，以此进行了原创的二手数据分析。开始分析之前我们得到了伯明翰大学伦理审查委员会有关研究伦理的完全批准。

调查是这样开展的：庇护批准（asylum decision）做出之时把基准调查问卷（a baseline survey）通过邮局邮寄给所有年满 18 岁的难民。8、15、21 个月之后分别进行三次跟进的调查，提供总共四阶段数据。问的问题关乎一系列融入结果，例如英语语言技能、就业、住房、健康、与亲戚朋友还有其他组织的联系，等等。基准调查问卷分发给了 8254 名受访者，收回 5742 份，总回复率达到 70%。与其他长期追踪调查一样，"新移民调查"也受到样本损耗的影响。合适的地方进行了交叉加权和长周期加权（cross-sectional and longitudinal weights），以校正无回复和损耗偏差（Cebulla et al.，2010）。"新移民调查"是一个独特的数据来源，它包含了大量有关多种个体特征和家庭特征的问题，让我们可以对融入结果进行系统和严谨的性别分析。

在这篇论文中我们重点关注性别差异，这种差异存在于语言能力、社交网络和三大社会政策领域（就业/教育、健康和住房）的复杂关系中。调查问卷发给主要的庇护申请者，一般多为男性。这样一来女性受访者更可能独居或为单亲妈妈——这些因素可能导致结果出现偏差，尤其是在健康领域。

关键变量

社交网络

难民普遍经历过颠沛流离，要与家人朋友保持联系并不容易。在找到庇护所之后他们会试图重新联系亲戚，并结交新朋友。维持这些人际关系并从中获取帮助的能力至关重要，因为带来不同种类的支持。第一次和第四次调查都问到有关接触三种社交网络频率的问题：个人的交际圈、种族-宗教的交际圈、正式的社交网络。个人的交际圈子基于与亲戚朋友的来往。种族-宗教交际圈包括与同一族群/种族团体和在礼拜场所的接触。正式的社交网络包括与诸如住房管理部门、大学/教育机构、就业助力中心等组织的接触。接触的频率用五点量表来测量，选项从（1）"从不"到（5）"一周超过两次"。

语言能力

第一次和第四次调查中受访者被问及英语能力："与讲母语的人相比你听说读写英语的能力如何？"他们自己报告的分数——（3）非常好，（2）还不错，（1）不太好，（0）完全不能——求和后形成测量听说能力和读写能力的两个量度。得分从零到 6 不等。

因为流畅和读写能力高度相关，这两个量度在统计模型中合并了。当语言能力在第四次调查中为因变量时，则使用回答这个问题的原始得分（1 至 4）的算术平均。

住房和全国难民援助署提供的安置房

新移民调查中将近半数（49%）的难民在收到某种逗留许可之时都住在由当时的国家难民援助服务（NASS）提供的安置房内，且分散在全英国。住房融入的结果包括可以获取有品质并且稳定的住所。有品质的住房由多个与住所相关的问题来衡量，比如结构问题、过度拥挤、潮湿、暖气不足、家具简陋等，用一个二选一的量度来表示：（1）自认为没有问题，（0）有一个或更多问题。就住房稳定而言，过去六个月中搬家两次或者超过两次的难民被定义为没有稳定的住所，相对于那些只搬过一次家或者根本没搬过家的人而言。

受控变量

我们的统计模型控制了多种个体特征和家庭特征，这些特征重新编码如下：

- 年龄组：（1）18～24 岁，（2）25～34 岁，（3）35～44 岁，（4）45～64 岁
- 第一次调查时与一位伴侣同住：（0）没有，（1）是的
- 第一次调查时与未满 18 周岁、尚未独立的孩子同住：（0）没有，（1）是的
- 来到英国的时间长短：（1）不足 2 年，（2）2 年及以上
- 出生地：非洲，亚洲，欧洲，美洲，中东。
- 来之前的受教育程度：（0）接近中等水平，（1）超过中等或者大学水平
- 宗教：证据表明就业结果中存在显著性的穆斯林对妇女的惩戒（Cheung，2014）。信仰伊斯兰教的女性难民可能面

临类似的融入障碍。我们区分了（1）穆斯林和（0）非穆斯林，非穆斯林主要包括基督徒、信仰其他宗教或者无宗教信仰的难民。

研究问题：因性别而异的融入结果

我们通过审视那些对差异做出贡献的变量，力求找出融入结果中的性别规律（gender patterns）。我们借用 Ager 与 Strang 的融入指标以及"新难民调查"中反复使用的测量法，比较了男性和女性的融入结果，比较这些结果是否随时间推移发生变化。由此我们发问：以下方面关键的性别差异是什么。

1. 社交网络概况
2. 英语语言能力
3. 自己报告的健康状况
4. 教育和就业
5. 获取稳定、有品质的住房

我们的研究问题也包括什么因素在移民妇女的融入中起着重要作用。教育和语言技能会促进社交圈子的扩大吗？语言能力和社交网络有利于健康、教育和就业以及住房结果吗？

分　析

我们的分析分两步进行。首先我们描述了使用不同类型社交网络在何种程度上会有性别差异。我们探寻随着时间推移而改变的五种融入结果：社交网络、健康、语言、就业与教育、住房。接下来我们的多元分析（multivariate analyses）为这些融入结果依次建模，控制难民个人特征（如最高受教育水平）和家庭特征（同住配偶和未成年孩子）。分析首先估算了影响使用社交网络的因素。接下来的模型估算了社交网络、疏散政策、语言、健康、教育/就业和住房等进一步融入结果之间的关联。因为社交网络、语言能力和健康这些变量是用定序量表（ordered scale）测量的，我们采用了定序回归分析模型（ordinal logit models）（Agresti，1984）。对就业/教育和住房模型而言，受访回复类别为两分法变量（dichotomous variable）（1 or 0），所以采用的是二元逻辑回归分析（binary logistic regressions）。研究结果中将呈现统计模型得出的发生比率（Odds ratios）。这些测量的是一个解释性变量和一个结果变量之间的关系，代表了给定某一特征后一种结果发生的概率，相较于没有这一特征而出现这种结果的概率而言。大于 1 的发生比率代表出现该结果的概率更高。例如，表 2 中的 1.26 这一发生比率代表男性有着更频繁的种族 – 宗教接触，其概率比女性高 1.26 倍。尽管我们使用了传统术语"效应"（effect）来描述预测因子和结果之间的关系，我们的发现并不打算暗示两者之间存在因果关系。

发　现

性别与融入结果

表 1 报告的是性别与融入结果的一般规律。第一次调查时男性和女性拥有的社交网络类型上没有清晰的性别差异，两个性别都会随时间流逝增加与亲戚朋友的来往，减少与同族群/种族组织的接触。然而，与宗教组织和亲戚的接触具有显著的性别差异，第四次调查中女性相较于男性会更多地增加接触。证据显示没有社交网络对于雇佣结果有着极大损害（Cheung and Phillimore，2014）。这里我们看到第一次调查时没有社交网络的女性只比男性高出 1%，到第四次调查时两性都没有社交网络的比例较少只有 1%。到第四次调查时女性与男性相比明显更可能使用三种或者更多类型的网络。

语言的听说和读写能力都有着显著性差异，这两者男性报告的分数都更高。随着时间推移男性和女性的听说读写能力均有显著提高，到第四次调查时听说能力上的性别差异消失了。我们还发现第一次调查时参与语言培训具有显著性别差异，男性参与率高出 6 个百分点。这种状况到第四次调查时反了过来，女性参与率高出 8 个百分点。尽管语言能力不如男性，女性却更少去上课，去得也更晚。语言对找工作至关重要，因此这样的发现对就业能力有帮助，对整体健康也有帮助，后面将会谈到这一点。

自感健康状况很差或者不好的女性显著多于男性，到第四次调查时这一状况加剧了。男性自感健康良好或者非常好的倾向随着时间推移而增加，到第四次调查时 77% 的男性均如此报告，女性只有 58%。

就业、教育和培训也显示了显著的性别差异。第二次调查时更高比例的女性在接受教育或者培训（ET），到第四次调查时比例增加，但两性易位。最大的性别差异与那些有工作的人相关，受雇佣的男性比女性多出 23%。到四次调查时两性受雇佣的比例都增加了，然而进步更大的是男性，他们的比例提高了 20%，女性仅为 6%。未就业的男性和女性比例都随着时间推移减少了，女性减少得更多，可能跟参加教育或培训的人增多有关。

我们的描述性分析（没有报告数字）也发现更多女性显著性的与未独立的孩子住在一起（39% 比 17%），更多女性制定食物和账单的预算有困难（第二次调查时 63% 比 53%，第四次时 57 % 比48%）。第四次调查时接受某种救济的女性比例显著性更高（85%），男性为 62%。

就住房而言，获取稳定住房方面不存在显著性别差异，第二次调查前的六个月里两性搬两次或者更多次家的比例最高（约为46%）。到第四次调查时两性住房稳定的水平明显不低，比例最高的是未曾搬过家（约为 70%）。获取有品质住房方面存在显著差异，第四次调查时住上无问题房屋的女性比例偏低。总体而言报

表 1　性别与融合结果

单位：%

	男性		女性	
社交网络（接触超过一周一次）	第一次调查/第四次调查		第一次调查/第四次调查	
朋友	29.9/60.3		26.1/61.0	
亲戚	14.1/31.6		12.9/38.3	
国家/同种族机构	20.4/16.4		20.9/17.6	
宗教机构	46.9/43.4		47/53.4	
正式组织	11.8		12.8	
无网络	5/1.1		6/1.4	
网络范围（超过三种网络）	53/53		56/65	
英语听说能力（0没有，6非常好）	3.3/4.1		2.9/3.8	
英语读写能力（0没有，6非常好）	3.4/4.2		3.0/4.0	
人数	3490/551		1895/342	
参加英语培训	第二次调查/第四次调查		第二次调查/第四次调查	
是的	67/43		61/51	
英语好，不需要	10/13		9/9	
人数	1092/570		633/320	
自觉的总体健康状况	第一次调查/第四次调查		第一次调查/第四次调查	
很差/差	8.5/7.7		14.0/15.9	
还行	21.8/15.0		29.9/25.7	

续表

	男性		女性	
	第一次调查/第四次调查	第二次调查/第四次调查	第一次调查/第四次调查	第二次调查/第四次调查
自觉的总体健康状况				
好	35.3/37.0		32.7/31.1	
非常好	*34.3/40.3*		*23.5/27.3*	
人数	3248/549		1956/341	
教育/培训和就业				
经济上活跃		*66.6/75.2*		*37.4/31.4*
在接受教育培训		23.5/16.9		34.6/37.8
有工作		*41.8/61.6*		*18.6/24.8*
未就业		*24.7/13.6*		*18.8/6.6*
人数		1105/556		640/348
稳定和有品质的住房				
稳定的住房过去6个月里没有搬家		22.6/69.8		20.5/70.0
一次		31.1/22.5		34.4/24.3
两次或者更多次		46.3/7.7		45.1/5.7
有品质的住房没有问题		29.4/35.8		31.1/27.8
住所有1~2个问题		44.4/41.7		45.2/51.0
住所有3个以上问题		26.2/22.5		23.7/21.3
人数		1047/539		616/340

注：粗体表示具有显著性别差异；随时间推移有显著变化的用斜体表示，$p < 0.05$。

告房屋有着多种问题的两性比例随时间流逝均下降了。尽管两性都住得更为安稳，住上无问题房屋的女性实际上减少了。

预测融入结果

性别与社交网络

我们的多元分析始于审视使用社交网络（表2）。呈现的发生比率表明对两性而言英语能力都增加了强化个人和正式社交网络的可能性。例如，英语更好的男性难民与亲戚朋友有更多交往的可能性是英语水平较差男性的1.4倍，于女性而言这一比率更高，女性为1.57倍。有意思的是，跟其他宗教信仰或者没有宗教信仰的难民相比，男性和女性穆斯林都倾向于不跟种族－宗教团体频繁来往。第一次调查时住在全国难民援助署安置房里的两性都较少有频繁的个人社交，男性更多的是建立正式社交网络。这突显出有人表达过的一些担忧，即疏散将难民与朋友家人分开了，他们得依赖国家（Bakker et al.，2016）。与Hunt（2008）的研究类似我们也发现难民在英国住的时间越长他们就越可能拥有个人社交圈子。女性如果在英国超过两年则更多的是和正式机构接触。我们发现有未成年孩子的女性更可能个人交际频繁，但与一位伴侣同住的男性或女性在个人交际方面并无区别。对男性而言受过中等或高等教育增加了建立正式社交网络的可能性。单看难民的来源国几乎没有证据表明性别差异。与来自欧洲和美洲的难民相比，非洲和亚洲的难民较少建立个人交际圈子，但种族－宗教交往圈子则正好反过来。非洲男性也更倾向于使用正式社交网络。来自中东的男性难民最不可能拓展个人交际圈子。

到第四次调查时几乎没有证据表明个体特征和家庭特征与个人交际圈和种族－宗教社交网络之间存在任何关联（有需要的可向我们索取数据），除了两个群体以外。首先，第一次调查时全国难民援助署的安置房与更低水平的个人交际圈联系在了一起。其

表 2　第一次调查的社交网络定序回归分析模型

	个人交际网络		种族宗教网络		正式网络	
	男性	女性	男性	女性	男性	女性
合并模型（ref: 女性）	1.16***		1.26***		0.81***	
W1 时讲英语	1.40***	1.57**	1.08	1.15	1.22***	1.41***
宗教（ref: 非穆斯林）						
穆斯林	1.36***	1.02	0.67***	0.21***	0.79***	0.81
来到英国的时长（ref: 不足2年）						
2 年或者更长	2.44***	2.62***	0.88	1.15	1.14	1.45***
受教育年限	1.02	0.88	1.02	0.87	1.22***	1.11
不与伴侣同住	1.09	0.81	1.10	0.89	1.03	1.14
有未成年孩子	1.26	1.30**	1.02	0.91	0.95	1.21
W1 时安置房	0.48***	0.59***	0.98	0.99	1.20***	1.16
来源国（ref: 欧洲/美洲）						
非洲	0.46***	0.65**	4.97***	3.81***	1.34*	1.11
中东	0.41***	0.71	0.81	1.14	0.85	0.81
亚洲	0.50***	0.58**	2.60***	1.79**	1.12	0.88
卡方检验值（d.f.）	627	(13)　1752	343	(13)　1773	700	(13)　1769
人数（加权）	3207		3263		3258	

*** $p < 0.001$，** $p < 0.01$，* $p < 0.05$。注解：第一次调查的模型控制了年龄组。
W1、W2、W3、W4 = 第一次调查、第二次调查、第三次调查、第四次调查（后同）。
ref. = 对照变量（reference，后同）。

次，相较于非穆斯林而言，女性穆斯林频繁接触种族－宗教社交网络的概率更低。

性别与语言能力

至于语言能力（表3）。我们看到第一次调查时有着显著的性别差异，但第四次时没有了。第一次调查时报告更高语言水平的男性难民比女性多出 1.56 倍，第四次调查时女性赶了上来，可能因为参加了语言培训课程。对于两性而言语言能力都跟居住时长以及移民前的受教育年限有关。语言的重要性到第四次调查时稍微降低，但依然显著性的高。第一次调查时个人和正式社交网络都促进了两性自感的语言水平，但第四次调查时并非如此。第一次调查时男性和女性穆斯林都自报英语能力较低，但第四次调查时不再如此。类似的，第一次调查时全国难民援助署的安置房跟语言能力负相关，但第四次调查时就不是了，这表明一旦搬走后难民的语言能力就不再受到曾在安置房居住过的掣肘。就来源国而言第一次调查时非洲男性和女性难民都自觉英语能力更好，相较于来自欧洲和美洲的难民而言。这更可能是因为很多非洲的英联邦国家，比如津巴布韦，以前是英国殖民地，所以普遍讲英语。来自以前没有殖民关系国家的难民较少报告高水平语言能力，因为英语不是他们的母语。到第四次调查时只有非洲男性报告英语能力更强了。

性别与健康

我们现在来审视那些第四次调查时对自感的一般健康状况做出贡献的因素（表4）。可以看出一些性别差异。合并模型得出的结果表明男性有着明显的优势，自感健康状况更好的男性比女性多三倍。英语能力与男性健康正相关，但与女性健康则没有。第一次调查时的全国难民援助署的安置房到了第四次调查还对两性自感的健康有着持续负面影响。控制了来源国、伴侣地位和未成年孩子这些因素，社交网络与自感健康状况没有显著关联。受教育年限与女性健康正相关，男性则没有。与伴侣和未成年孩子同住与自感健康状况没有关系，两性都是如此。

表 3　第一次及第四次调查语言能力的定序回归分析模型

合并模型（ref：女性）	第一次调查		第四次调查	
	男性	女性	男性	女性
	1.56***		1.39	
社交网络				
W4 种族－宗教网络	0.97	1.08	1.04	1.28*
W4 个人网络	1.19***	1.25***	0.97	0.97
W1 正式网络	1.08*	1.16***		
宗教（ref：非穆斯林）				
穆斯林	0.66***	0.54***	0.73	0.74
来到英国的时长（ref：不足 2 年）				
2 年或更长	3.98***	4.83***	2.43***	3.51***
受教育年限	3.41***	4.39***	2.18***	2.45***
W1 安置房	0.80**	0.76**	0.94	1.03
来源国（ref：欧洲/美洲）				
非洲	5.65***	3.66***	3.56***	1.74
中东	1.53***	1.86***	0.93	0.95
亚洲	1.65***	1.27	1.55	0.84
卡方检验值（d.f.）	1013 (15)	771 (15)	83 (14)	93 (14)
人数（加权）	3121	1689	478	290

*** $p < 0.001$，** $p < 0.01$，* $p < 0.05$。

注解：模型控制了第一次调查的年龄组、与配偶共同居住、未成年孩子几个变量。

表 4　第四次调查时健康、住房与教育/就业性别差异的定序与二元逻辑回归分析

合并模型（ref: 女性）	一般健康状况		品质住房		稳定住房		接受教育/已就业	
	男性	女性	男性	女性	男性	女性	男性	女性
合并模型（ref: 女性）	3.05***		1.38		0.83		1.99***	
W4 的英语	1.73***	1.48	0.94	1.92**	1.71*	1.37	1.72**	2.00***
宗教（ref: 非穆斯林）								
穆斯林	1.03	0.78	0.70	0.97	0.62	0.46	0.55	0.72
社交网络								
种族－宗教网络	0.92	1.25	0.89	1.10	1.01	1.14	0.81	1.36
个人交际网络	1.21	1.01	1.16	1.31	1.19	1.08	1.33*	0.96
来到英国的时长（ref: 不足 2 年）								
2 年或更长	0.73	0.66	0.71	0.56	1.01	2.60*	1.28	1.21
受教育年限	1.03	1.58*	0.87	0.66	0.76	0.49**	0.88	1.38
有未成年孩子	1.35	1.77	0.95	1.34	0.30***	1.07	0.92	0.24***
W1 安置房	0.51**	0.49*	0.78	0.88	1.20	0.78	0.47*	0.96
W3 健康							1.73**	1.62**
W4 就业			1.07	1.29	1.62	0.97		
来源国（ref: 欧洲/美洲）								
非洲	2.46***	2.71*	0.59	0.40	0.97	0.73	1.13	2.09

续表

合并模型（ref：女性）	一般健康状况		品质住房		稳定住房		接受教育/已就业	
	男性	女性	男性	女性	男性	女性	男性	女性
	3.05***		1.38		0.83		1.99***	
中东	1.16	1.46	0.85	0.50	1.98	1.44	1.04	0.90
亚洲	1.91	1.76	1.31	0.41	1.36	2.41	1.69	1.59
卡方检验值（d.f.）	80 (15)	45 (15)	22 (16)	20 (16)	26 (16)	22 (16)	77 (16)	55 (16)
人数（加权）	397	257	392	257	401	261	396	261

*** p < 0.001，** p < 0.01，* p < 0.05。

注：模型控制了第一次普查的年龄组，与配偶共同居住的几个变量。

住房与性别

总体来看获取有品质或稳定住房方面并无显著性别差异。控制了年龄组、宗教、受教育年限、来源国，我们发现几乎没有证据表明社交网络与住房结果相关。有意思的是，英语好仅仅有利于男性找到有品质住房，有利于女性找到稳定住房。居住时长也加大了女性找到稳定住房的可能性。有未成年孩子的男性难民找到稳定住房的可能性更低，这稍微有点让人担忧。尽管没有发现明显性别差异，我们早期的分析（表4没有报告）表明第一次调查时正式和个人社交网络更有助于找到有品质住房。

教育、培训、就业，以及性别

获取教育、培训和就业（ETE）的概率方面有着显著的性别差异（表4），男性的概率是女性的两倍，这也证实了其他研究的发现（Dumper，2002）。对于两性而言语言都尤为重要，就像第三次调查时自报的良好健康一样，对获取教育、培训和就业有着积极效应。男性有更频繁的个人交际会增加获取教育、培训和就业的机会。然而第一次调查时全国难民援助署的安置房起的作用却是相反。带着未成年孩子的女性难民获取教育、培训和就业的机会显著性的更少，这反映了一般人群的趋势。

讨　论

这篇论文首次用了有着足够大的数据集（dataset）的量化调查，得以对融入结果的性别差异进行正式的统计检验。我们的发现阐明了对难民融入结果进行性别分析的重要性。我们的分析表明在获取教育、培训、就业、自报的整体健康状况、预算困难、住房和语言能力方面都有着清晰的性别差异。如 Hunt（2008）所言，融入过程会随着时间发生改变，然而有的性别差异在调查持续期间内都未抹平。例如，到第四次调查时接受教育和培训的女性更多，但就业的更少。需要和接受英语培训的女性也更多。整体上看，来源国对性别结果影响很小，但是对穆斯林来说，如同 Casimini 等人（2007）指出的那样，宗教影响女性的融入结果，而工作则影响男性的融入结果，这表明影响融入结果的因素具有交叉性（intersectional），需要进一步的调查。

如前所述，有许多因素可以预测男性和女性的融入结果。利用社交网络起着关键性作用，这方面可观察到的性别差异很少，社交网络的作用对两性都是积极的。对男性而言，个人交际圈对增加说好英语和获取教育培训就业的可能性尤其有帮助。朋友和亲戚关系有助于找到稳定的住所，可能是因为被迫腾退难民援助署的安置房后口口相传有助于他们找到住所（Phillimore et al.，2004）。然而控制了模型中的其他因素后这些交际网络的效应变得不显著。

可能对于两性来说语言能力都是最重要的，最初男性的能力比女性显著性强，但 21 个月后差异消失，可能因为女性参加语言课程后赶了上来。虽然女性的语言能力开始要差一些，后来可能去上语言课的女性却更多。更早的研究得出的解释包括无力支付孩子的抚养费，把上课时间跟孩子上学时间安排开来有困难，缺少同一性别的班级，对被正规教育机构录取缺乏信心等（Dumper，2002）。我们发现语言能力改善了自觉的健康状况，受教育水平、正式和个人交际网络、居住时长都对健康有着积极影响。语言能力促进女性健康，增加了女性获取教育培训和就业的机会，因此创造有效的语言学习机会应该成为政策的重中之重。

自报的一般健康状况是进一步影响两性获取教育培训和就业的一个重要因素。女性长期自评健康不良尤其让人担忧。心理学文献指出创伤后应激障碍症（PTSD）会推迟发作，在收到避难申请批准后男性和女性难民常常会感到身体不适（Pittaway and Bartolemei，2001）。因为新难民调查的受访者为主要避难申请人

（70% 为男性），女性受访者要么是单身，要么不是主要申请者，这可能意味着女性比她们的伴侣或者家人经历了更严峻的迫害。其他的解释兴许跟经历基于性别的性暴力有关，这样的经历可能导致广泛的边缘化（exclusions）（Phillimore，2011）。此外，女性语言能力较低可能限制健康水平，或者她们较少使用正式网络可能会让她们缺乏有关如何获取服务的知识。需要做更多的研究来考察为什么申请批准若干年之后女性的健康还比男性差很多。

寻求避难的人住在难民援助服务的安置房里也会影响融入结果。避难寻求者被疏散到质量差的住房，没有选择（Phillips，2006），这些住房位于英国某些最为贫困的地区，在那儿他们不得不与陌生人比邻而居。当然我们发现疏散对健康产生不利影响，这种情况也许跟不良生活条件有关，男性女性都是如此。这对语言能力和建立个人交际圈也有负面影响——也许跟被疏散到英国其他远离社交网络的地方有关系。与难民援助署相关的主要性别差异是疏散给男性就业带来不良影响。对此有多种可能的解释。居住在贫穷的住所会给身体和心理健康带来冲击（Phillimore，2011）。在收到肯定的裁定（申请批准）后难民最多只有 28 天的时间离开他们援助署的安置房。单身的难民申请福利住房不受重视，他们常常相当长时间都无家可归、寄居他人家中或者租住低品质的住房。男性也许经历更多的问题，因为他们带着未成年孩子的可能性很小，有未成年孩子申请福利房有优先资格。这样的经历也许会对健康造成冲击，而找住处会分散找工作的精力。

新移民调查的长期性让我们得以发现女性，尤其是那些带着未成年孩子的女性，比男性进展要慢，因为她们需要更长的时间来上语言课、获取教育培训就业以及建立正式的社交网络。有的性别差异持续长达 21 个月。到了新的国家之后女性显然比男性需要更长时间才能站稳脚跟，这可能跟传统的性别角色、缺乏对女性的关照、迟迟接触不到正式社交网络有关系，这些网络可以帮助她们应对新的、复杂的机构（制度）文化。此外，我们还阐明了在某些场域中影响融入结果的因素与宗教和性别（影响社交网络）的共同效应交叉作用，与来源地区、教育和就业结果亦交叉作用。

　　鉴于女性融入结果不佳，我们建议关键社会政策领域应该制定能够改善女性前景的政策举措。这包括减免难民上"讲其他语言的人上的英文课"①（ESOL）的费用，好让她们掌握语言技能并更快融入英国社会。应该在社区里边上课，有单一性别的班级可选，并给孩子提供看护，好让更多人能来上课（Koyama，2014）。或许可以给新来的女性移民配备一位导师，帮助她们更快接触和应对新的机构（制度）文化，使其更快找到住处、上语言课和其他课，帮助她们找工作，也许还能加快建立社交网络和语言习得。此外还有必要测量各个社会政策领域里难民的融入结果。尽管有文献表明种族监察和目标化（ethnic monitoring and targeting）可能会将某些问题病态化（Vickers et al.，2012），然而监察数据中看不到移民，因此他们不可能引起任何注意。收集和分析这样的信息兴许能提供证据证明像"助力就业中心"②和国家医疗服务（NHS）这样的机构需要更加重视移民融入。

结　论

　　性别——尽管为融入理论、政策和实践所忽略——对难民的融入结果有着潜在影响，因而对社会政策的结果有着间接影响。我们指出了性别差异如何影响各种因素并受到这些因素的影响，这进一步加重了融入的复杂性、过程性和多维性质。虽然最近融入理论取得进展，力图承认这种多维性质，我们建议理论还需认识到这个过程的性别性以及交叉性（Anthias and Pajnik，2014）。此外我们借鉴了 Bhatia 和 Ram（2009）融入既会前进也会倒退的

---

① "讲其他语言的人上的英文课"（ESOL）是英国母语非英语者学习语言的主要机制。
② 负责福利补助和支持找工作的国家机构。

主张，第一次实证证明融入是一系列交互作用、有着性别差异的过程，受到多种因素的影响，这些因素即便在个体获得难民地位若干年后依然会影响其融入进展。需要做更多研究探索交叉维度和时间维度，以便理解塑造难民社会政策结果的那些特征和影响因素的复杂交互作用。鉴于目前欧洲的难民危机，迫切需要制定细化、有效的融入政策和实施方法。政策制定者、执行者和学术人员可以学习英国的经验，从中获得一些政策收益。但是如果想要更好地理解哪种类型的政策和实践最为成功，不妨看看欧洲，有的欧洲国家有全国难民融入规划（Joppke，2007）。在欧盟内进行统一的长期融入调查可以让研究人员对比有融入规划跟没有融入规划的国家结果有何不同，帮助我们找到减少性别差异的规划类型。此外，还需要做定性研究来更好理解为什么来到避难国的女性自觉健康状况会随时间推移变得更差。

作为一个研究领域，融入受到社会政策的忽视，尽管现实是融入结果即社会政策结果（Phillimore，2012）。显然需要更加关注这个重要的、还在增长的居民人群。跟其他移民不同，难民不能回国。为了让他们开始新的生活，并给他们提供与难民地位相关联的理想保护和支持，我们需要确保他们全面参与所有社会政策领域。鉴于融入过程的性别差异性，我们主张采取格外关心性别差异的措施，以保证女性及其孩子被完全包括在内——做不到这一点就会冒险将我们社会中最为脆弱的某些人长期置于社会边缘：在道义上我们应该保护这些人。

致　谢

我们感谢纳菲尔德基金会资助了"社交网络、社会资本以及难民融入"这项研究（项目号：OPD/40493）。

参考文献

Ager, A. and Strang, A. (2004), *Indicators of integration: final report.* Home OfficeDevelopment and Practice Report28, London: HomeOffice.

Agresti, A. (1984), *Analysis of ordinal categorical data.* New York: JohnWiley & Sons.

Anthias, F. and Pajnik, M. (eds.) (2014), *Contesting integration and engendering migration,* London: Palgrave Macmillan.

Bakker, L., Cheung, S. Y. and Phillimore, J. (2016), 'TheAsylum-IntegrationParadox: Comparing Asylum Support Systems and Refugee Integration in The Netherlands and the UK' *International Migration,* 54, 4, 118 – 132.

Berry, J. W. (1997), 'Immigration, Acculturation and Adaptation' *Applied Psychology: An International Review,* 46, 1, 5 – 68.

Bhatia, S. and Ram, A. (2009), 'Theorizing identity in transnational and diaspora cultures: acritical approach to acculturation' *International Journal of Intercultural Relations,* 33, 2, 140 – 149.

Bloch, A., Galvin, T. and Harrell-Bond, B. (2000), 'Refugee women in Europe: Some aspects of the legal and policy dimensions' *International Migration,* 38, 2, 169 – 190.

Brahmbhatt, K. with Atfield, G, Irving, H, Lee, J. and O'Toole, T. (2007), *Refugees' Experiences of Integration Policy related findings on employment, ESOL and vocational training,* Refugee Council and University of Birmingham.

Carolan, M. (2010), 'Pregnancy health status of sub-Saharan refugee women who have resettled in developed countries: a review of the literature' *Midwifery,* 26, 4, 407 – 414.

Casimiro, S., Hancock, P. andNorthcote, J. (2007), 'Isolation and insecurity: Resettlement issues among Muslim refugee women in Perth, Western Australia' *Australian Journal of Social Issues,* 42, 1, 55 – 69.

Cebulla, A, Daniel, M, Devine, C. and Tipping, S. (2010), *Survey of New Refugees: Technical Notes,* London: HMSO.

Cheung, S. Y. (2014), 'Ethnic religious minorities and labour market integration: generational advancement or decline?' *Ethnic and Racial Studies*, 37, 1, 140 – 160.

Cheung, S. Y. and Phillimore, J. (2014), 'Refugees, social capital, and labour market integration in the UK' *Sociology*, 48, 3, 518 – 536.

Communities and Local Government (2012), *Our shared future*, London: CLG.

Dumper, H. (2002), *Is it SafeHere?*: *Refugee Women's Experiences in the UK*, Refugee Action.

Franz, B. (2003), 'Bosnian refugeewomenin (re) settlement: gender relations andsocial mobility' *Feminist Review*, 73, 86 – 103,

Fyvie, A., Ager, A., Curley, G. and Korac, M. (2003), *Integration Mapping the Field Volume II*: *distilling policy lessons from the "mapping the field" exercise*, Home Office Online Report 29/03.

Home Office (2000), *Full and Equal Citizens*: *a strategy for the integration of refugees into the United Kingdom*, London: HMSO.

Home Office (2005), *Integration Matters*: *National Strategy for Integration*, London: Home Office.

Home Office (2010), UK Border Agency. Analysis, Research and Knowledge Management, *Survey of New Refugees, 2005 – 2009* [computer file], Colchester, Essex: UK Data Archive [distributor], SN: 6556.

Hunt, L. (2008), 'Women asylum seekers and refugees: opportunities, constraints and the role of agency' *Social Policy and Society*, 7, 3, 281 – 292.

Joppke, C. (2007), 'Beyond nationalmodels: civic integration policies for immigrants inWestern Europe' *West European Politics*, 30, 1, 1 – 22.

Korac, M. (2009), *Remaking Home*: *Reconstructing Life, Place and Identity in Rome and Amsterdam*, Oxford: Berghahn Books.

Koyama, J. (2014), 'ConstructingGender: RefugeeWomenWorking in theUnited States' *Journal of Refugee Studies*, 28, 2, 258 – 275.

Mamgain, V. and Collins, K. (2003), 'Off the Boat, Now off to Work: Refugees in the Labour Market in Portland, Maine' *Journal of Refugee Studies*, 16, 2, 113 – 146.

Migration Observatory (2011), *Thinking behind the numbers*: *understanding public opinion on immigration in Britain*. http://migrationobservatory. ox. ac. uk/sites/

files/migobs/Report%20 – %20Public%20Opinion. pdf. Accessed 8/4/16.

Pennix, R. (2003), 'Integration: the role of communities, institutions and the state' in *Migration Information Source* http://www. migrationpolicy. org/article/integration-role-communities-institutions-and-state. Accessed 15/9/15.

Phillimore, J. (2011), 'Approaches to welfare provision in the age of super-diversity: the example of health provision in Britain's most diverse city' *Critical Social Policy*, 31, 1, 5 – 29.

Phillimore, J. (2012), 'Implementing integration in the UK: Lessons for integration theory, policy and practice' *Policy & Politics*, 40, 4, 525 – 545.

Phillimore, J. and Goodson, L. (2008), 'Making a Place in the Global City-The Relevance of Indicators of Integration' *Journal of Refugee Studies*, 21, 3, 305 – 325.

Phillimore, J. Ferrari, E. and Fathi, J. (2004), *The Housing Needs and Aspirations of Asylum Seekers and Refugees Living in the Birmingham Sandwell Pathfinder Area*, Birmingham Sandwell HMRA, CURS, The School of Public Policy, The University of Birmingham.

Phillips, D. (2006), 'Moving towards integration: the housing of asylum seekers and refugees in Britain' *Housing Studies*, 21, 4, 539 – 553.

Pittaway, E. and Bartolomei, L. (2001), 'Refugees, Race and Gender: The Multiple Discrimination against Refugee Women' *Refuge: Canada's Periodical on Refugees*, 19, 6, 21 – 32.

Sales, R. (2002), 'The deserving and the undeserving? Refugees, asylum seekers and welfare in Britain' *Critical Social Policy*, 22, 3, 456 – 478.

UNFPA (2006), *The State of World Population: A Passage to Hope Women and International Migration*, New York: United Nation Population Fund.

UNHCR (2013), The facts: asylum in the UK. www. unhcr. org. uk/about-us/the-uk-andasylum. htmlAccessed 7/11/2013.

Vertovec, S. (2007), 'Super-diversity and its Implications' *Ethnic and Racial Studies*, 30, 6, 1024 – 54.

Vickers, T. , Craig, G. and Atkin, K. (2012), 'Addressing ethnicity in social care research' *Social Policy and Administration*, 47, 3, 310 – 326.

Williams, F. (1989), *Social Policy: A Critical Introduction-Issues of Race, Gen-*

der and Class，Cambridge：Polity.

Zetter，R.，Griffiths，D.，Sigona，N. and Hauser，M. （2002），*Survey on Policy and Practice Relatedto Refugee Integration*，Oxford：Oxford Brookes University.

（冯燕① 译，刘怡然 校）

---

① 冯燕（1979.1—），北京联合大学旅游学院旅游英语系教师，研究方向为 19 世纪英国社会与文化，目前主要研究兴趣为乔治·艾略特、大英帝国、明清时期与世界等。

社会流动、公平与招聘政策

拉尔夫·费夫尔（Ralph Fevre）[*]

摘　要　人们往往相信增进公平（equity）能够促进社会流动（social mobility），不过如果从现实（例如英国的现实）出发审视这一观点，它却越来越令人难以信服。人们重视公平，有一部分原因是，能通过公平选拔精英从而提升效能（efficiency）。目前，社会学理论认为，相信公平能促进效能的定式，可能限制在促进社会流动方面的改革。这一理论填补了人力资源管理（Human Resource Management，HRM）方面的空白，文献显示：当管理者做出招聘决定的时候，很难看出他们必然要提高组织效能。他们的决定受制于组织内外的招聘政策，而不单是为了提升企业效能。组织内部的招聘政策对管理决策有特别重大的影响；而组织外部，（举例来说）立法

* Ralph Fevre 自 1995 年起在卡迪夫大学任社会研究教授（Professor of Social Research）。他有多部著作，包括：*The Sociology of Labour Markets*（Harvester-Wheatsheaf 1992），*The Demoralization of Western Culture*（Continuum 2000），*The New Sociology of Economic Behaviour*（Sage 2003），与 Lewis、Robinson 和 Jones 合著的 *Trouble at Work*（Bloomsbury, 2011）。他的近作有：与 Grainger、Brewer 共同发表在 *British Journal of Industrial Relations* 的 "Discrimination and Unfair Treatment in the Workplace"，与 Robinson、Jones 和 Lewis 在 *Work, Employment and Society* 共同发表的 "The Ill-treatment of Disabled Employees in British Workplaces" 和 "The Power of Nightmares：Flexibility, Insecurity, Social Theory"。作者通信地址：Ralph Fevre, Glamorgan Building, King Edward VII Avenue, Cardiff CF10 3WT, United Kingdom. E-mail：fevre@ cardiff. ac. uk。

者和压力集团对管理决策也会产生影响。这些政策设定了在招聘过程中的公平标准。大多数情况下，这些决策只是令外界相信它们是为效能服务的，而怎么衡量效能却是由政策决定的。既然政策是死板的，那么，无论是在英国还是别的地方，通过提升公平来促进社会流动并没有取得充分的进展，也就不足为怪了。

导　言

长久以来，社会学家们热衷于提升公平，从而使人们能更容易地实现"社会性流动"，从事比他们父母的工作更好的工作。他们认为公平是一种使人们获取某些技能的有效途径，某些群体或阶层正是因为掌握了这些技能，才一代接一代地从事最好的工作。本文总结出一项社会学理论证明上述的想法是错的。本研究的大多数的经验证据来自英国，英国如今社会流动的状况停滞不前，毫无改善（Blanden et al. , 2005；Blanden and Machin, 2007；Carnegie Corporation and Sutton Trust, 2008）。尽管本文中的分析和结论主要是针对英国的，但其理论分析，对于任何认为公平是促进社会流动的一种方法的社会来说，同样适用。

虽然社会学家们的首要目标是促进社会流动，他们常常认为提升公平通常对社会是有益的，因为公平对效能是有影响的（Fevre, 2003）。公平与效能之间的这一关系式要依靠教育系统，教育系统可以培养人才、认证他们的学识，从而使这些竞争者走到最适合他们的工作岗位上。如果在获得教育和工作机会上能做到公平，社会的效能就能得到保证，因为每个人都在做他最胜任的工作。组织的效能能够得到保证，是由于人力资源完全满足了产出过程的需要。这意味着，如果不增加人力，就无法再提高产出；而且也不能通过调整资料配置增加单位产出。

在精英社会（meritocracy）中，正是在从教育系统到就业市场的这一转接处出现的不平等，标示了人们应该努力获得的能力和资质。这提供了一种促进稀缺人才供应、随需求变化不断调整人才供应的机制。如果这一机制运行良好，就能在求学和社会流动的发展趋势中体现出来（Brown et al.，2011）。如果这一机制没能很好地运行，不平等就会持续，只能通过提升获得教育和（尤其是）工作过程中的公平性来解决（因为，如果劳动市场不能发挥应有的作用，不论教育系统在区别和认证竞争者方面做得多么好，也是枉然）。如果强化了这种精英体制的不平等状况持续几十年，对于这种有待校正的机制失灵，就只剩下不多的几种解释；而部分的，甚至是所有的解释，会把责任推到那些没能获得正当能力和资质的人身上（Herrnstein and Murray，1996；Marshall et al.，1997；Saunders，1997，2003）。

　　而本文中讨论的社会学理论则提供了另一种划分责任的方式。这一理论认为公平对社会流动的积极影响，是连接公平和效能的中间因素（Fevre，2003）。本文通过聚焦于招聘（recruitment）——连接劳动市场和教育系统的关结点——来说明这一观点。在前文中提到的那些社会学家之所以认为招聘过程不需纳入理论分析，是因为在成熟的精英体制中，雇主会要求招募人员把合适的人放到工作岗位上。而了解以往研究的人，恰恰担心在这一领域出现有理论上的停滞不前（Braugh and Starkel，2000）。填补这一空白的社会学理论怀疑招聘者的能力，怀疑他们是否能成功地实现从教育系统到劳动市场的连接（Fevre，1992）。本文的第一部分利用关于管理的社会学理论分析招聘者，认为他们的活动并不是直接为组织服务的，他们的活动是由组织内部和外部的政策程序（political processes）决定的。第二部分认为政策程序决定了招聘者是否公平，并分析了其与社会流动之间的内在联系。本文的结论部分简要讨论了关于精英招聘决策（meritocratic recruitment decisions）的另外几种可行的选择。

效能与招聘政策

社会学理论认为，很难判断管理者应该做些什么来增加组织效能，同样，也很判断他们在招聘过程中的做法是否是为了增加组织效能。在解释第二点之前，需要先说明下第一点。社会学理论不认为组织的决策者知道怎样追求其组织的最佳利益（Fevre，2003；Grint，1995；Maclagan，1998；Pattison，1997；Parker，2002）。当他们要在这样的情况下做出决定时，做出好的决定的基本原则会发生经常的、很大的变化，这就导致做决定的基本出发点往往是被预先设定的，而不是问题本身所要求的（MacIntyre，1985）。这一惯常做法在效能问题上同样适用。

经济学要定义效能应该没什么困难，效能就是组织所处的一种状态，此时如果不增加资源投入就无法扩大产出，同样也不能通过调整资源配置增加单位产出。不过，管理者要判断组织是否真的已达到最大效能就很困难了。甚至那些专职评估管理者是否尽心提高组织效能的观察者，比如评判管理者是否对公众的钱精打细算的审计人员，也是靠方便他们自己的一种效能标准来行事的。审计人员只会用财务标指，特别是成本控制，来评价管理者，而想方设法对成效（performance）避而不谈（Power，1997）。即便当他们注意绩效的时候，也会忽视成效与成本之间可能存在的冲突，经验研究证明管理者通常说不出什么才算好的成效（Lankshear et al.，2001）。这并不是要否认管理者有自己的目标（增加销量、保持员工队伍稳定、增加股东收益），但不能错误地把这些目标当作成效指标，因为存在不同的绩效考核体系，某一管理目标在一种绩效考核体系中是建设性的，在另一种体系中却可能是灾难性的（disastrous）（Fevre，2003）。

即便超越管理者追求目标或指标的操作层面，在最抽象的层面上，效能也不是不言而喻的，要想定义它只会招致争议。公共部门常常因成本效益的缘故而被要求牺牲目标执行的效果，甚至对它们来说，衡量绩效也是一件非常棘手的事（Van Thiel and Leeuw，2002）。对于私人部门来说，股价的波动告诉投资者应该把钱投向哪才能取得更多收益。那些常常遇到投资者抽回投资情况的组织的管理者，可能强烈反对股价对于反映"基本面"能有什么用，而他们相互之间对于削减开支、增加产出、提高销售最能反映组织的成效的看法也不一致（Hutton，1996；Davis，2009）。

在实际操作中，管理者缩减开支的做法，比如扣了请病假的人的钱，可能实际上增加了开支（因为组织正在清退那些需要被替换的人员）；在提高产量和增加销量的时候也会出现同样令人沮丧的情况（因为新员工缺乏培训和经验）。组织设立的任何短期目标，既能支持也能轻易地破坏它的战略目标。这并不单是因为管理者所要获得的信息是有代价的（March and Simon，1958），还由于管理者往往把自己的目标置于雇用他们的组织的目标之上（Berg et al.，1979；Burns and Stalker，1961）。出现这样的情况，还因为通常管理者要明白在处理从目标到方法的各种事务时应该怎么做并不容易（Berg et al.，1979；Burns and Stalker，1961）。即使管理者明白了他们要达到什么目标，他们也不知道要用什么方法来实现目标，他们往往并没有多大把握这样做能不能带来满意的效果（Harley，1999）。并不能确定一个令人满意的效果是出于管理者的行动，还是有别的什么原因（Fevre，2003；Grint，1995；MacIntyre，1985）。

Pattison（1997：28）认为："现今大多数的管理实践都是依靠确信对真实情况的未被证明或无法证明的假设。"不过，管理者可不会那么轻意就承认他们依赖这些确信。本节首先指出，不管实际情况如何，组织里的决策者都自称是为了组织的最佳利益（例如追求效能）而从事的。MacIntyre（1985）指出，管理者们的这些说法构成了他们索取凌驾于他人的权力和不菲的报酬的基础（also see Gillespie，1991；Shenhav，1999）。不论管理者在试图追求诸如效能的这类目标时，面对怎样模糊、混乱、矛盾的局面，他们都要坚称自己知道怎么做才符合雇主的最大利益，并且能够付诸执行（Knights and McCabe，1998；Lankshear et al.，2001）。因为存在生产产品、提供服务、雇佣员工和创造利润的组织，如果非管理人员也认为管理者应当实现诸如效能的这些目标时，管理者的说法就被接受了。Etzioni（1988）指出，这种逻辑实际上是同义反复，恰恰通过我们这部分的讨论说明：并不能证明管理者对组织的成功有所贡献。

　　在这部分开始之前，我们还要指出：所谓的追求组织效能的一般情况，与通过招募策略和实践增加效绩的特殊情况是吻合的。Fevre（1992）曾详细讨论过在设计用来提高效绩的招募策略和实践时，遇到的各种模糊、混乱、矛盾。例如，在衡量具体招募策略对效能的影响时有多种方式，可以利用技术的、组织的（或文化的）、财务的标准，而这些标准往往是相互冲突的。能接受雇主提供的薪资的应聘者可能并不掌握最新的技术。能适应新技术的可能因为不善变通而不合群。和通常的组织决定一样，当管理者决定了效能的内容时，他们用来提高效能的做法往往是矛盾的。比如，学历资质作为一项招聘标准是不是就真的比相关工作的能力证明更好（Jackson，2001，2007，2009）。不同的国家使用了各种招聘标准，这也说明招聘者在招聘或类似活动中采用了不同的解决方式（Aycan，2005）。

　　在本节的最后，将指出，由于很难证明招聘策略和实践是高效的，各组织便利用内部和外部的政治程序（political processes）来确定招聘策略和实践。我们已经提到了一些最基本的此类政治程序：为管理者的招聘责任提供基本原则的自证的和自我强化的程序。不论实践起来有多难，管理者都要说自己是为了组织效能而招聘的。

　　除了这一基本的程序，参与招聘的不同的决策者也会在策略上互相矛盾，他们可能用不同的方式理解效能，或者对于实现效能的方式各执一词。例如，财务部门、人力部门和业务部门通常对于效能（控制成本、健康的组织文化、生产能力）和实现效能的招聘策略和实践有不同的理解（Fevre et al.，2011）。这样的分歧是无法最终形成一致意见的（决定哪一种方法和目标最为理想），而只能通过政治方式解决。招聘政治的实质是解决为了效能而招聘所带来的困难的影响，而不是产生这些困难的原因；来自不同部门的管理者出于自己部门的责任、论述和政治利益而相互争论的结果，只能通过政治方法来决策。

不管不同的管理者是否意见相左，他们都有夸大自己言论和决定的合理性的动机。这也是社会科学家们，例如在本文的导言中提到的那些人，经常被劝导相信通过招聘不仅能实现效能，并且专业的管理者通常也是这样做的的一个很重要的原因。这也是人们一直延续招聘策略和方法的一个重要原因。管理者要让别人相信，他们正在为了组织的最佳利益而招聘，并通过这样做来保住或强化他们的权力、威望和薪酬。出于这个原因，招聘过程就会进一步程式化，因为如果管理者改变一种招聘策略意味他们承认自己最初并不知道怎样招聘的话，他们将不愿做出改变（Fevre，1992）。

由于要做出让别人认为是像所说的那样合理的决定，招聘策略和实践就更容易受组织内部或外部关于招聘的政策环境的影响。出现要求管理者在男性主导、有种族差别、牵涉上下级和老朋友的关系网中为了效能而招聘的政策环境，也就是不到50年的时间（Collinson et al.，1990；Fevre，1992）。大多数的管理者都声称他们在招聘时是追求效能。例如，在招聘零售人员时，招聘人员认为顾客可能不喜欢非白人的零售人员，他们的这个招聘标准就不是出于公司利益的最大化（Fevre，1992）。

许多雇员仍旧相信他们的雇主愿意在招聘时偏向某一性别或族群的人，因为这是公司实现其（像实现更高的效能这样的）目标的方式（Fevre et al.，2011）。不过，当英国的法律规定这样做不合法的时候，就很少有招聘者愿意说这就是他们招募能保持和增进效能的人的方式了。显然关于招聘策略和实践的政策基础是可变的，不过既然很少有持续改变这些策略表述的政治努力，招聘的策略和实践也就变得例行公事了。

管理者变得萧规曹随，除了为避免批评之外，还有别的原因。他们这么做只是为了解决聘用合适的人干活这一问题。这样一个惯例之所以形成，是因为在二三十年前英国的社会学家提出了许多批评（Fevre，1992）。这是一种利用非正式的方式来回避难题的做法，因为它可以让招聘者每次解雇人员时都能补充人力维持现在的职工规模。他们并不知道怎样才能雇用到最适合某项工作的人，不过他们通过询问应聘者谁能接手被解雇的人的工作，巧妙地回避了这一难题。

这么做的后果就是复制了现有的职工队伍。当时的社会学的批评认为这一结果与理想的结果是有差距的，不过在招聘者来看这样做是解决问题的好办法。如果他们不知道怎么找到工作的合适人选，或者不同意别人建议的做法（Fevre et al.，2011），他们可以简单地找个基本差不多的人来取代当前岗位上的人。如果用人单位有足够的能力雇人来取代被解雇的人，这就可以被视为一项证明：克隆当前的职工队伍是解决雇用高效的员工这一问题的一种很好的办法（当时的社会学家提出的批评中并不包括这一点）（Jenkins，1986）。

就像在下一节将看到的，在政策环境发生变化的同时，在招聘过程中最终非正式的方式还是占了上风，性别和种族因素也同样会起作用。不过，我们不能主观臆断：招聘者在有人离职时不再试图克隆现有的职工队伍。这是他们主要的个人专业技能，例如，正是根据他们雇用新人后所产生的小的变化来评价他们的专业能力的（Brown and Hesketh，2004）。这样解决招聘的难题而产生的一个后果是，形成了一条（每个未被录用的人都会为之而惋惜的）惯例：要求有先前的工作经验，使那些从未工作过的人仍旧待业。这不是一种为工作找到最合适人选的办法，而是一种招聘人员为了保住自己待遇优厚的工作而解决自己面对的政策问题的办法。极少有社会学研究涉及这一问题，其中 Salognon（2007）在其研究中指出：为什么并没有人认为没有经验的招聘人员有损于组织效能。

不仅是招聘人员受到规范招聘的政策的限制。在进行招聘的组织中，有董事、股东，以及他们的代表。在组织之外，有代表普通百姓、政客、监管者、专业人士、特殊利益群体、媒体等的国家工作人员。对于管理人员来说，他们的言论总是想当然地认为招聘人员的目标就是组织效能，而且（利用专业知识）定义并找到方法实现这一目标这并不难。他们的介入对于就怎样才算通过招聘促进效能达成一致看上去没有一点用，因为他们的言论是由他们自己的政治利益决定的。

不过，对于什么才算通过招聘促进效能的意见不一，并不总是这些政治争论的主要特征。例如，英国政府出于政治需要，显著扩大了对于从事与儿童、年轻人、易受伤害的成人有关工作的人员、志愿者的审查范围，确保这些人没有犯罪记录（Gallagher，2000）。虽然这样做的政策理由是针对公众对儿童性侵犯问题的关注，许多人反对这一做法，认为这样增加了不必要的开支，延缓了就业。事实上，尽管相关的政策修订（BMJ Careers，3 March，2010）已经过了一段时间，对于某些职业中存在的问题的报道仍在增多。在这样的情况下，这段时间对儿童性侵犯问题这一公共问题的关注，取代了对于效能的关注，成为指导招聘的主要的政策因素。

公平与招聘政策

我们在前一节讲过，在四五十年前性别和种族因素——还有身份和阶级偏见——对于追求效能的招聘行为有影响。人们往往认为，从那时起，招聘活动正向更加公平的方向发展，因为建立了全方位的精英教育体系（Marshall et al.，1997）。我们知道招聘人员由于政策原因而尽量保持现状，所以我们要考虑其他的政策因素和制度方法来抑制招聘过程中的男性至上观念、种族主义思想和阶层优越论，这些观念使招聘有能力的员工变成了歧视和恩惠的代名词。新的政策环境的特点是，引入了外部专家，例如代表招聘人员的专业人士；特别是，设立了促使组织开展更加公平的招聘活动的反歧视的法律（Modood et al.，1997）。

在此前的五十年间，英国的政策环境沿着这样一种公平路径在发展，如今，雇用有能力的员工意味着"平等的机会"。因为能更好地体现他们的工作成绩，招聘者乐于遵从这些新的规范。这样，他们从不正规的方式转化为更正式的招聘方法，例如发布招聘广告和更加依赖利用标准问题的资历测评和面试（Fevre，1992；Jewson and Mason，1986）。进而，他们发展出竞争性的招聘方式，以及相关的招聘手段，如心理－社会测评、在线测试、招聘审核和用途广泛的评测中心（Brown and Hesketh，2004）。后来，以"平等的机会"为特征的政策环境演变为以"公平和多元"为特征，这对招聘过程有了一定的改变，鼓励那些不合条件的人来应聘，可能还允许在其他招聘条件都满足的情况下，招聘人员可以自主地进行选择（Noon，2007；Scott-Parker，2008）。

大多数时间里，政策环境都是向着公平招聘的方向迈进的，像上一节最后介绍的效能屈从于政治考虑的极端例子并不多。我们不得不援引美国照顾弱者、纠正奴役制度的运动来进行比较（Edwards，1987，1995），并且值得注意的是，为了一点点的，有时是暂时的，在效能规则方面的胜利，人们进行了大量的争论。英国在我们所考察的时期里，招聘活动只是变得更加平等了，即使有人认为这样做能够促进效能。

事实是，随着时间的推移，争论的结果渐渐说明："生意实际"（business case）证明更多的公平并不会对效益至上的原则形成政策上的威胁（Noon，2007；Riley et al.，2008；Scott-Parker，

2008）。支持更多的公平能够使实现效能的决策更英明的说法，毕竟，应和了当时组织内部和外部的政策环境。然而，推动公平招聘的驱动力本身就具有折中性，这就限制了对某些本该放到桌面上的公平问题的讨论。公平的企业家必须注意，不要说他们的道德观点比生意更重要，或者说生意只是摆摆样子（Fevre，2003）。这也意味着，他们对招聘活动的变革诉求趋于保守，使得变革只能时断时续、渐进式地进行（Noon，2007；Scott-Parker，2008）。

这些对执行公平的人的约束也限制了立法者。例如，多数的英国平等法律是建立在相信平等能使招聘者做出更好的决定之上，并没有试图使平等优先于效能。即使那些（相对）大胆一些的反对间接歧视的法律，也要依赖在切合生意实际的需求、法律的要求和某些没有被证明合理的要求间做出区分（Fevre，1992）。直到1995 年《残疾人歧视法》（Disability Discrimination Act）中适度地尝试为了保护有残疾的雇员，对生意实际列出了一些很有限的例外情形。2010 年《平等法案》（Equality Act）中"合理调整"（reasonable adjustments）的条款进一步指出，在某些情况下，可要求雇主做出促进平等的行动而无须有明显和直接的效能回报（Fevre et al. forthcoming）。正如 McKee 等（McKee et al.，2000）所说的，在事关家庭和睦政策的平行案例中，平等法律对于组织的效能考虑有直接的影响。事实上，法律的压力为招聘者提供了一种解决招聘难题的简单方案。在这样的情况下，他们并不是把工作委托给业务人员，而是依靠法律顾问。

本节将得出结论，解释为什么令平等从属于效能，使从社会阶层角度建立一个平等的局面难上加难。至少在英国，阶层比族群或其他社会区别在产生不平等方面的作用更大（Equality and Human Rights Commission，2011）。在本文的导言中，我们说过，英国近来正变得愈加不平等。这很大一部分是由于处于社会－经济底层的群体，向上移动的机会正越来越少（Marshall et al.，1997）。导言指出：不平等是一种信号，指示人们应在哪里投入精力去获得技能和资质，但是教育系统对社会需求没有回应，不能在教育体系中寻找英国不平等的根源。如果教育体系有问题，那就是教育系统太过急切地让学生毕业，它生产学生的速度超过了社会能够接收学生的速度（Brown and Hesketh，2004；Brown et al.，2011）。

在经历了六十年甚至更长时间的精英统治后，我们遇到这样一种境况：社会学家往往指责在社会－经济底层的受苦人，说由于他们没有做出适当选择（Marshall et al.，1997）或缺乏能力，而未达到精英阶层的要求（Saunders 1997，2003）。正是由于这些社会－经济最底层的人的失败，导致那些为了消除不平等，而向那些本不胜任的人提供任职资格的、调整机制的失败。当类似的论调用在族群（Herrnstein and Murray，1996）或性（Ginn et al.，1996）问题上时，人们就会群情激奋。现实中，当精英阶层提升少数群体地位的努力失败的时候，最通常的反应就是进一步促进就业。这本该是有益的做法，不过当涉及阶层不平等问题时，促进就业似乎并不太可行。因为在招聘过程中，阶层往往是很重要的招聘标准；这也是为什么说，我们常常过多地强调通过教育解决阶层不平等，而很少注意招聘实践的原因。

人们会批评那些不聘用条件很适合的女性或变性应聘者的招聘者，说这样做不利于他们组织的效能（Fevre，2003）。不过，如果有招聘者不雇用条件适合的来自较低的社会－经济群体的人，人们则可能认为这样做一定是为了提高效能。这也就是 Marshall 等（Marshall et al.，1997）所说的——招聘者为了找到最适用工作的应聘者正在转向未被证明的竞争者——真正含义。对于他们来说，这有助于解释为什么推动英国社会流动的努力毫无成效。从更一般的意义上讲，这就是社会科学家所说的，招聘者在做决定时会评估候选人的"文化资本"。

正如布迪厄（Bourdieu，1984，1988，1997［1983］）、布迪厄和帕斯隆（Bourdieu and Passeron，1977）所定义的，"文化资本"

指的是知识、礼仪和品位，这些是进行社会区分的基础，但是它们不会对个人的能力构成直接的影响。到目前为止，这个概念还算合适，不过现在要研究文化资本和效能的关系时，就要仔细地考察相关的理论了。当然，为了评价这两者的联系，而不是验证两者的关系，这样做是必要的。不单是在英国，人们关于天资、能力和潜能上的差异的信念会形成一种关于遗传特性的社会达尔文信念，这是理解阶级的关键（Fevre et al., 1999；Brown et al., 2011）。很显然，一些细小的差别，例如，人们的言谈举止，他们展现的内在的自信程度，常常被认为是决定招聘的好的证据（Brown and Hesketh, 2004）。

尤其是在英国，在招聘过程中提高社会阶层公平性的举措将会失败，因为它们似乎在暗示企业忽视效率，甚至故意聘用效率低下的员工。事实上，正如 Marshall 等人（Marshall et al., 1997）所指出的那样，招聘政策正朝着另一个方向发展，人们试图在招聘实践中通过更复杂的方法来测量和评估那些没有被证书证明的个人特质。要是用伯恩斯坦（Bernstein）解读中产阶层"复杂代码"（elaborated code）的方式来看，问题依旧存在，但现在出现了一种招聘技术，旨在为评估结果相同的人提供更恰当的机会。在英国，就像在其他地方一样，心理社会测评、评估中心、招聘面试和实习等为招聘人员提供了新的机会，使他们能发现和评估基于社会阶层差别的行为差异（Brown and Hesketh, 2004）。

招聘者利用这些复杂的方法来证明他们的想法，证明他们知道现任的雇员的特质，并帮助他们复制同样的员工队伍。这就是他们通过招聘来实现效能的方法，这样的方法就像二三十年前饱受诟病的任何一种非正式方法一样，有效地排除了那些遭受社会不平等之苦的人（Fevre, 1992；Jenkins, 1986；Jewson and Mason, 1986）。实际上，就不平等加剧的程度来说，这种方法被证明是非常有效的。如果招聘人员看上去一直是在使用社会能力的标准进行招聘，那么现在就很容易看出，招聘人员并不依赖社会能力的标准，也不使用效能的标准。这就是他们在招聘过程中运用效能标准的方式（Brown and Hesketh，2004）。

要真正提高阶层平等就会涉及对效率理论的根本问题的质疑，而在性别不平等和族裔不平等问题上却没有这种挑战，因此显然无法采取任何措施来抵制日益扩大的不平等。与此同时，包括教育制度在内的精英统治制度仍然存在，应该允许对这些制度进行调整，从而不让这种不平等长久下去。解决不平等的正确方法不是让越来越多的人获得某种证书，而是让越来越多的人达到社会能力的标准，而这些标准正被用来衡量效能。例如，大多数英国大学做了一些事情来帮助他们的毕业生获得这些特征，但是他们的努力并没有影响那些没有毕业的人［参见"毕业生就业率"（graduate employability），http://www.millionplus.ac.uk］。这使得底层的人与社会其他阶层的人的差距被固化了。

结　论

本文所详细介绍的理论有利于我们讨论：在为人们分配工作的过程中，除了精英原则，还有哪些替代方案。当然这些替代方案应当是政策性的，我们知道在工作分配领域的其他原则，包括精英制度等，也一样应当是政策性的。我们要指出，社会公平性的降低具有超越其他的社会紧迫性，国家应以其保护儿童那样的态度，促进社会流动。为了促进社会流动，可以要求删除申请表中那些可能显示社会阶层的细节，甚至要求在整个招聘过程中不要进行面对面的、通过谈话的测试，从而忽视阶层因素。不过，这可能是名誉扫地的精英制度的一种权宜之计，可能直接增加那些较少被选中的群体的工作配额会更好一些。

诸如此类的建议都断然否认，各类组织像它们所想的那样，知道如何通过招聘来增加效能；也因此引起了长久而激烈的争论，例如在美国对"（给予弱势者优惠待遇的）正面差别待遇"（positive discrimination）的争论（Edwards，1987，1995）。比这更清楚的是，当美国的"文化战争"达到高潮时，人们意识到一方的政策往往要与另一方的政策相互平衡。反对设定配额的观点总是要依据对效能的定义，而答案绝不是在实现配额和选择最适合工作的人这两个选项之间选择其一。答案可能是在社会优先性的舆论压力和组织效能的主张之间的一种选择，从而保持意见双方的利益。

这就是本文阐述的理论对于公共哲学的价值所在。它告诉我们，我们需要关于效能的政策，但同时我们也要记住，政策和政策所牵涉的人也有其自己的特殊利益，而且他们有可能从自己的角度夸大这些利益的合理性。当有些想改变规则的人认为由于业务的特殊情况要以自己的方式招聘，但他们面对的都是想要更多公平的人时，这样的见地有助于他们达到目的（Fevre，2003）。说来奇怪，那些招聘者可能乐于接受对他们角色的重新定义，因为这使他们有机会证明自己是组织的"合作伙伴"，能够为组织的发展提供策略性的贡献。这样可能比他们目前向政策环境妥协的境况要好一些：通过伪造的业务要求来证明自己履行了减少不平等的义务，而他们的上级可能对他们的做法不屑一顾（Noon，2007；Riley et al.，2008；Scott-Parker，2008）。

参考文献

Aycan，Z. 2005. 'The Interplay Between Cultural and Institutional-Structural Contingencies In Human Resource Management Practices. ' *The International Journal of Human Resource Management* 16（7）：1083 – 119.

Berg，I.，M. K Freedman and M. Freeman. 1979. *Managers and Work Reform：A Limited Engagement.* New York：Free Press.

Blanden，J.，P. Gregg and S. Machin. 2005. *Intergenerational Mobility in Europe and North America.* London：Sutton Trust.

前

Blanden, J. and S. Machin. 2007. *Recent Changes in Intergenerational Mobility in Britain*. London: Sutton Trust.

Bourdieu, P. 1984. *Distinction: A Social Critique of the Judgement of Taste*. London: Routledge, Kegan Paul.

Bourdieu, P. 1988. *Homo Academicus*. Cambridge: Polity Press.

Bourdieu, P. 1997 [1983]. 'The Forms of Capital.' pp. 46 – 58 in *Education: Culture, Economy and Society*, edited by A. H. Halsey, H. Lauder, P. Brown and A. Stuart Wells. Oxford: Oxford University Press.

Bourdieu, P. and J. -C. Passeron. 1977. *Reproduction in Education, Culture and Society*. London: Sage.

Braugh, J. A. and M. Starkel. 2000. 'Research on Employee Recruitment: So Many Studies, So Many Remaining Questions.' *Journal of Management* 26 (3): 405 – 34.

Brown, P. and A. Hesketh. 2004. *The Mismanagement of Talent: Employability and Jobs in the Knowledge Economy*. Oxford: Oxford University Press.

Brown, P., H. Lauder and D. Ashton. 2011. *The Global Auction: The Broken Promises of Education, Jobs and Incomes*. New York: Oxford University Press.

Burns, T. and G. M. Stalker. 1961. *The Management of Innovation*, London: Tavistock.

Carnegie Corporation and Sutton Trust. 2008. *Social Mobility and Education*. New York: Carnegie Corporation.

Collinson, D., D. Knights and M. Collinson. 1990. *Managing to Discriminate*. London: Routledge.

Davis, G. F. 2009. *Managed by the Markets: How Finance Re-Shaped America*. Oxford: Oxford University Press.

Edwards, J. 1987. *Positive Discrimination, Social Justice and Social Policy*. London: Tavistock.

Edwards, J. 1995. *When Race Counts*. London: Routledge.

Equality and Human Rights Commission. 2011. *How fair is Britain? Equality, Human Rights and Good Relations in 2010 – The First Triennial Review*. London: EHRC.

Etzioni, A. 1988. *The Moral Dimension*. New York: Free Press.

Fevre, R. 1992. *The Sociology of Labour Markets*. Hemel Hempstead: Harvester Wheatsheaf.

Fevre, R. 2003. *The New Sociology of Economic Behaviour*. London: Sage.

Fevre, R., H. Grainger and R. Brewer. 2011. 'Discrimination and Unfair Treatment in the Workplace. ' *British Journal of Industrial Relations* 49 (S2): s207 – s235.

Fevre, R., G. Rees and S. Gorard. 1999. 'Some Sociological Alternatives to Human Capital Theory and their Implications for Research on Post-compulsory Education and Training. ' *Journal of Education and Work* 12 (2): 117 – 40.

Fevre, R., A. Robinson, D. Lewis and T. Jones. forthcoming. 'The Ill-treatment of Disabled Employees in British Workplaces. ' *Work, Employment and Society*.

Gallagher, B. 2000. 'The Extent and Nature Of Known Cases Of Institutional Child Sexual Abuse. ' *British Journal of Social Work* 30 (6): 795 – 817.

Gillespie, R. 1991. *Manufacturing Knowledge*. Cambridge: Cambridge University Press.

Ginn, J., S. Arber, J. Brannen, A. Dale, S. Dex, P. Elias, P. Moss, J. Pahl, C. Roberts and J. Rubery. 1996. 'Feminist Fallacies: A Reply to Hakim on Women's Employment. ' *The British Journal of Sociology* 47 (1): 167 – 74.

Grint, K. 1995. *Management-A Sociological Introduction*. Cambridge: Polity Press.

Harley, B. 1999. 'The Myth of Empowerment: Work Organisation, Hierarchy and Employee Autonomy in Contemporary Australian Workplaces. ' *Work, Employment and Society* 13: 41 – 66.

Herrnstein, R. and C. Murray. 1996. *The Bell Curve: Intelligence and Class Structure in American Life*. New York: Free Press.

Hutton, W. 1996. *The State We're In*. London: Vintage.

Jackson, M. 2001. 'Non-Meritocratic Job Requirements and the Reproduction of Class Inequality: An Investigation. ' *Work, Employment and Society* 15: 619 – 30.

Jackson, M. 2007. 'How Far Merit Selection? Social Stratification and the Labour Market. ' *British Journal of Sociology* 58: 367 – 90.

Jackson, M. 2009. 'Disadvantaged Through Discrimination? The Role of Employers in Social Stratification. ' *British Journal of Sociology* 60: 669 – 92.

Jenkins, R. 1986. *Racism and Recruitment*. Cambridge: Cambridge University Press.

Jewson, N. and D. Mason. 1986. 'Modes of Discrimination in the Recruitment Process: Formalisation, Fairness and Efficiency. ' *Sociology* 20: 43 – 63.

Knights, D. and D. McCabe. 1998. 'Dreams and Designs on Strategy: A Critical A-nalysis of TQM and Management Control. ' *Work, Employment and Society* 12 (3): 433 – 56.

Lankshear, G. , P. Cook, D. Mason, S. Coates and G. Button. 2001. 'Call Centre Employees' Responses to Electronic Monitoring: Some Research Findings. ' *Work, Employment and Society* 15 (3): 595 – 605.

MacIntyre, A. 1985. *After Virtue-A Study in Moral Theory.* London: Duckworth.

Maclagan, P. 1998. *Management and Morality: A Developmental Perspective.* London: Sage.

March, J. and H. A. Simon. 1958. *Organizations.* New York: Wiley.

Marshall, G. , A. Swift and S. Roberts. 1997. *Against the Odds: Social Class And Social Justice In Industrial Societies.* Oxford: Clarendon Press.

McKee, L. , N. Mauthner and C. Maclean. 2000. ' 'Family-friendly' Policies and Practices in the Oil and Gas Industry: Employers' Perspectives. ' *Work, Employment and Society* 14 (3): 557 – 71.

Modood, T. , R. Berthoud, J. Lakey, J. Nazroo, P. Smith, S. Virdee and S. Beishon. 1997. *Ethnic Minorities in Britain: Diversity and Disadvantage-the Fourth National Survey of Ethnic Minorities.* London: PSI.

Noon, M. 2007. 'The Fatal Flaws of Diversity and the Business Case for Ethnic Minorities. ' *Work, Employment and Society* 21 (4): 773 – 84.

Parker, M. 2002. *Against Management: Organization in the Age of Managerialism.* Cambridge: Polity Press.

Pattison, S. 1997. *The Faith of the Managers-When Management Becomes Religion.* London: Cassell.

Power, M. 1997. *The Audit Society.* Oxford: Oxford University Press.

Riley, R. , H. Metcalf and J. Forth. 2008. *The Business Case for Equal Opportunities: An Econometric Investigation.* London: Department for Work and Pensions.

Salognon, M. 2007. 'Reorienting Companies' Hiring Behaviour: An Innovative 'Back-To-Work' Method In France. ' *Work, Employment and Society* 21: 713 –

30.

Saunders, P. 1997. 'Social Mobility in Britain: An Empirical Evaluation of Two Competing Explanations.' *Sociology* 31 (2): 261 – 88.

Saunders, P. 2003. 'Reflections on the Meritocracy Debate in Britain: A Response to Richard Breen and John Goldthorpe.' *The British Journal of Sociology* 53 (4): 559 – 74.

Scott-Parker, S. 2008. 'Is the Diversity Band-wagon moving on?' *Equal Opportunities Review* 1st May (176).

Shenhav, Y. 1999. *Manufacturing Rationality*. Oxford: Oxford University Press.

Van Thiel, S. and F. L. Leeuw. 2002. 'The Performance Paradox in the Public Sector.' *Public Performance & Management Review* 25 (3): 267 – 81.

（隋嘉滨 译，向静林 校译）

英国的工作贫困：对一个日益 严重的问题的新分析

罗德·希克（Rod Hick）[*]

阿尔巴·拉瑙（Alba Lanau）[**]

导　言

最近几年，工作家庭（working families）中存在的贫困问题成
为人们日益关注的话题。最新的《贫困与社会排斥监测报告》
（Monitoring Poverty and Social Exclusion）显示，55%的处于贫困的
家庭中有人在工作，这是记录在案的最高比例（Tinson et al.，
2016：9）。这一现象之所以成问题，是因为最近所有政府的口头
禅正是"工作是摆脱贫困的最佳途径"（work is the best route out of

      [*] 罗德·希克是卡迪夫大学社会政策的高级讲师。他的研究兴趣是贫困的范本和
测量、分析社会保障和扶贫计划。他从伦敦经济学院获得社会政策博士学位，
是 The Journal of Poverty and Social Justice 杂志的联合主编，2015 年在国际社
会保障研究基金会（Foundation for International Studies on Social Security）年度会
议上获得最佳论文奖。2016 ~ 2017 年，由纳菲尔德基金会（Nuffield Founda-
tion）资助，他领导一项关于英国在职贫穷的研究，研究结果发表在英国下
议院。

    [**] 阿尔巴·拉瑙在布里斯托大学获得社会政策博士学位。她的研究侧重于测量多
维贫困、贫困的因素和后果，特别关注儿童和年轻人。她关于南太平洋地区的
多维贫困的研究在东亚社会政策会议（the East Asian Social Policy Conference）
等国际论坛上发表。她最近的研究关注在中低收入国家，不同家庭内儿童和成
人之间的不平等，以及公共和私人服务对有儿童的家庭的生活标准的影响。

poverty）。这一核心理念激发了过去二十年的劳动力市场改革和社会保障制度改革：从引入最低工资制度、持续提升抵税额（tax credits）（例如工党的做法），到持续提升最低工资［现在已被贴上"国家最低生活工资"（the National Living Wage）的标签］以及将六种家计调查的津贴（six means-tested benefits）合并为"普惠福利"（Universal Credit）（自 2010 年由联合组建的保守政府推行）。

在人们对处于失业状态并且依靠社会福利度日的那些人的态度显得越来越冷漠的时代（McKay，2014；Deeming，2014），人们似乎强烈地支持这样一种观点：工作家庭是不应该遭受贫困的。社会流动和儿童贫困委员会（Social Mobility and Child Poverty Commission）的一项调查的数据显示，75% 的被调查者坚信，政府应该给那些有家庭成员在工作却处于贫困状态的家庭提供补贴（Gregg et al.，2013）。

本文将呈现针对英国工作贫困的一项深入研究的结果，这项研究由纳菲尔德基金会（Nuffield Foundation）资助。它由三个部分构成：第一部分详细地介绍了这项研究的背景、目标和方法论；第二部分的分析论证了英国的工作贫困确实随着时间变化而增加了，并尝试分辨出哪类人群受这一状况的影响最大；第三部分对前述研究中反映的政策问题做了总结和反思。

何为工作贫困以及它为何重要

在公共讨论中，工作贫困常常被等同于"低薪"（low pay）。那么，一个很好的起点，就是解释低薪和工作贫困之间具有什么样的关系以及为什么它们的关系远非那么简单直接（有关这一问题的分析，参见 Bennett，2014；Marx et al.，2012）。对低薪的测量仅考量一个工人（an individual worker）（自身）的收入——通常将低薪定义为，一个工人获得的收入低于时薪中位数的 2/3。相反，工作贫困则是基于对一个工作家庭的总体情况的评估，不仅考量就业收入而且考量所有的收入途径，要把家庭的所有收入在扣除税费之后，与不同类型家庭的不同的需求进行匹配，进而考虑是否把家庭的所有成员划入穷人之列。

当一个工作家庭总净收入不足以满足其需求时，工作贫困就出现了。因此，低薪只是一个可能引发工作贫困的原因，我们必须考虑到整个家庭的状况，而不能只考虑获得有偿就业的个人（Gardiner and Millar，2006）。的确，由于工作贫困涉及的是家庭的整体资源及其是否足以满足家庭的需求，所以解决工作贫困的潜在应对政策要比乍看起来的更多样。针对工作贫困的有效应对可能包括提升报酬、延长工作时间、增加一个家庭中就业人员的数量或加强对低薪工人的支持［比如，工作退税（Working Tax Credit）］，同时也可能改进对大家庭的支持途径［比如可以通过儿童抚养退税（Child Tax Credit）或儿童津贴（Child Benefit）提供支持］，甚至调整给未就业的家庭成员的失业津贴。这要求我们进一步地审视工作贫困的性质，它与低薪的关系，政府究竟在什么程度上以退税形式提供支持能成功减少工作贫困，以及人们是如何陷入贫困和摆脱贫困的。

研究目的与研究问题

工作贫困项目的研究目的是为以下问题提供稳健性分析（robust analysis）：英国的工作贫困的性质；可以解释人们陷入和摆脱贫困的重大事件；在缓解工作家庭的贫困问题上，政策可以做出的以及确实做出的贡献。通过回答以下三个研究问题，本项目力图为英国的工作贫困提供新证据。

（1）工作贫困的程度如何？什么样的人会遭受工作贫困？

（2）社会保险和税收抵免与工作贫困之间有什么关系？这一关系随着时间推进产生了什么变化？

（3）人们陷入贫困和摆脱贫困的普遍性有多大？哪些重大事件会与这类转变密切相关？

本章回答了第一个问题。对第二个和第三个问题的数据和分析，请分别参见作者的另外两篇文章（Hick and Lanau，2018a，2018b）。

英国的政策脉络

英国之所以成为研究工作贫困的有吸引力的案例的一个原因是，相比较于其他众多国家而言，英国的抵税额系统（例如主要为低薪工作家庭支付的社会保障金）存在时间更长、发展更充分。的确，针对工作支持（in-work support）的比较研究常常把英国当作这方面的标杆（例如，Kenworthy，2015；Marx and Nolan，2014）。抵税额的起源可以追溯到 1971 年由当时的保守政府采用的家庭收入补贴（Family Income Supplement），它向那些至少有一名成员每周工作 24 小时的低薪工作家庭提供支持（Dilnot and McCrae，1999）。撒切尔政府后续的改革将最低工作时间降低为每周 16 小时，并改称为家庭奖励计划（the Scheme Family Credit），转而在1999 年新工党执政时期成为工薪家庭税收抵免（Working Families' Tax Credit，简称为 WFTC）。如同 Brewer 和 Browne（2006）所指出的，采用 WFTC 与其说是简单地给计划家庭信贷贴了一个新名字，不如说，通过增加受益人群数量、提高在人们的生活发生任何倒退之前就能获得的额度，以及降低锥形率，体制在很大程度上变得更加慷慨，从而让人们在自己劳动获得的收入增加之后还能保留更多的（抵税）额度。

2003 年，在新工党执政期间的第二个重要的改革是将工人家庭的抵税额一分为二，即工作退税和儿童抚养退税。这是抵税额权利首次扩展到没有孩子的家庭（通过工作退税的方式）和没有任何成员工作的家庭（通过儿童抚养退税的方式）。在 2003 年后，儿童抚养退税包含两个部分：支付给家庭的部分（价值每年 545英镑，支付给那些每年收入超过 5 万英镑的家庭）和支付给儿童的部分（按照孩子数量分别支付，数额更大方，但是在明显较低的收入水平上会拉开差距）。抵税额成为工党尝试消除儿童贫困以及使工作有所回报的核心要素。

2010 年，联合政府上台后在这一领域带来了重大的变革，首先，联合政府对抵税额的态度更具有怀疑论倾向，抵税额被描述成成本高但输送少；其次，工作福利本身的主要创新是将工作抵税、儿童抵税、住房福利以及三种失业福利合并成一项支付，即"普惠福利"。"普惠福利"的引入标志着为低薪工人提供的支持的长期演变中最新以及可提出证据加以证明的最重要的一步。然而，"普惠福利"并非只是管理上的改革，它包括在社会保障条款方面被广泛讨论的若干重要特征的改革，比如，它移除了规定申请者需要至少工作 16 个小时才能得到抵税额的"时间规则"（hours rules），从而为那些有偿就业时长较少的家庭提供了支持（Hills，2015）。更具争议性的是，"普惠福利"还有条件地扩展到那些在工作的申请者（Dwyer and Wright，2014）及他们的伴侣。为了让福利更"像工作"一样，它按月支付，尽管这样的一个系统与低薪人群如何管理他们的财政的现实情况之间是脱节的（Millar and Bennett，2017）。至关重要的是，"普惠福利"也一直是多次削减的主题："普惠福利"的最初引入旨在增加对申请者的支持，而已公布的针对"普惠福利"的削减则意味着人们现在期望它能节约成本（Finch，2016；另见以下的论述）。

"普惠福利"的推出正值自 2010 年以来为消除预算赤字而实施的非常重大的紧缩政策的背景下，这一紧缩措施尚未成功。预算责任办公室（the Office for Budget Responsibility）指出，联合政府宣布通过的（社会保险领域的）大量政策已经削减的支出估计达到了 196 亿英镑（OBR，2016：4）。尽管从 2010 年开始实施各项削减措施，然而还有一些政策要么最近仍没有落实，要么没按预计的开展，包括对"普惠福利"的逐步削减。因此，这是一个会继续发生重大变化的政策领域。

方法论

工作贫困的概念化和测量

在针对工作贫困开展的研究中有一个共识，即"工作"（work-ing）和"贫困"（poor）的定义具有根本的重要性（Horemans et al.，2015：8；Thiede et al.，2015）。我们对贫困的主要测量方法是将"收入中位数的60%"作为贫困线，但同时我们也呈现运用物质剥夺法（material deprivation）进行测量的研究发现。在整项研究中，我们采用了扣除住房支出后再测量收入的方法（After Housing Cost，简称AHC），即先从家庭净收入中减去住房支出，再判断是否将某些家庭归类为贫困家庭。我们做出了一个普遍性的假设（尽管有问题），即收入在一个家庭中是平均分配的。我们用来建构物质剥夺的测量标准的指标，作为对贫困测量的参考方法，载于附录。当一个家庭报告自己由于缺少资源，只能在9个项目中缺少至少4项的情况下过日子，就会被认定遭受物质剥夺。

"有工作"（in work）的定义也是至关重要的。既有研究认识到，就一个家庭必须从事多少工作其成员才能被认为"在工作"（working）而言，"有工作"的定义可以"更有包容性"或"更严格"。在欧盟层次上的分析通常聚焦于对工作进行更严格定义，即认为一个人在上一年获得7个月及以上的有偿就业才算"有工作"（e. g. the official EU measure of in-work poverty；Eurofound，forth-coming；see also Goerne，2011）。

与此不同的是，对英国的工作贫困的讨论则一直倾向于采用一个更"有包容性"的方法，把任何一个在接受访谈之前的一周参与至少1个小时工作的人都包括在内（采用了国际劳工组织的就业定义）。这一方法的优势之一是为了"不在一开始就把任何类别的弱势工人排除在外"（Crettaz and Bonoli，2011：48；see also Crettaz，2011；Horemans et al.，2015）。我们在本研究中采用的方法，部分原因是为了和在英国开展的其他研究保持一致（e. g. Tinson et al. , 2016）。在实践中，绝大多数现在正就业的人同样也符合在前一年工作 7 个月及以上的情况。

最后一个问题涉及分析单位，这在技术上是值得探讨的——换句话说，就是我们究竟是研究工人贫困本身还是工作家庭中的成员的贫困。英国的争论主要聚焦于工作家庭中的贫困，因此，不仅考虑就业的个人，同时还要考虑家庭中可能依靠他们收入的其他成员（see, e. g. , Scottish Government, 2015；Tinson et al. , 2016）。这与欧盟对工作贫困的官方定义（Eurostat, n. d. ），以及研究这一问题的大部分欧洲文献的说法都不同（e. g. Eurofound, forthcoming；Crettaz, 2011），他们只聚焦于遭受贫困的工人的比例，而不考虑不参与就业的家庭成员。尽管只是技术性上的，但是聚焦于家庭中所有劳动年龄人口（working-age household members）的做法确实是很好的：否则，由于收入变量（income variable）（以及由此造成的贫困状态）要计算家庭中所有成员的全部收入来源，如果我们在工作贫困的定义中只考虑在工作的人，那么我们只能用不同的分析单位来测量就业变量（employment variable）和收入变量了。在本研究中，我们遵循了英国公约，考量有成员在工作的家庭中的所有劳动年龄人口的贫困经历。

分 析

本章的其余部分试图回答本项目的第一个问题：工作贫困的程度如何，什么样的人会遭受工作贫困？

本章中呈现的数据是基于对 2014～2015 年度低于平均收入家庭（Households Below Average Income for 2014/15）的分析，这是能获取的最新的微数据（micro-data），我们分析了所有可获得的个案数据。只有对工作贫困的风险（risk of in-work poverty）和工作剥夺（in-work deprivation）的分析是例外情况，在那部分，我们呈现的是针对回答了与那个小节中检验的所有变量相关的全部问题的被调查者所做的分析。

所有数据通过劳动年龄人口的横截面权重进行了加权，因此研究发现对于这一群体（或者指儿童）而言就具有代表性。在实践中，这意味着领取养老金的家庭是被排除在分析之外的，但是那些有成员领取养老金的家庭中的劳动年龄人口则在分析范围之内。

发 现

（一） 工作贫困的最新发现给我们的启示

近期英国对工作贫困的研究焦点很大程度上源自 2013 年《贫困与社会排斥监测报告》，这一报告发现，"在数据系列中首次发现，工作家庭中遭受贫困的人口数比处于劳动年龄人口但无业的家庭和退休家庭中遭受贫困人口数之和还要多"（McInness et al.，2013：3）。与其说研究发现聚焦于工作家庭的贫困 "风险"（the risk of poverty for working households）（即不同家庭类型遭受贫困的概率），不如说聚焦于穷人的 "构成"（the composition of the poor）（即那些生活在工作家庭中的贫困人口所占的比例），而且要把所有年龄的人口都计算在内。贫困人口的风险和构成都很重要，它们之间的区别也重要。

实际上，同时分析贫困的构成和风险有助于理解 "工作" 和 "贫困" 之间的关系。在表 1 中，我们展示了贫困和工作之间的关系的三个重要元素：按家庭就业状况划分的人口分布（the distribution of the population by household employment status）、这些家庭的贫困风险（the risk of poverty for these households），以及占贫困人口的比例（the share of those in poverty that they account for）。我们单独对第一项分析进行了加权，以便对全部人口（将领取养老金的人和儿童都包括在内）具有代表性。

**表1　依据家庭就业状态划分的各年龄受访者的
人口分布、贫困风险和贫困比例**

单位：%

	人口分布	贫困风险	占贫困人口的比例
所有劳动年龄人口全部就业	53.0	10.1	25.1
仅部分劳动年龄人口就业	22.7	32.6	34.8
无劳动年龄人口就业	24.3	35.1	40.1

资料来源：2014～2015年度低于平均收入家庭数据，数据进行了人口加权。

在右侧这一列（即"占贫困人口的比例"这一列），我们观察到六成（59.9%）的贫困人口生活的家庭中至少有一名成员在工作。然而，这一数据不意味着有工作的人比没有工作的人的情况"更糟糕"（worse off）。工作家庭比无就业家庭（non-working households）的数量更多——确实，超过一半的家庭（包括只有一个可获取劳动收入者的单亲家庭）的所有劳动年龄人口均就业，而约3/4的家庭中至少有一位成人有偿就业（参见"人口分布"一列）。

虽然近期的讨论都聚焦于工作家庭中贫困人口的"比例"问题（更确切地说是贫困的构成），但贫困的风险——确实地说是依据贫困家庭的类型区分的个人的比例——也具有根本的重要性。在表1中，我们观察到，对于所有成人都在工作的家庭遭受贫困的风险为10.1%，而不是所有劳动年龄成员均就业的家庭遭受贫困的风险是接近1/3（32.6%），而无就业家庭遭受贫困的风险则只是刚刚超过1/3（35.1%）①。

有两点发现非常突出。第一点，即使当一个家庭中所有的劳动年龄人口都就业，整个家庭遭受贫困的风险也不会为零。也就是说，工作并不是抵御贫困的保证。第二点，家庭的劳动强度

---

① 如果后一个数字看起来很低，这是因为表格计算的是全部人口，因此包括了领取养老金的人，而领取养老金的人在无就业家庭中占了很大比例。如果严格地只分析劳动年龄人口，那么无就业家庭中成人的贫困风险则高达60%。

（work intensity）和贫困风险有明确的相关性，当家庭中有偿就业的人口数量从全部成员降到部分成员，再降到零时，家庭贫困会呈线性增长。

风险视角和构成视角提供了互补而有差异的信息。我们必须谨慎地指出，尽管大部分遭受贫困的人生活在工作家庭中，但是表格中提供的证据显示，贫困风险会随着劳动强度的增加而降低。尽管如此，鉴于工作贫困在总体贫困（total poverty）中占很大比例，想要成功地减少英国的贫困需要找出如何能够减少工作家庭的贫困。

（二）工作贫困随着时间推移的风险变化

接下来有人可能会问："工作贫困的风险是在上升吗？"我们已经指出，最常见的关于工作贫困的说法都是关于贫困人口的"构成"的。无论如何，领取养老金的人一段时间以来一直是被优先考虑的群体——他们从近些年的"三重保障"（triple lock）中获益，它保证政府养老金会随着时间增值；由此带来的是，贫困人口中领取养老金的人数在下降。也许工作贫困的风险并没有持续增长，不过那些有工作的穷人却由于领取养老金的穷人数量的下降而占越来越大的比例。由此，人们可能会问："工作贫困的风险正在增长吗？"

本章呈现的分析表明，情况确实如此。对于工作家庭中的劳动年龄人口而言，贫困风险已经从 12.4% 攀升到 15.7%，也就是说，从 2004～2005 年到 2014～2015 年间增长了 25.5%。在下面的图 1 中，我们按照劳动强度将家庭分为不同的类型（例如所有成人全部就业的家庭或仅部分成人就业的家庭），分别呈现了成人和儿童的工作贫困趋势。在图 1 中，我们可以观察到，工作家庭中劳动年龄人口的贫困风险从 2004～2005 年起开始逐渐上升。对于所有劳动年龄人口全部就业的家庭而言，成人的贫困风险从 7.3% 上升到 9.2%；而对仅部分劳动年龄人口就业的家庭而言，成人的贫困风险则从 24.4% 上升到 31.4%。

儿童的情况稍微有些不同：在 1998～1999 年到 2004～2005 年

间贫困风险是下降的，而接下来 2004～2005 年到 2008～2009 年间有所上升，然后又经历了一波下降期和一波上升期。当前工作家庭中儿童贫困的风险是从 1997～1998 年到 2014～2015 年整个时期中最高的，而且全部成人就业的家庭和仅部分成人工作的家庭中儿童遭受贫困的风险分别上涨了 17% 和 32%。由此可见，对于劳动年龄人口和儿童而言，工作贫困的增长都集中在 2004～2005 年以后的时期。

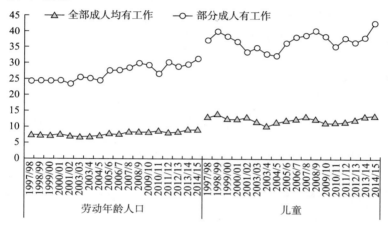

**图 1　不同劳动强度家庭中劳动年龄人口和儿童的工作
贫困风险（1997/98～2014/15）**

资料来源：低于平均收入家庭各年度加权数据。

（三）低薪和工作贫困

在本小节，我们分析了工作贫困与低薪之间的关系。在表 2 中，我们将焦点放在低薪的最常见的测量方法上，准确地说，将总时薪中位数的 2/3 设置为阈值，低于此值属于低薪（see, for example, Nolan and Marx, 2000）。不过，由于我们不仅仅分析工作的人，还分析家庭中其他的劳动年龄成员，所以我们不是只关注这些低薪的人，而且分析所属家庭中有一名低薪家庭成员的那些劳动年龄人口。从表 2 中，我们可以看到，有一名低薪家庭成员的那些劳动年龄人口中，只有 22.2% 会遭受工作贫困。这些数据似乎支持了先前研究的发现，这类研究强调低薪和工作贫困特有的性质。不过，当我们从相反的方向，确切地说，从遭受工作贫困的个人来着手比较，我们就发现，他们中几乎近一半的人属于有低薪成员的家庭。

重叠数据如此不一致的原因之一是低薪群体和工作贫困群体存在很大差异。低薪是比工作贫困更大的问题：所属家庭中拥有一名低薪成员的人数的确是所属家庭遭受工作贫困的人数的两倍。但是，具有重要意义的是，几乎一半的遭受工作贫困的个人生活在一个具有低薪成员的家庭中。

表 2　劳动年龄人口中低薪和工作贫困的发生率和关系

测量项目	比例（%）	样本容量
所属家庭中拥有低薪成员的个人	30.2	16803
工作贫困率	13.9	16803
所属家庭中拥有遭受工作贫困的低薪成员的个人	22.2	16803
拥有低薪成员的家庭中的工作贫困者	48.3	16803

资料来源：2014～2015 年度低于平均收入家庭的加权数据（Source HBAI *2014/15*，weighted）。

换一个思路去思考低薪和工作贫困的关系——而非局限于数量的影响——也就是考虑它们在不同收入水平的人群中的分布程度。在下面的表 3 中，我们在上面的两行数据中，分别呈现了所属家庭中有一名低薪成员的劳动年龄人口和遭受工作贫困的人各自在不同收入水平的人群中的数量。在第一行，我们可以看到，所属家庭中有一名低薪成员的劳动年龄人口合理地分布在各个收入水平的人群中，实际上，如果说有什么特别的话，就是比较密集地分布在收入分布的中端（第 4～6 层次）。不同的是，从定义来看，属于工作贫困家庭的人群集中在收入水平中最低的三个层次（参见第二行）。因此，低薪和工作贫困是相关联的，却是截然不同的两个问题。

表 3　收入分布中劳动年龄人口的低薪和工作贫困的测量

测量项目	最低的10%	10%~20%	20%~30%	30%~40%	40%~50%	50%~60%	60%~70%	70%~80%	80%~90%	最高的10%	占比（%）	样本规模
有低薪收入成员的家庭中的个人（时薪）	10.3	10.4	10.4	12.9	11.5	11.4	10.6	11.5	6.4	4.7	100	16803
工作贫困率	47.8	45.9	6.3	0	0	0	0	0	0	0	100	16803
低薪工作者（时薪）	11.6	12.5	11.8	14.4	12.8	11.3	8.8	9.0	4.3	3.7	100	10236
有低薪收入成员的家庭中的个人（周薪）	9.9	10.0	10.2	12.5	12.4	11.7	10.7	10.3	6.9	5.5	100	16803
工作剥夺率	18.5	18.3	17.7	13.2	11.1	8.0	6.2	4.4	1.3	1.3	100	12192

资料来源：2014~2015 年度低于平均收入家庭的加权数据（Source: HBAI 2014/15, weighted）。

在第三行，我们没有呈现所属家庭中有一名低薪工作者的成人的分布，而是呈现了低薪工作者的分布情况（由于只包括工作的人，这样做就降低了样本容量）；第四行回复到捕获所属家庭中有一名低薪成员的个人信息的测量，不过所呈现的数据分布是基于对低薪的测量，这里对低薪的测量标准是收入低于每周毛收入总额（gross *weekly* earnings）的 2/3；第五行是呈现工作剥夺的分布情况，工作剥夺反映的是这样的双重体验：所属的家庭至少有一人有工作，但同时又经历着物质剥夺。

当我们在获得低薪收入的劳动者（而非所属家庭中有一名低薪成员的个人）的层次上测量低薪时，我们发现，低薪稍微向收入分布的较低端集中（尽管绝大多数人仍然不算穷人）；当我们用低周薪的方法在家庭层次上进行测量时，我们再一次观察到低薪稍微向收入分布的中端集中。在所有情况下，对低薪的测量及其与不同收入水平的关系与对工作贫困的测量形成鲜明对比，后者（根据定义）仅限于收入分布较低端的那些人。最后，如果我们转过来看下第五行中对工作剥夺的测量，不会看到那么精确的集中趋势——不过，在遭受工作剥夺的群体中，超过 3/4 处于收入分布的下半部分。

前文的分析表明，虽然低薪和工作贫困确实不是"相同的问题"，但是接近一半遭受工作贫困的人生活在有一名低薪成员的家庭中。这表明，增加低薪工作者的收入可能是缓解工作贫困的一个办法。不过，在多大程度上增加这类低薪工作者的收入才能缓解工作贫困，也不仅取决于工作贫困家庭中有多少低薪工作者，还取决于这些家庭"在多大程度上"低于贫困线，以及给这些家庭带来的增长程度（比如，最低工资增幅达到多大才有意义）。拥有一名低薪工作者的家庭在不同收入水平较合理分布，但可以论证这样一种"局限性"，即由于大多数获得收入的人并不会贫困，所以上述机制可能会产生实质性的"溢出"效应。

(四) 谁在遭受工作贫困?

在本小节中，我们审视什么样的人在遭受工作贫困。为了达到这一目标，我们呈现有关遭受工作贫困和工作剥夺的特定群体的比例的数据（对后一个问题的测量是用来检验我们所识别出的群体与运用其他方法测量贫困时被识别出来的群体是否一致）。如前文所述，对工作贫困所构建的测量方法是在收入中位数（此收入使用扣除住房支出后再测量收入的方法，即 AHC）的 60% 处设置一条低薪贫困线；而对工作剥夺所构建的测量方法则是在 9 个项目中达到剥夺阈值（deprivation threshold）4 或以上。这一分析中考量了 13 个变量：家庭中有工作的人口数、家庭结构、家庭中孩子的数量、家庭中是否有领取养老金的人、家庭中是否有自雇者、社会经济阶层、就业行业类别、受教育程度、住宅产权性质、性别、被调查者是否生活在女户主家庭、移民还是本土人士、年龄组。

工作贫困的风险

对工作贫困风险的分析结果可按照三组群体进行分组。构成第一组群体的子群体都展示出很高程度的工作贫困或工作剥夺的风险，同时在工作贫困群体中占据相当大的比例。这里需要关注的关键变量是家庭中有工作的成员数量。对于工作贫困和工作剥夺的测量而言，所有被考量的子群体中，工作贫困或工作剥夺的最高风险值之一出现在只有一名成员工作的家庭（对于收入和剥夺测量而言分别为 33.8% 和 28.6%）。在两种测量方法中，只有一名成员工作的家庭在遭受工作贫困或工作剥夺方面占相当大比例（运用收入测量方法的情况下占 60%，运用剥夺测量方法的情况下占 49%）。

第二个子群体是居住在租赁公寓（rented accomodation）中的个人，他们也展示出很高的工作贫困的风险，同时在工作贫困群体中占据了较大的比例。在运用收入测量方法时，对于社会和私人租赁部门租户（social and private rented sector tenants）而言，他们遭受工作贫困的风险分别为 34% 和 27%；而在运用剥夺测量方法时，这些租户遭受工作贫困的风险分别为 47% 和 25%。社会和私人租赁部门租户在工作贫困群体中占六成，但是这些人中仅有三成处于劳动年龄。最后一个在遭受工作贫困问题上具有高风险且在工作贫困群体中占据较大比例的子群体（尽管没那么严重），指向的是从事服务业（service sector employment）的群体，在这一行业中存在明显的工作贫困风险（运用收入测量方法时风险值为 19%，而运用剥夺方法测量时为 20%，两种方法同时运用时为 45%）。

接下来是第二组群体，在运用收入测量和剥夺测量两种方法时，展现出工作贫困的明显风险，但在遭受工作贫困群体中只占很小的比例。如果是生活在有 3 个或以上孩子的家庭中的移民，或者是单亲家长，工作贫困或工作剥夺的风险会提升，但是绝大多数情况下，他们占工作贫困者的比例小于 30%（有时相当低）。事实上，绝大多数遭受工作贫困的是那些本地人、没有孩子或只有一个孩子而且有两个或以上成人的家庭。

第三组群体是这样一群人：对于他们而言，收入测量和剥夺测量在此群体所面对的工作贫困风险问题上提供了部分矛盾的信息。采用收入测量方法时，具有一名自雇者成员的家庭的工作贫困的风险是很高的，这与此前该领域开展的研究结果一致（e. g. Hallerod et al.，2015）。然而，如果我们采用剥夺测量方法时，这一风险要低于没有自雇者成员的家庭所面临的风险。家庭中拥有一名领取养老金的成员会降低采用收入测量方法的工作贫困，但是并没有降低采用剥夺测量方法的工作贫困，这可能反映的是这样的一个事实：在以收入为中心的分析中，不管实际情况如何，都假定收入是共享的。

就其他重要发现而言，较低的受教育水平和较高的工作贫困风险是相关的，尤其是采用剥夺测量方法时情况如此。较年轻的被调查者的工作贫困风险是最高的——当采用剥夺测量方法时，年龄的影响再一次（比采用收入测量方法时）稍微大一些（不过这可能是剥夺测量方法的一种假象，之前就有观点认为物质剥夺

表 4 劳动年龄人口的工作贫困的风险和构成

单位：%

	贫困的风险			贫困的构成		
	非贫困	工作贫困	总和	非贫困	工作贫困	总和
家庭中有工作的人数						
1 人	66.3	33.8	100	21.0	59.7	26.9
2 人	90.7	9.3	100	61.4	35.3	57.4
3 人及以上	95.1	4.9	100	17.6	5.1	15.7
家庭构成						
单身家庭	80.1	19.9	100	4.6	6.4	4.9
单亲家庭	71.3	28.7	100	1.3	2.9	1.6
一对伴侣，无子女	90.1	9.9	100	33.7	20.6	31.7
一对伴侣，有子女	80.4	19.6	100	33.1	45.1	35.0
其他家庭，无子女	90.2	9.8	100	18.7	11.3	17.6
其他家庭，有子女	77.7	22.3	100	8.5	13.6	9.3
家庭的子女数						
0	89.2	10.8	100	57.1	38.4	54.2
1	82.1	17.9	100	21.1	25.6	21.8
2	78.9	21.1	100	16.9	25.2	18.1

续表

	贫困的风险			贫困的构成		
	非贫困	工作贫困	总和	非贫困	工作贫困	总和
3个以上子女	71.8	28.2	100	4.9	10.8	5.8
家庭中领取养老金人数						
0	84.6	15.4	100	95.7	97.2	95.9
1个或以上	89.6	10.4	100	4.3	2.8	4.1
无自雇家庭成员	86.3	13.7	100	81.2	71.9	79.8
有自雇家庭成员	78.9	21.1	100	18.8	28.1	20.2
标准职业分类						
管理者、专业人员、专业人员助理、技术人员	91.8	8.2	100	45.5	22.7	42.0
中级技术人员（贸易员、秘书、医护人员）	85.0	15.0	100	30.2	29.7	30.1
非技术人员（销售员、机械操作师等）	76.9	23.1	100	21.9	36.7	24.1
未经分类的其他人员	55.2	44.8	100	2.4	10.9	3.7
标准行业分类						
制造业	86.8	13.2	100	10.3	8.7	10.0

续表

	贫困的风险			贫困的构成		
	非贫困	工作贫困	总和	非贫困	工作贫困	总和
工程、建筑、科学等行业	86.7	13.3	100	15.9	13.6	15.6
金融服务和房地产业	92.1	7.9	100	5.6	2.7	5.2
公共服务	90.0	10.0	100	30.8	19.0	29.0
其他服务和艺术行业	81.2	18.8	100	34.8	44.8	36.3
未经分类的其他行业	56.9	43.1	100	2.7	11.2	4.0
有本科学位及以上	90.4	9.6	100	31.2	18.4	29.2
继续教育	88.0	12.0	100	13.8	10.5	13.3
普通教育高级证书或其他同等标准	86.5	13.5	100	18.1	15.8	17.8
普通教育中等证书或其他同等标准	81.1	18.9	100	22.8	29.6	23.8
其他学历	80.7	19.3	100	5.6	7.4	5.9
无学历	72.1	27.9	100	8.5	18.4	10.0
拥有全部产权	92.2	7.8	100	21.0	9.9	19.3
抵押贷款/按揭贷款	91.1	8.9	100	51.9	28.3	48.3
社会租赁	66.1	33.9	100	8.1	23.2	10.4

续表

	贫困的风险			贫困的构成		
	非贫困	工作贫困	总和	非贫困	工作贫困	总和
私人租赁	72.7	27.3	100	18.3	38.3	21.3
其他	94.9	5.1	100	0.8	0.2	0.7
男性	85.2	14.8	100	50.9	49.2	50.6
女性	84.4	15.6	100	49.2	50.8	49.4
男性户主家庭	85.8	14.2	100	69.8	64.5	69.0
女性户主家庭	82.6	17.4	100	30.2	35.5	31.0
本地人	87.2	12.8	100	83.8	68.8	81.5
移民	74.3	25.7	100	16.2	31.3	18.5
年龄						
16~29 岁	82.3	17.7	100	20.6	24.7	21.2
30~44 岁	83.5	16.5	100	36.3	39.9	36.8
45~59 岁	87.1	12.9	100	36.7	30.3	35.7
60~64 岁	87.6	12.4	100	6.5	5.2	6.0

资料来源：低于平均收入家庭及 FRS（2014～2015 年）的加权数据。

单位：%

表 5 劳动年龄人口的工作剥夺的风险和构成

	剥夺的风险			剥夺的构成		
	非贫困	工作贫困	总和	未遭受剥夺	工作贫困	总和
家庭中有工作的人数						
1 人	71.4	28.6	100	22.2	48.8	26.3
2 人	89.5	10.5	100	65.1	42.0	61.5
3 人及以上	88.4	11.6	100	12.8	9.2	12.2
家庭构成						
单身家庭	82.6	17.4	100	5.0	5.8	5.1
单亲家庭	56.0	44.0	100	1.2	5.1	1.8
一对伴侣，无子女	91.0	9.0	100	34.7	18.8	32.3
一对伴侣，有子女	82.1	17.9	100	38.7	46.3	39.8
其他家庭，无子女	88.3	11.7	100	13.4	9.8	12.9
其他家庭，有子女	73.2	26.8	100	7.1	14.3	8.2
家庭的子女数						
0	89.5	10.5	100	53.1	34.4	50.2
1	80.8	19.2	100	21.9	28.6	22.9
2	81.5	18.5	100	19.5	24.4	20.3

续表

	剥夺的风险			剥夺的构成		
	非贫困	工作贫困	总和	未遭受剥夺	工作贫困	总和
3 个以上子女	70.7	29.3	100	5.6	12.7	6.7
家庭中领取养老金人数						
0	84.7	15.3	100	98.6	98.3	98.5
1 个或以上	82.1	17.9	100	1.4	1.7	1.5
无自雇家庭成员	84.4	15.6	100	79.9	81.3	80.2
有自雇家庭成员	85.6	14.5	100	20.1	18.7	19.8
标准职业分类						
管理者、专业人员、专业人员助理、技术人员	93.7	6.4	100	49.7	18.6	44.9
中级技术人员（贸易员、秘书、医护人员）	82.7	17.3	100	29.9	34.4	30.6
非技术人员（销售员、机械操作师等）	71.7	28.3	100	19.1	41.5	22.5
未经分类的其他人员	56.3	43.7	100	1.3	5.6	2.0
标准行业分类						
制造业	85.7	14.3	100	10.8	9.9	10.7

续表

	剥夺的风险				剥夺的构成		
	非贫困	工作贫困	总和		未遭受剥夺	工作贫困	总和
工程、建筑、科学等行业	89.3	10.7	100	工程、建筑、科学等行业	16.8	11.1	15.9
金融服务和房地产业	92.6	7.4	100	金融服务和房地产业	6.0	2.6	5.4
公共服务	87.8	12.2	100	公共服务	32.1	24.5	31.0
其他服务和艺术行业	79.7	20.3	100	其他服务和艺术行业	32.7	46.0	34.8
未经分类的其他行业	60.1	39.9	100	未经分类的其他行业	1.6	5.8	2.2
有本科学位及以上	93.4	6.6	100	有本科学位及以上	32.8	12.7	29.7
继续教育	88.9	11.1	100	继续教育	14.7	10.1	14.0
普通教育高级证书或其他同等标准	85.6	14.4	100	普通教育高级证书或其他同等标准	16.7	15.5	16.5
普通教育中等证书或其他同等标准	79.8	20.2	100	普通教育中等证书或其他同等标准	22.7	31.7	24.1
其他学历	76.1	23.9	100	其他学历	5.4	9.3	6.0
无学历	67.5	32.5	100	无学历	7.8	20.7	9.8
拥有全部产权	94.6	5.4	100	拥有全部产权	20.3	6.4	18.2
抵押贷款/按揭贷款	90.4	9.7	100	抵押贷款/按揭贷款	57.0	33.5	53.4
社会租赁	53.2	46.8	100	社会租赁	6.4	30.9	10.2

续表

	剥夺的风险				剥夺的构成		
	非贫困	工作贫困	总和		未遭受剥夺	工作贫困	总和
私人租赁	75.2	24.8	100	私人租赁	15.5	28.3	17.5
其他	81.6	18.4	100	其他	0.8	0.9	0.8
男性	85.8	14.2	100	男性	50.4	45.8	49.7
女性	83.4	16.6	100	女性	49.6	54.2	50.3
男性户主家庭	86.3	13.7	100	男性户主家庭	71.6	62.6	70.2
女性户主家庭	80.7	19.3	100	女性户主家庭	28.4	37.4	29.8
本地人	86.2	13.8	100	本地人	84.6	74.7	83.1
移民	77.0	23.0	100	移民	15.4	25.3	16.9
年龄				年龄			
16~29岁	81.8	18.2	100	16~29岁	13.1	16.1	13.6
30~44岁	83.5	16.5	100	30~44岁	39.7	43.2	40.2
45~59岁	85.8	14.2	100	45~59岁	41.5	37.9	40.9
60~64岁	91.7	8.3	100	60~64岁	5.8	2.9	5.3

资料来源：低于平均收入家庭及 FRS（2014~2015 年）的加权数据。

测量有可能无法充分呈现年龄较大的被调查者的真实剥夺水平，参阅 Hick，2013）。两种测量方法都显示，女性遭受工作贫困的比例会略高于男性，然而，当我们关注以女性为户主的家庭，而非性别本身时，工作贫困的社会性别效应（gendered effect）就更加明显。当然，工作贫困的社会性别效应被"家庭平均分享资源"的假定遮蔽了。某些研究曾经试图创建对"个人"的工作贫困的测量方法（e. g. Pena-Casas and Ghailani，2011；Ponthieux，2010），也就是说，只分析每个工作者自己获得的收入；这样的研究表明，"女性作为个人而言比男性更容易陷入工作贫困，而非作为家庭成员而言如此"（Pena-Casas and Ghailani，2011：213）。

（五）何以解释工作贫困的增长？

我们可能也想知道，什么信息可以解释工作贫困的增长。同样，在这里有必要区分构成视角和风险视角。在表6中，我们同时运用了风险视角和构成视角（分别在表格的左边和右边）来呈现 2004～2005 年到 2014～2015 年间贫困率的变迁。

表6 风险和构成视角下劳动年龄人口在 2004～2005 年到
2014～2015 年间贫困率（AHC 测量方法）的变迁

	风险变化（%）		构成变化（%）
完全拥有	- 0. 2	完全拥有	- 2. 9
按揭或抵押贷款	0. 6	按揭或抵押贷款	- 13. 0
社会租赁部门租户	3. 5	社会租赁部门租户	- 0. 5
私人租赁部门租户	5. 0	私人租赁部门租户	16. 7

资料来源：低于平均收入家庭的各年度数据（HB/AI, Respective years）。

就风险视角而言，我们可以看到，社会和私人租赁部门租户的贫困风险增加了（分别增加了 3. 5 和 5 个百分点）。转到构成视角，我们发现，工作贫困占比越来越大的一个群体是私人租赁部门租户。遭受工作贫困者的构成之所以发生急剧的变化，是因为这段时间中，有 10% 的抵押持有人变成了私人租赁部门租户。换句话说，租佃变更的基本构成以及私人租赁部门租户风险的提升，造成遭受工作贫困者的构成的巨大转变。在 2016 年《贫困与社会排斥监测报告》中，Tinson 等（2016：10）将私人租赁部门描述为"在许多方面反映着贫困前沿"。这里分解为两部分回答为什么情况如此：第一部分是一般人群从房屋自有向私人租赁部门的转移，第二部分是这一群体的工作贫困风险的增长。

接下来有一系列需要考虑的要点。像我们在表 6 和表 7 中呈现的那样，工作贫困的最高绝对风险存在于社会租赁部门租户中：这类租户最难避免工作贫困。这一群体的工作贫困风险已经增加了（上升了 3.5 个百分点），不过私人租赁部门租户的风险增加的更多（上升了 5 个百分点）。社会和私人租赁部门租户的风险都在上涨，这当然令人担忧。

构成视角使我们从宏观的角度来看待社会所面临的问题（Jenkins，2011：244）。过去十年经历了从房屋自有到私人租赁的重大变化。这很重要，因为构成社会的群体正在从一个低贫困风险群体（有抵押贷款的业主）向高贫困风险群体（私人租赁部门租户）转变。鉴于私人租赁部门租户在未来几年很可能会增长，工作贫困很可能会面临显著上升的压力。这种情况指向两种潜在的政策解决方案：降低高风险人群（社会和私人租赁部门租户）的工作贫困的条件风险；或者努力遏制私人租赁的潮流，这一潮流和高贫困风险是相关的。

讨论：解决工作贫困

既有的针对工作贫困展开的大部分研究聚焦于三种可被用于缓解工作贫困的政策机制：增加家庭中的劳动强度；提高工资水平，尤其是对于收入分布较低端而言；以及由于大多数研究关注大家庭的额外成本，提出的通过转移支付来满足家庭中的额外需要。

这些的确是现在我们能采取的政策杠杆，并被公认为如此（e. g. Scottish Government，2015；Crettaz，2011；Gautié and Ponthieux，2016；Bradshaw et al.，2010，inter alia）。然而，还有一些附加的次级杠杆可能被用于改善工作家庭的资源和需要之间的平衡。例如，Eurofound 的研究（近期出版）强调了他们称为"间接措施"（indirect measures）的作用，如政府育儿投入能够使人们可以工作更长时间，提升人们技能使之获取更高报酬的工作，等等。这些间接的杠杆和文献中常说的那些机制之间并不一定相互排斥。比如说，一个研究者可能通过提供额外的儿童照料来寻求提高劳动强度。最近一项对工作贫困和低薪的证据审查强调了带薪产假和公共补贴儿童保育如何能够帮助促进产妇就业，并能够有助于减少工作家庭中的贫困（McKnight et al.，2016）。确立此类间接机制有助于让人们注意到：有许多政策，或大或小，能够改变工作家庭的资源和需求的平衡，因此可能被视为解决工作贫困的部分尝试。

我们已经指出，家庭的工作强度对于工作贫困而言是一个很强的预测指标。促进与劳动力市场联系较弱的家庭的就业很可能对工作贫困产生积极影响。然而，还有额外的考虑因素。其中之一就是，不仅仅就业增长很重要，而且谁能得到补充就业也很重要。Bea Cantillon（2011）的研究表明了在大萧条（the Great Recession）之前的那些年，欧洲各地的就业改善没能显著降低贫困水平的情况：她将原因归咎于大多数补充就业是由非贫困家庭产生的。因此，重要的是补充就业尤其要发生在贫困家庭中，而且从政策视角来看，重要的是从考虑创造就业总量向更关注分布的视角转变。

同时，我们已经指出，劳动强度并不是唯一重要的方面，而且所有劳动年龄人口都就业却仍然遭受贫困的家庭占相当大的比例。因此，只聚焦于让更多人参与工作的政策路径很可能不会奏效。而且，对于以就业为中心来解决工作贫困的方法在可行性方面存在很多限制。Jonathan Bradshaw 和 Gill Main（2014）使用低于平均收入家庭 2011～2012 年的数据所做的分析表明，只有四成儿童生活的工作贫困家庭中还有成人有额外工作的潜能。

就降低工作贫困而言，同样至关重要的是提升收入分布较低端的工资水平。为此，制定和计划增加"国家最低生活工资"会增加收入分布底端的工资，并有利于低薪的工作者，是有重大意义的。到 2020 年，25 岁及以上工人的"国家最低生活工资"预计能达到 25 岁以上工人时薪中位数的 60%（D'Arcy and Kelly，2015）——目前预计会在 2020 年达到时薪 8.75 英镑（OBR，2017：58）。我们已经指出，接近一半遭受工作贫困的人生活在具有低薪成员的家庭中。

大多数研究对工作贫困关注的第三个聚焦点是福利国家的表现。对工作贫困的比较研究一直在强调福利国家的慷慨程度对于解释各国工作贫困率的作用（e.g. Brady et al.，2010；Lohmann，2009）。

在关于工作贫困的文献中，提高工作强度、解决低薪和福利国家这三部曲通常被认定为必要的政策解决方案。实践中，低薪和工作强度意在反映整个方程式的"资源端"，然而，大的家庭规模则意在描述具有额外需求的家庭。在工作贫困的以往研究中，这些额外的需求通常被假定与大家庭相关，而接下来，焦点就是福利国家与家庭分担养育儿童的成本的程度。但是我们基于 AHC 测量贫困的方法展开分析的能力——这是以往欧洲研究无法做到的——使我们能够辨识出不同家庭之间的另一个重要的（实际上重要性不断增加）区别，即他们所面对的住房成本（housing costs）不同。目前持续向私人租赁租户状态转变的趋势，在与此类租赁中家庭要付出的高成本（笔者的分析。另见 Tinson et al.，2016：10）以及住房福利的限制相结合时，意味着未来几年，住房成本可能在决定工作贫困率方面起到重要的作用。住房成本作为代表家庭面临的一种额外需求的作用应该在工作贫困文献中获得更多的关注。

对一些人而言，工作贫困的上升证明了人们经常声称的"工作是摆脱贫困的最佳途径"是错误的。我们将证明数据表明了不同的情况。家庭中有工作的人数对于贫困而言一贯是一个很强的预测指标，事实上，常常是我们在经验研究中所观察到的最有力的预测指标，在本研究和以往的研究中都如此。毫无疑问，平均而言，工作家庭要好于没人工作的家庭。但是人不是平均数，而工作没能将大量家庭提升到贫困线之上。此外，摆脱贫困的最佳途径是能发挥作用的途径，而这需要的是一条承认家庭的工作和居住环境的异质性和复杂性的途径。

在英国，工作贫困是一个日益严重的问题。政策制定者需要设法解决工作贫困的上升并且要响应那些不仅试图处理低薪问题而且设法了解家庭遭遇工作贫困的诸多原因的政策措施。如果政策制定者做不到如此，那么工作将无法为越来越多的人提供摆脱贫困的途径。

参考文献

Bennett, F. (2014), 'The "living wage", low pay and in work poverty: Rethinking the relationships', *Critical Social Policy*, 34, 1, pp. 46 – 65.

Bradshaw, J., Bennett, F., and Mayhew, E. (2010), 'In-work poverty and labour market segmentation: A study of national policies-United Kingdom', https://www. york. ac. uk/inst/spru/pubs/pdf/WorkPoverty. pdf, last accessed 1st April 2017.

Bradshaw, J. and Main, G. (2014), 'How many working poor parents might be able to work more?', University of York, Social Policy Research Unit blog post, 19th March 2014.

Brady, D., Fullerton, A. S., and Moren Cross, J. (2010), 'More than just nickel and dimes: A crossnational analysis of working poverty in affluent democracies', *Social Problems*, 57, 4, pp. 559 – 585.

Brewer, M. and Browne, J. (2006), 'The effect of the working families' tax credit on labour market participation', IFS Briefing Notes, No. 69, London, IFS.

Cantillon, B. (2011). The paradox of the social investment state: growth, employment and poverty in the Lisbon era. *Journal of European Social Policy*, 21 (5), 432 - 449.

Crettaz, E. (2011), *Fighting Working Poverty in Post-Industrial Economies: Causes, trade-offs and policy solutions*, Cheltenham, Edward Elgar.

Crettaz, E. and Bonoli, G. (2011), 'Worlds of working poverty: National variations and mechanisms', in Fraser, N. , Gutiérrez, R. , and Peña-Casas, R. (eds), *Working Poverty in Europe: A comparative approach*, Basingstoke, Palgrave Macmillan.

D'Arcy, C. and Kelly, G. (2015), 'Analysing the National Living Wage: Impact and implications for Britain's low pay challenge', Resolution Foundation Briefing, London, Resolution Foundation.

Deeming, C. (2014), 'Foundations of the Workfare State-Reflections on the Political Transformation of the Welfare State in Britain', *Social Policy & Administration*, 49, 7, pp. 862 - 886.

Dilnot, A. and McCrae, J. (1999), 'The Family Credit system and the Working Families' Tax Credit in the United Kingdom', Institute for Fiscal Studies Briefing Note 3, London, IFS.

Dwyer, P. and Wright, S. (2014), 'Universal Credit, ubiquitous conditionality and its implications for social citizenship', *Journal of Poverty and Social Justice*, 22, 1, pp. 27 - 35.

Eurofound (forthcoming), *In-work poverty in the EU since the onset of the economic and fiscal crisis*, Publications Office of the European Union, Luxembourg.

Eurostat (n. d.), 'EU statistics on income and living conditions (EU-SILC) methodology-in-work poverty, http://ec. europa. eu/eurostat/statisticsexplained/index. php/EU_ statistics_ on_ income_ and_ living_ conditions_ (EUSILC) _ methodology_ - _ in-work_ poverty, last accessed 15 April 2017.

Finch, D. (2016), 'Universal challenge: Making a success of Universal Credit', Resolution Foundation, May 2016.

Gardiner, K and Millar, J. (2006) 'How low paid employees avoid poverty: An analysis by family type and household structure', *Journal of Social Policy*, 35, 3, pp. 351 – 369.

Goerne, A. , (2011). 'A comparative analysis of in-work poverty in the European Union', in Fraser, N. , Gutiérrez, R. , and Peña-Casas, R. (eds), *Working Poverty in Europe*: *A comparative approach*, Basingstoke, Palgrave Macmillan.

Gregg, P. , Milburn, A. , Attwood, T. , Cleal, P. , Shephard, G. , Hamilton, D. , Carrie, A. M. , Guy, C. , Williams, C. and Johnston, D. , 2013. *Public attitudes towards social mobility and in-work poverty*. Other. London: Social Mobility & Child Poverty (SMCP) Commission.

Hallerod, B. , Ekbrand, H. and Bengtsson, M. (2015), 'In-work poverty and labour market trajectories: Poverty risks among the working population in 22 European countries', *Journal of European Social Policy*, pp 1 – 17.

Hick, R. and Lanau, A. (2018a), 'Moving in and out of in-work poverty in the UK: An analysis of transitions, trajectories and trigger events', *Journal of Social Policy*, First View.

Hick, R. and Lanau, A. (2018b), 'Tax credits and in-work poverty in the UK: An analysis of income packages and anti-poverty performance', *Social Policy & Society*.

Hick, R. (2016), 'Material poverty and multiple deprivation in the Britain: the distinctiveness of multidimensional assessment', *Journal of Public Policy*, 36, 2, pp. 277 – 308.

Hick, R. (2014a), 'Poverty as capability deprivation: conceptualising and measuring poverty in contemporary Europe', *European Journal of Sociology*, 55, 3, pp. 295 – 323.

Hick, R. (2014b), 'On "consistent" poverty', *Social Indicators Research*, 118, 3, pp. 1087 – 1102.

Hick, R. (2013), 'Poverty, preferences or pensioners: Measuring material deprivation in the UK', *Fiscal Studies*, 34, 1, pp. 31 – 54.

Hills, J. (2015), *Good Times*, *Bad Times*: *The welfare myth of them and us*, Bristol, Policy Press.

Horemans, J. , Marx, I. , Nolan, B. (2015), 'Hanging in, but only just: part-time employment and inwork poverty throughout the crisis', CSB Working Paper No 15/03, Herman Deleek Centre for Social Policy, University of Antwerp.

Jenkins, S. (2011), *Changing Fortunes: Income mobility and poverty dynamics in Britain*, Oxford, Oxford University Press.

Kenworthy, L. (2015), 'Do employment-conditional earnings subsidies work?', ImPRovE Discussion Paper No. 15/10, Antwerp, Herman Deleek Centre for Social Policy-University of Antwerp.

Lohmann, H. (2009), 'Welfare states, labour market institutions and the working poor: a comparative analysis of 20 countries, *European Sociological Review*, 25, 4, pp. 489 – 504.

McInnes, T. , Aldridge, H. , Bushe, S. , Kenway, P. and Tinson, A. (2013), *Monitoring Poverty and Social Exclusion* 2013: *Executive Summary*, York, Joseph Rowntree Foundation.

McKnight, A. , Stewart, K. , Himmelweit, S. M. and Palillo, M. (2016) 'Low pay and in-work poverty: preventative measures and preventative approaches', Brussels, Directorate-General for Employment, Social Affairs and Inclusion, European Commission.

Marx, I. and Nolan, B. (2014), 'In-work poverty', in Cantillon, B. and Vandenbroucke, F. (eds), *Reconciling Work and Poverty Reduction*, Oxford, Oxford University Press.

Marx, I. , Vanhille, J. and Verbist, G. (2012), 'Combating in-work poverty in continental Europe: An investigation using the Belgian case', *Journal of Social Policy*, 41, 1, pp. 19 – 41.

Millar, J. and Bennett, F. (2017), 'Universal Credit: Assumptions, contradictions and virtual reality', *Social Policy & Society*, 16, 2, pp. 169 – 182.

Nolan, B. and Marx, I. (2000), 'Low pay and household poverty', in Gregory, M. , Salverda, W. and Bazen, S. (eds), *Labour Market Inequalities: Problems and policies of low-wage employment in international perspective*, Oxford, Oxford University Press.

Office for Budget Responsibility (2017), 'Economic and Fiscal Outlook, http://

cdn. budgetresponsibility. org. uk/March2017EFO-231. pdf, last accessed 9th March 2017.

Office for Budget Responsibility（2016），'Welfare Trends Report', London, HMSO, Cm 9341.

Scottish Government（2015），'What do we know about in-work poverty? A summary of the evidence', Communities Analytical Services, Scottish Government.

Thiede, B. C., Lichter, D. T., & Sanders, S. R.（2015），'America's Working Poor: Conceptualization, Measurement, and New Estimates, *Work and Occupations*, 42, 3, pp. 267 – 312.

Pena-Casas, R. and Ghailani, D.（2011），'Towards individualising gender in-work poverty risks', in Frazer, N., Gutierrez, R, and Pena-Casas, R.（eds），*Working Poor in Europe: A comparative approach*, Basingstoke, Palgrave Macmillan.

Ponthieux, S.（2010），'Assessment and analysing in-work poverty risk', in Atkinson, T. and Marlier, E.（eds），*Income and Living Conditions in Europe*, Luxembourg, Publications Office of the European Union.

Scottish Government（2015），'What do we know about in-work poverty? A summary of the evidence', Communities Analytical Services, Scottish Government Social Research.

Tinson, A., Ayrton, C., Barker, K., Born, T. B., Aldridge, H. and Kenway, P.（2016），*Monitoring Poverty and Social Exclusion* 2016, York, JRP & NPI.

附录：物质剥夺指数

低于平均收入家庭的物质剥夺指数包括了下列9个项目。物质剥夺指数是对被调查者缺少的物品数的简单加总，而被调查者缺乏物品的原因是缺乏资源（而不是因为不想要这件物品，或其他原因）。所有的物品被赋予同样的权重，而且一个家庭中所有的成员得分相同。物质剥夺指数是由下列9个项目构成的：

1. 能够每年负担一次一周的假期（并非住在亲戚家）；

2. 有足够的钱使你的家保持一个良好的装饰状态；

3. 有能力购买家庭物品保险；

4. 有能力在每个月存下 10 英镑或者为困难时期或退休存更多钱；

5. 有能力更换任何破旧的家具；

6. 有能力在主要的电器产品坏掉时进行更换或修理；

7. 有能力每周在自己身上花一小笔钱，而不是花在家庭上；

8. 被调查者是否能够按时支付账单和定期还款；

9. 在冬天的时候，你是否能负担让你的房间足够暖和的取暖费。

（高云红① 译，梁晨 校）

---

① 高云红，社会学博士，哈尔滨商业大学社会工作专业讲师，研究方向为城市社会学。

中

现代城市社区的双重二元性及其发展的中国路径[*]

肖　林[**]

摘　要　本文从现有城市社区研究中存在的一些片面认识出发，以新型物业小区为原型指出现代城市社区具有"双重二元性"，亦即"共同体与社会的二元性"和"国家与社会的二元性"。在此基础上，文章进一步阐述了新型社区发展的中国路径所具有的六个方面显著特点。现代城市社区的双重二元性及其发展的中国路径特点无论对于社区建设实践还是社区理论研究都具有重要的意义。

关键词　现代城市社区　双重二元性　中国路径

一　问题的提出

多年来，我国在社区理论研究和社区建设实践上都取得了丰富的成果，但同时仍然存在很多对"社区"的片面认知和主观想象，值得我们反思。

首先是理论层面的讨论。笔者概括为以下几种不同假设或预

[*]　本文刊发于《南京社会科学》2012 年第 9 期，中国人民大学书报资料中心《复印报刊资料·社会学》2013 年第 1 期全文转载。

[**]　肖林，中国社会科学院社会学研究所副研究员。获得清华大学社会学博士学位。他的研究兴趣涉及城市社会学、政治社会学和社区研究。

设。一是"功能替代原因假设"，认为单位制解体后"社区"能够取代单位制而发挥基层社会整合的作用，"单位人"在成为"社会人"之后会进一步自动地转变为"社区人"。这类观点把社区可能发挥的特定功能视为其生成和发展的原因，从而忽视了现实社区发展所需要的前提条件和存在的种种障碍。二是"城市现代化和社区消亡论假设"，认为随着全球化、市场化和社会分工的不断发展，现代城市社区已经逐渐失去传统的"共同体"特征而成为"互不相关的邻里"，似乎市场越发达、社会服务越完善，人们对地方性空间的依赖性就越弱，相应地就更应该去关注"脱域的共同体"而非邻里社区。这类观点过于强调"现代性"因素对"传统"的销蚀作用，而忽视了邻里生活即使在现代化条件下仍然是人们最为自然的一种联系方式和生活方式，它不仅涉及直接物质利益的满足，而且与人们深层次的精神需求满足和基本的人性密切关联。三是"公民社会导向假设"，认为城市社区能够充分发育成不需要国家干预的、完全自治的"共同体"，而且在社区自治的基础上能够进而有助于独立的公民社会的出现。这类观点大多沿用"国家—社会"二分法把两者看作此消彼长的对立关系，既忽视了两者彼此渗透、互相影响和塑造的关系，也忽视了"国家"和"社会"两者内部都发生了分化而且其边界在基层社区中都变得模糊不清的现状。

其次是实证层面的一些讨论。这些讨论在笔者看来或多或少都存在以偏概全的问题，属于某种"社区简化论"，其直接原因在于以某种类型的社区来代替整体，以社区的某个侧面来代替全貌，或者以社区发展的某个阶段来推断一般趋势。比如：有些研究认为邻里关系在传统街坊式小区最浓厚而在新型商品房小区最淡薄；并且认为社区参与程度普遍较低且不平衡，社区只对弱势群体和老年人群体才具有重要意义，对于中青年居民缺乏吸引力。事实上，很多新型物业小区内的邻里交往丰富多彩，即便工作繁忙的中青年业主也非常踊跃地参与自发的社区活动。再比如，有的研究把小区业主维护房产权益的"物业自治"等同于"社区自治"，或者说把内涵更为丰富的社区建设简化为物质利益领域的维权行动。其实，很多因突发性维权事件而临时团结起来的小区业主在维权运动告一段落之后都面临着如何回归日常生活展开多层次的社区建设的问题。还有些研究似乎把社区当作了一个先天存在的自在之物，忽略了社区的"生成性"和新型物业小区的"社区化"过程，并由此研究社区治理结构和社区组织间关系的问题；特别是存在着把"社区研究"简化为对社区正式组织（社区居委会、业主委员会等）及其组织间关系研究的倾向。另外，还有些研究在研究对象上，过多地关注了社区精英（既包括业主维权骨干，也包括居委会主导下的积极分子）和冲突性事件，而忽视了普通社区成员和日常生活实践的视角。

因此，我们需要回到理论原点来分析"现代城市社区"究竟有什么样的基本属性，同时结合中国的当下实践来分析在社会转型和市场化、城市化进程中，新型城市社区发展的中国路径又有哪些显著特征。

二 现代城市社区的双重二元性

在本文中，"现代城市社区"的现实原型是住房商品化和私有化改革之后出现的以物业管理小区为物理边界的相对独立的城市居住单元。其区别于传统城市邻里社区的特征包括以下几个方面：住房产权私有、通过付费方式获得市场化或准市场化物业管理和服务、有共同居住利益和集体消费体验、有明确的成员资格、排他性享用的配套设施、有着比较清晰的边界（空间范围和象征性边界），并在此基础上形成一定的社区认同和社区归属感。

（一）共同体与社会的二元性

"共同体"（Gemeinschaft）与"社会"（Gesellschaft）是德国著名社会学家滕尼斯（1999）对人类关系和结合形式做出的抽象

二元划分法和理想类型。滕尼斯的理论带有浓厚的心理学色彩，他（1999：31）认为"一切社会的实体都是心理的本质的人造物，它们的社会学的概念同时也是心理学的概念"。因此，在滕尼斯那里，前者是指由"本质意志"（表现为本能、习惯和记忆）推动的，以统一和团结为特征的社会联系和组织方式，它以血缘（家庭）、地缘（村庄）和精神共同体（友谊或信仰团体）为基本形式。后者则是由"选择意志"（表现为深思熟虑、决定和概念）所推动的，有明确目的并以利益和契约为基础的社会联系和组织方式，特别是财产的联合形式，如企业法人、股份公司、协会等乃至国家。在滕尼斯（1999：54）看来，"共同体本身应该被理解为一种生机勃勃的有机体，而社会应该被理解为一种机械的聚合和人工制品"。所以，"共同体"里的结合大于分离，而"社会"里的分离大于结合。同时，"共同体是古老的，社会是新的"（滕尼斯，1999：53），随着市场化、城市化和个人主义的普遍发展，天然形成的"共同体"不可避免会被人为设计的"社会"所不断取代。笔者曾指出，在中国城市社区中，滕尼斯的"共同体"和"社会"、韦伯（2005）的"共同体"关系与"结合体"关系的层面同时存在。前者表现为地域内的兴趣团体和非正式组织、邻里的日常交往等，后者表现为正式组织（特别是业主组织、物业公司）与基于产权的各项制度安排（《物权法》和《物业管理条例》）。如果将这两个方面简单概括描述为社区生活建设和社区制度建设，我们会发现它们之间存在着互相影响甚至互为因果的关系（肖林，2011）。笔者在此进一步地用表1来概括现代城市社区中存在的"共同体与社会的二元性"特征。

表1 共同体与社会的二元性

	共同体	社会/结合体
群体性质	首属群体，邻里和情感团体	次属群体，利益团体
组织方式	自发邻里网络兴趣爱好团体	业主组织（业主大会、业主委员会等），居民组织（社区居民委员会）

	共同体	社会/结合体
空间属性	生活空间——"大家庭"的隐喻	消费空间——"股份公司"的隐喻
联系纽带	日常交往、兴趣爱好、道德伦理、信任与互惠关系、认同感和归属感	住房利益的关联性/一致性、集体消费、权利束和契约关系、权责意识
身份基础	基于居民（实际居住）身份	基于产权和户籍身份
两者关系	两者存在明显差别，但又互相影响甚至互为因果	
时代背景	从传统社会向现代社会的转变过程	

笔者认为，在缺乏生活共同体发育的新型物业小区，即使其产权治理制度和组织设计再完善也很难真正发挥有效的作用。正如帕特南（2001）在《让民主运转起来》一书中提出的观点：同样的政治制度创新在不同公民文化传统的地区有着不同的治理绩效，"公民共同体"和社会资本（民间参与网络及它所体现的互惠和信任）对于制度的成功至关重要。因为从制度设计上看，国家的宏观制度供给对所有物业小区都是一样的（《物权法》《物业管理条例》《业主大会召开议程》等），省市层面所实施的具体规章政策也相同，而在同一个城市内部的不同物业小区的治理情况却千差万别，有的步入良性合作局面，有的则陷入冲突和混乱。一方面，社区日常生活中不断地孕育出新的社会资本、社区热心人和社区能人；另一方面，制度设计中业主委员会作为业主代表大会的执行机构往往面临一系列的困境，包括缺乏信任和监督、缺乏人才和资源等。如果不考虑生活共同体的发育程度，我们将很难解释在社区治理效果上的巨大差异，而这恰好体现出现代城市社区中"共同体"与"社会"因素之间相互辩证关系的重要性。

（二）国家与社会的二元性

首先必须明确指出的是，此处的"社会"——独立于国家力量之外的领域，在内涵上区别于前面所说的"社会"——指社会成员的一种结合方式。滕尼斯（1999：318－319）正是在相对于

"共同体"的意义上，才把国家看作社会的一种形式："国家具有双重的性质：它首先是普遍的、社会的结合……但是其次，国家就是社会本身，或者就是社会的理智。"

国家与社会的关系始终是中国社会学关注的核心问题，同时也是社区研究中最具影响力的研究范式。社区建设和社区研究从一开始在实践上就存在着是培育民主自治还是加强行政管理的张力，在理论上存在着究竟是公民社会崭露头角还是国家威权得以维系再造的争议（肖林，2011）。对于社区中最重要的组织——社区居民委员会，现有的研究大多强调这一组织本身的"二元性"，或者说行政性与社会性的双重功能，认为它一方面代表国家，是国家在最基层的"代理人"和行政权力的末梢；另一方面也代表居民利益，因而具有半国家半社会的性质。大多数学者都担心由于居委会的过度行政化，它在很大程度上丧失了自治组织的法理性质，因此大力呼吁政府向社区居委会放权、赋权。由此也导致了不少地方大力推行社区"议行分设"的改革。然而，在"议行分设"改革之下，原来被视为具有双重性质的社区居委会由于既缺乏资源也缺乏权威变得更加边缘化和虚化，而社区工作站则成为国家在最基层的直接代理人，取代了社区居委会原来作为"政府的腿"的功能。

对于邻里空间的性质，有的学者将其描述为"一个国与家之间的流动的公共空间"，它是现代社会中国家、家庭主义和市场主义等各种力量共同作用的产物，构成了一个并不独立但相对自治的空间（朱健刚，2010）；有的则将邻里定义为"一个具有政治—社会性质的复合体"，在此处，国家与社会的关系处于一种"黏连"状态（桂勇，2008）；还有一些学者认为基层社区实际上具有"国家与社会间第三领域"的性质（郭伟和，2010）。从"国家与社会的互动实践"的视角来看，基层社会自治的发育也是国家干预和制度安排的产物，"'社会'并非'国家'的对立物，而是浸透着国家的身影和力量"（王汉生、吴莹，2011）。一些学者认为

"国家"与"社会"都在改革进程中不断地分化和碎片化,两者在邻里层面的边界模糊不清、彼此共生、互相影响,因此呼吁用"多元行动者取向"的分析来取代"国家—社会"的分析范式(马卫红、桂勇、骆天珏,2008;桂勇,2008;刘威,2010)。

笔者认为,现代城市社区依然具有"国家与社会的二元性",两种力量彼此交织,或矛盾或合作,甚至可能同时体现在具体行动者身上。只不过国家对于社区的作用方式发生了改变,国家始终在影响着邻里共同体的发育和社会资本的生成;而社会本身也在不断地对国家的角色提出新的挑战。我们用表2来更为完整地阐述现代城市社区中"国家与社会的二元性"。

表2   国家与社会的二元性

	国家	社会
组织性质	国家基层政权(代理者)	各类居民组织
组织形态	社区党组织、社区工作站、社区居民委员会	社区居民委员会、业主组织、其他社区组织和民间团体、社区网络
组织化特点	正式组织、纵向控制科层化的组织方式	正式和非正式组织、横向联系网络化的组织方式
空间属性	国家控制或治理的基本空间单元	社会空间、阶层化的居住和消费空间
作用方式	向社区授权、放权(事权),为社区建设提供各类资源,支持垄断,对其他社区组织合法性的认定,利用制度、政策设计,引导社区发展	社区居民的自我交往、互助和彼此约束,对财产管理和社区秩序的自治倾向以及对外来干涉的抵触和排斥,存在着从财产权向公民权的发展趋势
两者关系	两者相互渗透、彼此竞争、冲突或协商合作	
时代背景	转型时期国家与社会关系的重构	

三   转型时期现代城市社区发展的中国路径

在迅速的城市化过程中,我国的房地产市场机制和利益格局、国家相关的法律体系不完善,行政权力也存在着诸多"越位"、

"错位"或"缺位"的问题，加上人口的空间迁移以及社会分层结构的变化等因素，导致了新型城市社区在中国的发展路径与西方发达国家有着明显的差别，自身特征显著，我们可以称之为"现代城市社区发展的中国路径"。在研究现代城市社区时必须考虑这种路径依赖对于社区发展的重要影响。

（一）房地产市场与阶层化社区的形成

房地产市场对社会成员具有居住分层和空间聚集效应，这其实是一个普遍性的现象。随着国有土地使用制度和住房分配制度商品化、市场化改革，中国城市原有的以单位大院或传统邻里为基础的居住格局也逐渐被市场化的住宅小区所取代。城市土地的级差地租直接导致了住宅价格的梯度差别，不同住宅小区在所处地段、建筑品质、容积率、绿化率、配套设施、物业服务水平等方面也都存在着明显差别。住房不仅是人们生活的必需品，而且越来越具有"地位商品"的属性。雷克斯和莫尔（Rex, J. and Moore, R., 1967）就曾经沿着韦伯主义视角综合了分配途径（市场和科层）、区位优劣和产权归属等因素来定义和划分出不同的"住房阶级"（Housing Class）。

在一定意义上讲，中国社会结构的阶层定型化是与居住空间的阶层化密不可分的，两者是同一个过程的两个方面。具体而言，房地产价格的筛选机制、社会结构的阶层分化与业主个体的自主选择结合在一起共同塑造了居住小区的阶层化。在同一个住宅小区内，业主的社会经济地位和价值观彼此接近，业主所处生命历程阶段彼此相似（这一点往往被现有的研究所忽视），并且拥有共同的住房利益。如果不考虑高端的别墅小区和低端的拆迁安置小区或保障性住房小区，那么大多数城市新型物业小区都可以被视为"中产阶层社区"，同时空间上的聚居和日常互动也反过来为中产阶层强化彼此的身份认同、形成自身的价值观和生活方式提供了客观基础和载体，并且为之提供了不同的生活机会。正如罗根和莫洛奇（Logan and Molotch, 1987）所指出的，如同阶级和世袭等级一样，邻里社区也影响着人们的生活机会。因此，为了理解生活机会的分布情况，需要将场所的分层（the stratification of places）与个人的社会分层（the stratification of individuals）联系起来考虑。

（二）新型城市社区中"共同体与社会的二元性"的生成性

在新型城市社区中，"共同体与社会的二元性"的两个侧面都经历了从无到有的发展过程。因此，对它的研究就必须区分和联系其不同的发展阶段，以免做出以偏概全的判断。

从"生活共同体"发育的角度看，新型城市社区本身存在着一个从"陌生人社区"到"弱熟人社区"乃至"熟人社区"的发展过程。新型城市社区中的居民来自全国各地和各行各业，他们最初的共同点只是买了同一个小区的房产。因此对于所有社区成年人而言都面临着一个崭新的"再社会化"过程，这也是一个学习平等交往、寻朋觅友、沟通协商、达成共识、互惠合作的过程。对于社区老年人来说，退出工作领域之后的失落感和孤独感迫切地需要有新的满足方式，同时老年人日常生活照料问题也日益凸显。由此我们看到在很多新型物业小区中老年人自发地形成了各种文体活动团体（主要集中在唱歌、舞蹈、书画、棋牌、健康养生等方面）和老年人的生活互助网络。而对于社区中的青年人来说，虽然工作占据了他们大多数的时间和精力，但社区作为天然的日常生活之所，仍然以空间接近的低成本优势为其提供了诸多的社交机会。我们同样可以看到在许多新型社区中，青年业主们围绕着住房装修验收、房产权益维护、兴趣爱好活动（包括旅游、汽车、摄影、美食、运动健身、宠物、音乐艺术、电脑技术、理财投资等五花八门的方面）、子女抚养教育等主题不断地形成和扩大自身在社区内的社会交往网络。至少对于一部分业主和居民来说，邻里社区不仅成为他们的"地域共同体"而且也成为他们的"精神共同体"。

另外，从产权和契约的角度看，新型城市社区也经历着一个从分散的单个房产利益的机械集合到共同房产利益的有机整合的发展过程。很多新业主在开始时对于公共面积的分摊、配套设施的产权归属、公共部位的经营收益等问题都不甚了解，对相关法律法规也不甚熟悉，正是在不断学习的过程中他们更清楚地认识了自身的法定权益和彼此之间的利益交集，并在此基础上产生了更为强烈的维权意识和组织化需求。从业主组织的具体形态上看，除了法定的业主大会和业主委员会，在实践中还陆续地自发出现了多样化组织形态，包括：业主代表大会、业主监事会/监督委员会、楼宇业委会、业主顾问团等形式。在业委会与社区内其他"几驾马车"（社区居委会、社区工作站、物业公司）的关系上，也出现了制度化的多方联席会议等沟通协商平台。这些组织和机制创新在很大程度上都是为了克服和解决普通业主参与公共事务决策的门槛过高、业主委员会权力过度集中而缺乏必要监督、扩大业委会的民意基础和专业性基础等重要问题。

（三） 新型城市社区中"国家与社会的二元性"的非同步性

在新型城市社区的诞生和发展过程中，"国家与社会的二元性"两个侧面并不平衡，前者的建设往往滞后于后者的发展。在新型城市社区，"国家"一方面是逐渐"退出"的过程，而另一方面则又是由"不在场"到逐渐"入场"的过程，而"社会"层面则是一直在发展的。

特别是在城市迅速扩张地区，国家基层政权和社区组织建设滞后于社区自我生活的发展。由于快速城市化和城市郊区化的发展，一些原来城市边缘的农村地区在短期内建立起大量的商品房小区。这些小区的业主大多是在城市里工作的白领阶层，文化素质和收入水平相对较高，对生活质量的要求也较高。但这些地区的社会管理方式和组织建设却严重滞后，不仅没有及时建立起相应的社区居委会或社区工作站，而且还沿用农村原有的管理机构，形成了"对城市居民的农村式管理"的矛盾状况。因此，业主们不得不自发地形成正式或非正式组织来进行组织管理和服务。

同时，国家对城市新型社区的控制方式也发生了转变，它并不直接干涉房屋财产和小区内日常秩序的管理，甚至是逐渐退出而把责任交给市场组织和业主自身，但是把重点转向对业主组织的控制权。这直接表现在地方政府和职能部门试图掌控业主委员会的选举、改选过程，凭借影响其人事安排或认定其组织合法性的手段来更好地贯彻自身意图。因此也引发了来自业主的不满，具体体现出"国家"与"社会"之间的张力。

（四）负面外部环境对新型城市社区发展的推动作用

这里所说的"负面外部环境"主要是指房地产市场利益格局的不平衡（特别是权力与资本的纠结不清）、城市公共服务的不完善以及城市政府在重要决策上的缺乏透明性，这些因素均迫使社区成员采取各类集体抗争行动，由此大大推动了社区参与和社区意识的发展。

房地产市场上利益格局的不平衡导致业主的物权利益被严重侵犯，导致近十年来全国各地此起彼伏的业主维权运动。业主的维权指向主要集中在开发商和物业公司的各种违约和侵权行为上，包括违法变更小区规划、绿化缩水、公摊面积计算不合理、社区配套设施被取消或挪用、公共部位收益归属、物业费收取等。同时，在现有法律体系和权力结构中不合理因素的影响下，这些"初级问题"未能有效解决会进一步地演变成或诱发出新的"次级问题"。

此外，在城市迅速扩张地区，小区周边的公共服务供给也严重滞后。由于不少新型物业小区是在原农村地区开发兴建而成，其交通、水电、学校、医疗等公共配套设施和服务严重不足。这些基本生活需求的满足类似于卡斯特（Castells，1977）所说的"集体消费"，它的特点在于其生产不被资本所保证之必需品的消费，因此应该由国家来承担，而且正由于国家的不断介入而使得城市问题愈发政治化。在他看来，城市组织不是简单的空间形态布局，而是家庭日常消费模式集体处理过程的表达。消费的手段不仅在特定空间单元中越来越集中化，而且也越来越集体化；民众对于政府提供"集体消费"的不满导致都市社会运动的高涨（Castells，1983）。罗根和莫洛奇（Logan and Molotch，1987）也借鉴了卡斯特的集体消费概念，并将它视为形成空间特殊使用价值的基础。场所在个人之间建立起一种特殊的集体利益，通过"集体消费"的形式，同一地区的居民形成一种共同利益。每一个场所都具有一个特定的政治和经济地位从而影响着生活在其中的人们的生活质量和生活机会。从居民的角度来看，创造和捍卫邻里空间的使用价值是一个核心的城市问题。在中国，这种基于空间的"集体消费"与住房私有化密切相关但又不能简单地等同于住房私有。例如，除了业主针对自身小区内部的维权运动，当下的中国城市中还出现不少类似于西方发达国家现代城市社区的双重二元性及其发展的中国路径的"邻避"现象（"NIMBY"，即"Not In My Back-Yard"——"别在我家后院"），特别是有负面外部性和潜在风险的城市公共建设项目的选址不当引发了小区业主的强烈抗议。

总的来说，这些来自外部的"敌人"或威胁促使社区内部团结的增强，这是地缘共同体的一个重要特征，或者说由于共同生活而非仅限于共同财产而形成彼此相互依赖的关系。

（五）社区人口结构变化对新型城市社区发展的影响

中国特有的传统家庭价值观也深刻地影响着现代城市社区的发展。在新型城市社区中，我们可以看到这样一种人口结构的变化趋势：年轻人工作后有了一定的经济积蓄并成家置业，然后生子，退休的父辈追随着独立生活的子辈来到陌生的城市并照顾他们的年幼的孙辈。如果说从整个社会结构的宏观角度看，中国的城市家庭规模和结构存在着一个不断"现代化"的趋势，即从"主干家庭"向"核心家庭"转变的趋势。那么，我们从新型物业小区的微观视角来看，却能够发现一个相反的发展过程，即从"核心家庭"扩展为"主干家庭"。社区人口结构的变化，使得社区不同人群以不同的方式和程度参与到社区建设中来。

从这个角度讲，组成社区的最小单位不是个人（比如具有法律地位的业主），而是家庭。我们再一次可以看出"社区"与"物业小区"的不同，如果考察社区发展和社区建设，我们必须将"家庭"视为组成单位和行动单位，如果考察物业小区的管理，我们则更多地关注"业主"身份和理性选择。而在现有的物业管理的法律体系中，恰恰排斥了非业主的家庭成员参与物业管理的资格。我们认为，这一细节恰好反映了现代城市社区"共同体与社会的二元性"内部的张力和矛盾。由于代际差异，中老年人存在着由"单位人"向"社会人"和"社区人"的转化，但在这种转化过程中仍然能看到"单位制"的影子并受其影响，他们长期受到单位文化的熏陶而在新型社区中寻找组织上的归属感并更为积极地配合政府或社区居委会主导和支持的各项工作。而体制外就业的青年人并没有经历典型的单位制，他们一开始就直接由"社会人"向"社区人"转化，而且随着下一代的出生而逐渐更多地重视和涉入社区生活。他们的社区参与领域与组织、动员方式均与其父辈有着显著的差别。

（六）新型城市社区：城市化和网络化、现实社会与虚拟社会的微观结合点

互联网具有多中心、分散化、扁平化、开放性和透明性等内在特点，一旦与现实生活相结合，就充满了巨大活力，成为一种"无组织的组织力量"（克莱·舍基，2009）。

近十多年来，中国快速城市化和房地产市场兴起的时期恰恰也是互联网迅猛发展的时期。这两种宏观力量的有机结合恰恰体现在新型城市社区及其相应的网络业主论坛上，但这一重要趋势被现有的社区参与和社区治理研究所严重忽视。目前对互联网的多数社会学研究仍然把它视为带有"虚拟"特征的对象，忽视了业主论坛、社区网站与现实社区的高度重合而兼有"虚拟性"与"真实性"的双重特征。

　　新建小区的业主们在房产权益维护、生活服务配套等方面面临相同的处境和问题，大多数业主在年龄、收入、职业、受教育程度上也相近，他们迫切需要一个可以沟通交流和自我组织的公共平台，而具有开放性、及时性、互动性的网络论坛则为此提供了很好的载体，而业主论坛相对于一般的网络论坛而言更容易克服匿名性所造成的言论不负责任、缺乏信任等不足。早在 2000 年左右，房地产门户网站（如搜房网、新浪房产）开始为广大业主提供免费的业主平台；与此同时，一些懂电脑和网络技术的业主也自发搭建早期的 BBS 论坛，有些后来演变形成综合性社区网站。此后，各个城市的业主论坛蓬勃发展。据笔者 2010 年 7 月间的统计，仅在"搜房网"上就有全国 30 个重点城市超过 4.3 万个小区业主论坛。业主论坛发挥着信息传递、经验交流、公开讨论、凝聚共识、组织活动等至关重要的作用。

　　首先，业主论坛和社区网站一经出现就成为业主维权的天然阵地和有效动员组织手段。不难发现，业主维权是很多小区论坛上最为热门的一个主题或版面。网络不仅把开发商和物业的各种侵权行为迅速地公布于众，业主也在彼此的讨论、争论过程中不断地进行自我教育和总结经验，而且网上维权活动更有公开性和透明性。

　　其次，业主论坛对于邻里日常交往也有着非常积极的推动作用。来自四面八方素不相识的业主通过地缘（同一小区）而相聚，正是在论坛上通过各种兴趣话题（趣缘）而逐渐相识相知。各种兴趣版面最重要的作用就是帮助原先彼此陌生的人们建立起新的社会关系和社会资本，将原子化的个人重新凝聚在一起并建立起社区归属感。在虚拟社区中建立起联系的网民也逐渐走向线下，在现实生活中彼此建立起信任，参与共同的社区活动。同时，社区网站站长、论坛版主和资深网友等以网络身份获得了新的社会权力（权威）和声望，在网上和网下社区生活中都扮演了重要的公共性角色，成为社区网络中的关键节点；即便是普通业主也通过社区网获得了更多的话语权、监督权和参与机会。

此外，业主论坛还成为业主群体与地方政府、开发商和物业企业沟通和对话的渠道。通过业主论坛，业主增强了自身的话语权和组织动员能力，引起政府和企业越来越多的重视。不少业主论坛上都开设了社区居委会或物业公司的专门版面，为业主投诉、建议等提供新的渠道，而基层政府和企业也更为主动地关注论坛上的民意动态并调整自身的工作方式。

可以说，社区网和业主论坛是与新型社区共同成长起来的，两者相辅相成，而前者日益成为社区居民的"精神家园"和微观公共领域，同时也改变着社区组织和基层政府的原有运行方式。

四　简短的结论

社区是一个的天然的扁平化、多元化社会场域，也是一个以日常生活为主轴的综合性社会空间。社区生活的日常性、草根性和多样性，社区成员间的平等性和社区组织的非正式性、非科层性使得它成为一个观察社会生活的独特"窗口"。现代城市社区中不仅包含基于房产利益的契约关系和利益组织，还包含更为丰富的邻里交往和精神生活内容。同时，以生活空间为载体的新型城市社区正在成为社会成员一种新的身份认同基础，并且为其成员在国家和工作领域之外的权力（实际权力和话语权）与社会声望的获得、成就感的满足提供了新的来源。

在转型时期的中国，城市社区是一个基层社会不断地"国家化"（国家基层政权建设）、"市场化"（建立契约关系）和"社区化"（围绕日常生活的社会整合）三者合一的场域，社区建设也是这三者共同交织的过程。现代城市社区在中国发展路径的几个显著特点提醒我们在借鉴西方理论来研究中国城市社区的发展时必须在对其审慎地改造后加以运用。对于现代城市社区而言，我们与其讨论"现代性"是如何威胁与消灭"传统"的，不如讨论在现代社会的条件下传统之重建与再生如何可能；与其讨论"国家"

与"社会"在基层社区中如何此消彼长，不如讨论两者如何互为因果。无论是国家力量还是市场力量想要渗透其中并取得一定的"成功"，都必须调整自身以适应社区的这些基本特性。同时，国家、市场和社会的复杂互动也为社区发展提供了新的机遇或制造了新的障碍。现代城市社区的两重二元性及其发展的中国路径特征必将长期影响社区建设的实践发展和社区研究的理论发展。

参考文献

克莱·舍基：《未来是湿的：无组织的组织力量》，中国人民大学出版社，2009。

桂勇：《邻里空间：城市基层的行动、组织与互动》，上海世纪出版社，2008。

桂勇、黄荣贵：《城市社区：共同体还是"互不相关的邻里"》，《华中师范大学学报》（人文社会科学版）2006 年第 6 期。

郭伟和：《街道公共体制改革和国家意志的柔性控制——对黄宗智"国家和社会的第三领域"理论的扩展》，《开放时代》2010 年第 2 期。

何海兵：《"国家—社会"范式框架下的中国城市社区研究》，《上海行政学院学报》2006 年第 4 期。

李友梅：《社区治理：公民社会的微观基础》，《社会》2007 年第 2 期。

刘春荣：《国家介入与邻里社会资本的生成》，《社会学研究》2007 年第 2 期。

刘威：《"行动者"的缺席抑或复归——街区邻里政治研究的日常生活转向与方法论自觉》，《南京社会科学》2010 年第 7 期。

罗伯特·D. 帕特南：《让民主运转起来》，王列、赖海榕译，江西人民出版社，2001。

马卫红、桂勇、骆天珏：《城市社区研究中的国家社会视角：局限、经验与发展可能》，《学术研究》2008 年第 11 期。

滕尼斯：《共同体与社会——纯粹社会学的基本概念》，林荣远译，商务印书馆，1999。

王汉生、吴莹：《基层社会中"看得见"与"看不见"的国家——发生在一个商品房小区中的几个"故事"》，《社会学研究》2011 年第 1 期。

王小章、王志强：《从"社区"到"脱域的共同体"》，《学术论坛》2003 年第 6 期。

韦伯:《韦伯作品集 7:社会学的基本概念》,顾忠华译,广西师范大学出版社,2005。

肖林:《"'社区'研究"与"社区研究"——近年来我国城市社区研究述评》,《社会学研究》2011 年第 4 期。

张磊:《业主维权运动:产生原因及动员机制——对北京市几个小区个案的考查》,《社会学研究》2005 年第 6 期。

朱健刚:《国与家之间:上海邻里的市民团体与社区运动的民族志》,社会科学文献出版社,2010。

John R. Logan and Harvey L. Molotch. 1987, *Urban For-tunes: The Political Economy of Place*. Berkeley and Los-Angeles: University of California Press.

Castells, M. 1977, *The Urban Question: A Marxist Approach*. Cambridge, MA: MIT Press.

Castells, M. 1983, *The City and the Grassroot: A Cross-cultural Theory of Urban Social Movements*. London: Adward Armold.

Rex, J. and Moore, R. 1967, *Race, Community and Conflict: A Study of Sparkbrook*. London: Oxford University Press.

The Double Duality of Modern Urban Community and Its Development Path in China

Xiao Lin *

Abstract: Starting from the analysis of some biased arguments in

* Xiao Lin is an associate professor from Institute of Sociology, Chinese Academy of Social Sciences. He received his Ph. D. degree from Tsinghua University. His main interest of research is urban sociology, political sociology and community studies. His publication includes local governance and community development, deliberative democracy at grassroots level, and urban regeneration. Xiao is also a member of the National Committee of Experts on Community Building of the Ministry of Civil Affairs and also consultant for some local governments. Email address: xiaolin@ cass. org. cn.

present urban community studies, this paper points out that there is a "double duality" in modern urban community (using proprietary communities as a prototype) which is composed of "the duality of community and society" and "the duality of state and society". Furthermore, the author discusses six significant characters of the Chinese development path of modern urban communities. This double duality of modern urban community and its development path in China are of great importance to both practical community construction and theoretical community studies in today's China.

Keywords: modern urban community; double duality; Chinese path

"政府造社会"：社区公共服务领域的"社会生产"实践

史云桐[*]

摘　要　城市社区居民的自组织，一直被看作"社会生产"的可能路径之一。近年来，地方政府在城市社区公共服务领域的"供给侧改革"，似乎开启了一条以政府他组织的方式促进社会自组织的"社会生产"新路径。本文通过分析"政府造社会"的含义、动力来源、实现渠道和实际效果，指出尽管"生产社会"在很大程度上仍只是地方政府在优化基层社会治理结构过程中的"未预结果"，但客观上为社会的生产提供了更多的空间、机会和可能性。同时也应看到，国家的外部赋权并不必然促成社会的内部增能，有时反而可能加深社会对国家的依赖、造成社会内部的撕裂，或是强化基层政府的管控。也许，只有通过"完整赋权"，才能使"政府造社会"成为社会生产的更有效路径。

关键词　政府造社会　社区公共服务　社会的生产相互增能

---

* 史云桐，中国社会科学院助理研究员。在清华大学获得硕士和博士学位。她的研究兴趣包括城市和政治社会学。

一 "相互对抗"还是"相互增能"：重返国家与社会关系

"国家—社会"关系问题，长久以来都是中西方社会学研究者关注的重点和焦点问题之一。西方研究者关于"社会"，尤其是"市民社会"的论述，是在西方国家特定的历史情境中生发出来的，最早源于亚里士多德在《政治学》一书中提出的"政治社会"（Poltike Kornonia）的概念，意指有别于自然社会的城邦社会，后被西塞罗转译为拉丁文的"Civilis Societas"，意指文明社会（赵静，2014）。黑格尔和马克思关于市民社会的论述，是伴随着资本主义由自由竞争进入垄断而逐步深入的。"社会"的概念还有两大重要理论来源，其一是安东尼奥·葛兰西提出的"市民社会"（civil society），主要指19世纪末欧洲和美国大规模发展起来的教会、行会、公会、教育团体、志愿团体、利益群体等，是在和霸权（hegemony）国家既勾连又斗争的情境中生成的；另一个是卡尔·波兰尼提出的"能动社会"（active society），主要指19世纪英国的工会、合作社、工厂运动组织等，旨在以社会行动避免市场的无节制扩张，是在与市场的矛盾制衡关系中生成的（Burawoy，2003；布洛维，2007）。不难看出，在相当长的一段时间内，西方国家的"国家—社会"关系，都是以一种二元分化、对抗挤压、拉扯角力和相互制衡的状态呈现出来的。

类似的，海外早期关于中国改革开放前"国家—社会"关系的研究，如全能主义理论（totalitarianism）和利益集团理论（interest group），为后来的"国家—社会"关系研究设定了一个基础性思维框架，即将国家和社会置于一个连续统（continuums）的两极，国家一极意味着"全面控制社会"，社会一极意味着"自由多元主义，甚至无政府主义"（刘安，2009）。这也在某种程度上给世人造成了一种错觉，即认为国家与社会之间的关系，在多数情况下是相互对立、此消彼长和零和博弈的。

自 1990 年代以来，国际学术界开始逐步反思"国家—社会"的简单二元对立，强调国家和社会的相互增能（mutual empowerment），以及公私部门间相互合作的伙伴关系（顾昕，2004）。比如，黄宗智（Huang，1993）指出，将"国家—社会"简单对立的预设，是从西方国家早期的政治经济社会发展历程中抽象出来的，对于分析中国现实来说并不完全适用，并提出用"第三域"（the third space/realm）的概念分析中国的"国家—社会"关系。米格代尔提出了"社会中的国家"（state-in-society）这一理念，用以取代"国家和社会二元对立"（state-versus-society）的理念。他否定了国家与社会间相互对抗、零和博弈、界限僵化的关系预设，提出二者可以相互构型转化（mutual transformation）、相互赋权增能（mutual empowerment），同时，强调国家的不同组成部分和社会的不同组成部分间的互动（Migdal，1988，2001；Migdal et al.，1994）。奥斯特罗姆（Ostrom，1996）以巴西和尼日利亚为例，讲述了国家和社会在公共服务供给领域，发挥各自优势、分工合作、共同生产（coproduction）的地方实践及其积极效果。埃文思（Evans，1997）则提出"国家与社会协同"（state-society synergy）理论，指出国家对社会的赋权并不必然削弱国家的权威，建构能动高效的政府（active government）和充满活力的社会（mobilized communities）可以促进双方共赢。可见，西方国家的国家社会关系理论曾经经历了一个由"相互对抗"到"相互增能"的发展历程。

进入 20 世纪 90 年代后，"市民社会"与"法团主义"成为国内学者分析转型期我国"国家—社会"关系的两大主要理论框架。尽管因循了不同的理论脉络和分析视角，但双方不约而同地认为，国家与社会之间的关系不是冲突对立的，而是互促共融的。比如，应形成国家与社会的"良性互动关系"（邓正来、景跃进，1992；康晓光，1999），国家和社会之间存在功能性互补（许婷，2006），国家和社会可以通过各类社团进行沟通合作（颜文京，1999），国家通过积极行动能够促进国家和社会的相互增权（顾昕，2004）等。

二 "自组织"抑或"他组织"：
社会生产的双重路径

从现实发展脉络上看，我国的"国家—社会"关系的确经历了由"总体性控制"到"逐步释放"再到"主动推进"的发展历程。双方在这一历程中，不断调整、修正、重塑彼此间的合作模式、权责边界和利益格局，同时也影响着"社会生产"的制度空间、动力机制和实现路径。

（一）社会生产空间初显及社会生产的双重路径

中华人民共和国成立之初，我国形成了一种政治、经济、社会高度合一的"总体性社会"结构（孙立平等，1994）。国家对各种政治、经济、社会资源统一调配、高度管控，几乎难以看到计划外的经济活动和自主的社会活动。改革开放以后，经济要素被逐步释放出来，并以市场的原则进行组织。进入21世纪以后，社会建设被逐步提升到与政治建设、经济建设、文化建设同等重要的位置上。国家提出了一系列推动社会建设的目标，并在中央政策层面加以保障。党的十六届四中全会将"推进社会管理体制创新"作为党的执政能力建设的重要内容。党的十七大报告提出，要"加快推进以改善民生为重点的社会建设"，"健全党委领导、政府负责、社会协同、公众参与的社会管理格局"，"最大限度激发社会创造力"。党的十八大报告提出，要"在改善民生和创新社会管理中加强社会建设"，"引导社会组织健康有序发展，充分发挥群众参与社会管理的基础作用"。党的十八届三中全会进一步指出，"全面深化改革的总目标是完善和发展中国特色社会主义制度，推进国家治理体系和治理能力现代化"，并要"加快形成科学有效的社会治理体制"，"坚持系统治理，加强党委领导，发挥政府主导作用，鼓励和支持社会各方面参与，实现政府治理和社会自我调节、居民自治的良性互动"。伴随着社会建设的理念从"社会管理"向"社会治理"转变，"社会"的要素也被逐步释放出来，社会的生产被赋予了更多的空间。

然而，正如沈原（2007a）所述，在业已建成市场经济的国度和正在实现市场转型的国度，人们在面对社会时，实践与认知的目标和任务颇为不同。前者的任务是设法复苏和强化社会的各种机制，以抵御市场和权力双重入侵造就的殖民化，即要"保卫社会"；而后者的任务是面对新的历史条件，重建或生产社会生活的各种制度和规范，意即"生产社会"。也就是说，尽管中国已经步入社会建设的快速发展时期，但社会建设领域面临的首要问题，仍然是"社会从何而来"以及"如何生产社会"的问题——这也是社会学界长久以来关注的核心议题之一。

总的来说，回顾我国近年来政治转型、经济改革、社会变迁的发展历程，可以看到两条主要的"社会生产"路径。其一，是学界给予了较多关注、寄予了较大期望、进行了较多探讨的社会"自组织"的生产路径（夏建中，2003；陈伟东、李雪萍，2003；沈原，2007b；李友梅，2007；王名，2009；孙飞宇等，2016）；其二，是近年来方才逐步显现出端倪、学界尚未给予充分关注的，借由外部力量的介入、干预和"他组织"，促进社会的生产，即"政府造社会"现象，这也是本文关注的重点。

（二）"组织困境"与"行动困境"——自组织的社会生产困境

我们首先回顾自组织的社会生产路径。1990 年代初，民政部提出了"社区建设"的概念，一方面是为了更好地满足城市居民的生活需求，另一方面是为了进一步加强城市基层政权建设和对城市社会的管理。逐渐的，"社区"不仅取代"单位"成为城市空间的基本治理单元，也成为社会建设的重要着手点。尤其是进入 2000 年以后，国家从社会领域的缓慢退出，以及对"社会"要素的逐步释放，使研究者一度认为，城市社区居民的自组织有可能成为社会生产的路径之一。

然而，现实的状况是，国家缓慢的制度空间释放，目前仍未引发城市社区"社会生产"的质的飞跃。在现实生活中，社区居民的自组织仍面临着组织层面和行动层面的双重困境。从组织层面上看，社区居民委员会、社区业主委员会和形式内容多样的社区志趣组织，可以说是城市社区层面"社会生产"的三大组织依托。然而社区居委会长期以来都被看作政府行政管理在基层社区层面的渗透和延伸，具有很强的行政属性。近年来，为减轻居委会过分的行政负担、提升其服务居民的能力、恢复其居民自治的本意，各地也进行了大量的探索和实践，如设立社区工作站、成立社区服务中心、开展街道和社区体制改革等，成效初显。但有些时候，这些措施也可能会加深居委会的边缘化程度（张雪霖、王德福，2016），降低其对社区共同体的卷入，并因组织替代，进一步强化国家对基层社会的渗透。与此同时，城市业主委员会，目前面临着精英统治和派系政治（石发勇，2010）、合法性获取困难、组织成本较高、缺乏分权和充分监督、"搭便车"现象普遍、由维权向自治转化的动力不足等问题。近年来大量涌现的社区志趣组织，很多仍停留在仅是提供"俱乐部产品"的自娱自乐层次（李友梅等，2012），其中只有很少数，能从面向小团体的"互益性组织"，转化为面向社区共同体的"公益性组织"。同时，居民"自组织"未必能够有效带动"公共性"① 的生成。从行动层面上看，城市社区的居民参与，长期以来存在参与率低（参与的广度、深度、频次皆有不足）、参与效能低（主要为传统行政指令下形成的动员性参与、较少为社区居民自发的主动性参与）、参与层级低（仍处于 Arnstein 所述的"参与阶梯"的前几个层级②），且参与的

---

① 包括对社区公共议题的关注和讨论，包括对社区公共事务的参与和合作，包括社区成员间的尊重、信任和平等协商，包括对共同体规则的遵守和对共同体的认同等。

② 参见 Arnstein，1969。Arnstein 提出的"市民参与阶梯"理论将公众参与划分为"操纵，引导，告知，咨询，劝解，合作，授权，公众控制"8 个层级。

人群结构不够均衡（以老年群体和传统的社区科层精英，如楼门长为主）。同时，缺乏对社区公共事务的早期介入、缺乏多元主体间的互动交流和共同决策等。

可以说，迄今为止，尚没有确切的迹象表明，经由城市社区居民的自组织，已然生发出为研究者所期待的，基于社区公共领域形成的外在且独立于国家和市场的、具有较高自主性和公共性的社会。也就是说，借由城市社区居民的自组织来推动社会的生产，进程依然较为缓慢。

（三）从"缓慢撤退"到"积极能促"——他组织的社会生产实践

如果我们将社会生产的动力来源由"社会"转向"国家"，不难发现，近年来在城市社区公共服务领域，"国家—社会"关系正在由"逐步释放"向"主动推进"转变，正由"缓慢撤退"向"积极能促"发展。一些城市的地方政府，正在探索借用自身的行政力量，以他组织的方式，推动城市社区居民参与社区公共服务供给流程，实现社区公共服务领域的"供给侧改革"，从而优化社区公共服务的供给方式、供给结构和供给效能。并且这种他组织，与以往的"运动式动员"似乎有所不同，在某种程度上显现出以政府他组织促进社会自组织、以外部赋权促进社会内部增能的意味，并且似乎正在主观意愿上或是客观结果上缓步推动着基层社会的生产。正如顾昕（2004）指出，在"国家—社会"关系的发展过程中，国家退出一些没必要管也管不好的领域，固然是重要的，但并不代表着一味退出，还应在"相互增能"原则的引导下，发挥"能促国家"（the enabling state）① 的作用，推动的社会发展。

关于社会的生产，现有的研究多是从社会自组织的角度出发，探讨社会生产的动力机制、运作逻辑和可能性，对于在城市社区

---

① "能促国家"的概念是美国社会政策专家内尔·吉尔伯特和芭芭拉·吉尔伯特于1980年代末，在反思西方"福利国家"和"新自由主义"的基础上提出的。参见：彭艳梅等，2006；Gilbert & Gilbert，1989。

公共服务领域新兴的"政府造社会"的他组织社会生产机制，学界关注尚显不足。

因而，本文试图以近年来地方政府在城市社区公共服务领域开展的"供给侧改革"实践为切入点，探讨"政府造社会"这一新的基层社会治理技术和治理现象，分析"政府造社会"的含义、动力来源和实现渠道，以及这一过程对政府及社会双方产生了怎样的影响。本文希望借此将"社会生产"的理论视角，由"社会的自组织"，转向"国家的他组织"，并初步研判，在当前中国社会建设和社会治理创新的转型背景下，以国家他组织的方式促进社会自组织进而生产社会的可能性。

三　"政府造社会"的地方实践

近年来，在一些城市地方政府提供"社区公共服务"的过程中，我们越来越多地看到这样的创新举措：地方政府通过设立"社区公共服务资金"①，鼓励并帮助居民成立社区居民"自治组织"或是多元参与的"共治组织"（文中通称为"社区议事会"），让居民发掘并提出自身在社区公共服务领域的"需求"，将其提交到社区自治/共治平台上加以讨论，而后根据需求的轻重缓急、难易程度和受益人群等筛选出其中一部分，打包成"项目"，向政府申请使用社区公共服务资金对该项目加以实现。通过促进社区居民的自组织，将其纳入社区公共服务的供给流程之中，以便提供需求导向的服务，促成地方政府在社区公共服务领域的"供给侧

---

① 对此各地还没有统一的叫法，有些地方称之为"社区基金"、"社区民生资金"、"幸福资金"、"自治金"等，但其用途大致规定为社区基础设施建设改造和居民生活品质的提升。比如，W 市 G 区就将"社区公共服务资金"的用途划分为"工程类、服务类和货物类"三类。资金额度根据地方财力各有不同，有些地方是按人头配给定额拨付，有些则是由区/街道层面统筹，通过居民向区/街道申报，由专家组综合评审，确定哪些社区的哪些项目可以获得并使用这笔资金。为方便讨论，文中通称为"社区公共服务资金"。

改革"。

无论地方政府的初衷为何，可以看到的是，在这一供给侧改革的实践过程中，在"行政要素"的主导下，以"经济要素"为激励和纽带，在某种程度上的确促进了"社会要素"在社区层面的聚合和重组。本文将这一过程称为"政府造社会"的地方实践。

本文对于"政府造社会"现象的分析论述，一方面基于近年来笔者对于基层社会治理和服务领域的持续关注，另一方面基于近年来笔者在多地开展田野调查的过程中获取的一手调研资料——在此期间，笔者曾访谈过多地的地方政府部门、民政部门、相关职能部门、街道办事处、社区居委会、社区工作站、社区议事会代表和社区居民代表，其中也覆盖了社区社会组织、驻区单位、社区业委会和社区物业等相关组织。通过梳理总结、提炼概括，本研究希望对"政府造社会"这一新近现象，有一个总体性呈现。

（一）"政府造社会"的动力来源

"政府造社会"的动力来源，主要有以下三个方面。

首先，"政府造社会"是为了增加基层政权的"增量合法性"。如果我们把政权合法性划分为法律合法性、政治合法性、绩效合法性和社会合法性四个维度，不难看出，在现有的社会情境下，法律和政治合法性因其更具稳定性，可被看作"存量合法性"；绩效和社会合法性因其更具灵活性，可被看作"增量合法性"。"政府造社会"的地方实践，恰恰能够提升政权的"增量合法性"。中国自古以来的政权合法性，很大程度上都依赖于政府的"政绩/绩效"（Zhao，2009）。近年来，政府"绩效合法性"的获取，正由主要依赖"宏观绩效"（即发展经济、提升 GDP），逐步转为更加依赖"微观绩效"（即居民切实享受到的福利、服务，以及日常生活中的获得感）。比如，沈阳、南京、上海、武汉等都出台过相关政策，取消街道的招商引资职能和经济考核指标，使其将更多的精力投入到公共管理和公共服务中。如果我们把"社会合法性"

理解为政权动员社会参与，获得社会信任、认可的能力，那么社区公共服务领域的供给侧改革，不仅为居民提供了一个表达自身诉求的通道，还让居民看到了政府对居民诉求的回应，增加了行政的透明性、回应性和需求导向性，让居民能够切实感受到"服务型政府"的实际效果，进而可以提升居民的满意度和政权的社会合法性。

其次，"政府造社会"是为了减轻基层社会自组织领域的"无力"和"无序"。正如前文所言，长久以来，对于国家和社会关系的判断都存在一个刻板印象，即认为国家和社会是相互对立的两极。因而，为了降低和规避潜在的风险和不确定因素，一些地方政府对于社会力量的生长，往往秉持一种被动、审慎的态度。伴随着我国现代化进程的不断推进，国家对于社会的发展也提出了更高的要求。一方面，地方政府更加注重解决基层社会自组织领域可能存在的问题——体现为以社区居民的原子化和居委会的行政化、边缘化、低卷入化为代表的、居民自组织领域的"无力"，以及以社区维权抗争为代表的居民自组织领域中可能存在的"无序和不可控"；另一方面，地方政府更加注重对基层社会自组织的积极介入和主动引导，由"堵"至"疏"，以期发挥居民自组织在增进社会稳定团结、促进社会和谐发展方面的积极作用。比如，W市G区政府工作人员在介绍"社区公共服务资金"设立的初衷之时就提道，"让群众多参与一下，多干一些有意义的事，搞一些正能量的事。"①

最后，"政府造社会"是为了提升政府的行政效能、降低政府的行政成本。由于地方政府难以逐一回应社区居民"碎片化"的需求，因而，客观上要求社区层面也形成一个能够整合居民意见诉求、与政府进行沟通协商的"对应主体"，以便实现"政府治理"和"居民自治"的有效衔接。"政府造社会"的努力，一方

---

① 资料来源：W市G区区政府座谈，访谈笔记20160706。

面促进了这一对应主体的生成，另一方面也优化了城市社区公共服务的供给结构，具体体现在以下三点。第一，改变了社区公共服务的需求产生方向。例如，B 市 D 区的《实验区创建工作特刊》汇报材料中提道："以往社区建设中往往采用自上而下的指令性工作模式……现在实现了'替民做主'到'由民做主'的改变。"第二，改善了社区公共服务领域中供需错位的状况。例如，W 市 G 区在汇报"社区公共服务资金"项目成效时提道："过去，G 区为强化民生服务，也做了大量工作，但很多时候是工作没少做，社区居民认同感、参与度却不高，'政府买了单、群众不买账'的现象时有发生……资源配置不够精准，花费大量财政资金却买不到一个'好'字。"第三，丰富了社区公共服务领域的供给主体。例如，B 市 D 区民政局工作人员就提道，其在社区公共服务领域的工作思路是把居民"想干、能干、应该干的事情放权给居民自己来干"[1]。由此，不仅提升了政府的行政效能、缓解了政府的行政压力，也降低了政府的行政成本。

出于但不仅限于上述方面的考量，近年来，在城市社区公共服务领域，"政府造社会"的社会生产实践日趋增多。

（二）"政府造社会"的实现渠道

综观各地经验，"政府造社会"的社会生产实践，主要有以下几种实现渠道。

首先是平台和主体的生产。为使社区居民的公共服务需求能够集中呈现和统一表达，地方政府（最为常见的是市政府和区政府）通常会要求各个社区建立自己的自组织平台。从平台的名称上看，较为常见的是"社区居民议事会"、"社区决议会"、"院落自管会"、"社区和谐共建促进会"等[2]。从平台的覆盖范围上看，既有基于整个社区范围产生的社区层面的自组织平台，也有基于

---

① 资料来源：B 市 D 区民政局座谈，访谈笔记 20160624。
② 为方便讨论，在此不加详细区分，统称为"社区议事会"。

社区内部更小空间单元（比如院落、楼栋）形成的"微型"自组
织平台。比如，C 市 N 区规定对于老旧院落，"原则上以院落为单
位设立自治组织……可以是院落管委会、住委会、家委会、院落
议事会、居民议事小组等形式。"① 从平台性质上看，比较常见的
是以社区居民代表为主的，由社区党委代表、社区居委会代表、
社区工作站代表、社区业委会代表、社区物业代表、驻区单位代
表、社区社会组织代表等共同组成的多元主体共治组织。比如，Z
市 H 区规定，社区议事会是社区层面的议事机构，成员总数为 15～
17 人，具体组成为：党委成员 2 人、居委会 3 人、人大代表 1～2
人、社区内企事业单位代表（含物业）2 人、居民代表 6～9 人。
从平台的成员数量上看，从十几人到几十人不等。从平台的主导
力量上看，社区居委会通常在其中占据枢纽性地位。此外，"社区
议事会"中居民代表的产生方式也是千差万别：有些是通过"公
推直选"的方式，比如，Z 市 H 区是以楼栋为单位，选举出本楼
栋的居民代表若干，再从这些居民代表中选举出一部分人以议事
代表的身份进入社区议事会；有些则是由社区居民，通过正式或
非正式的方式，推选出居民议事代表直接进入社区议事会；还有
些地方，是由社区两委班子在征求社区居民意见的基础上"酝酿"
产生居民议事代表。②

其次是激活机制的生产。"社区公共服务资金"的设立，对于
城市社区居民的自组织，的确起到了一定程度的激活作用。第一，
是激活了社区居民的需求和社区参与的主体。最为常见的是对于

① 资料来源：C 市 N 区关于进一步加强老旧院落自治组织建设工作的相关文件。
② 事实上，关于社区议事代表的产生方式，各地政策文件中都有较为细致的规定，通常要求一户一票选举产生。但在实际操作过程中，能按规定流程进行的少之又少。C 市民政局相关工作人员也认为，让居民自己"推选"议事代表，组织成本更小，所以也没必要过分纠结于选举细节。有些城市尽管有细致的选举流程，但在社区访谈过程中，社区两委对于议事代表的产生方式往往语焉不详，也有的社区两委直言，议事代表为"酝酿"产生。因而，未在此处罗列各地相关文件。

社区环境美化、社区服务的增进，以及对社区公共空间或基础设施的建设、维护、改造等方面的需求。由于这些事项与居民的利益密切相关，因而，更容易调动社区居民进入社区公共场域、关注社区公共事务、探讨社区公共议题的热情。第二，激活了社区社团组织，尤其是文体娱乐类、弱势帮扶类、志愿服务类的社区社团组织。它们往往会依托既有的组织结构，针对"社区公共服务资金"的流向，展开合理性竞争。第三，"社区公共服务资金"的设立，还激活了一些社区"休眠组织"。比如，在"社区公共服务资金"设立以前，一些地方已经成立了类似"社区议事会"的社区议事协商组织，但很多都处于形式化运作或是权力悬置状态。社区公共服务资金的注入，不仅为这些组织提供了新的议题，也为他们赋予了调动和配置社区经济资源的更加实质化的权力。比如，W市G区政府工作人员就表示，"原来的社区议事会有机构、有牌子、没事做，无事可议，连议什么都是政府推下去的，这次把它做实了，原来那些没参加活动、就挂个名的，这次也有活动可做了。"[1]

再次是共同体规则的生产。很多地方政府在建立"社区议事会"的同时，还会要求"社区议事会"拟定不同层面的共同体规则，像《社区公约》《邻里公约》《社区议事规则》《社区议事流程》等。比如，C市J区要求社区居民"先自治、再整治"。"对于社区公共服务资金的申请主体要以'自组织'为主体，居民要自己先组织起来，才能申请使用社区公共服务资金……我们要求'五有一公开'，有党的组织、有居民公约、有自治组织、有自治管理、有公共空间（服务平台），每月财务公开。"[2] 借此，有些社区根据自身特点，通过面对面渠道、网络平台、手机平台等多种渠道征集社区居民的意见建议，的确发展出一些符合共同体特

---

① 资料来源：W市G区区政府座谈，访谈笔记20160706。
② 资料来源：C市民政局座谈，访谈笔记20151201。

色和需要、宣扬共同体归属和认同、倡导居民参与和行动的共同体规则。当然，其中也不乏简单空洞的"文本复制"和"文本生产"。

最后是主体能力的生产。"参与意愿"和"参与能力"是影响参与效果的两个重要变量。如前所述，"社区公共服务资金"的注入，较大地激发了社区居民对于社区公共事务的关注。然而，参与意愿的提升，并不必然表征参与主体已然具备在公开、公正、平等、理性等原则的指导下开展协商议事的能力。因而，为了促进社区议事平稳、有序地开展，一些地方政府还尝试引入第三方机构（通常是培力型社区社会组织），通过培训和推广一系列社区议事技术[1]，提高主体通过民主协商的方式配置"社区公共服务资金"的能力。比如，B市D区委托专业社工机构面向社区工作者和社区居民讲授协商议事技术、会议形式技术、会议规则、主持人技术等，并编制了《社区协商运行流程指导手册》。N市H区以政府购买服务的方式邀请"社区参与行动服务中心"面向社区开展社区培力服务等[2]。通过上述几种主要的实现渠道，"政府造社会"这一基层社会治理创新举措得以在实践过程中逐步推进。

（三）"政府造社会"的客观效果

总的来说，以城市社区公共服务领域的供给侧改革推动的"政府造社会"的地方实践，对于大部分地方政府来说，其出发点只是为了提升基层社会治理和服务水平，推动"社会的生产"只是其"未预结果"。但从客观效果上讲，这一实践过程，还是或多或少地、以他组织的方式缓慢地促进了城市社区居民的自组织，为城市社区层面社会的生产提供了一种方向不同于以往的、无形的推动力量，有助于国家和社会的"相互增权"。

---

[1] 最常见的有"罗伯特议事规则"、"开放空间"、"社区茶馆"、"问题树"、"展望未来论坛"等。

[2] 资料来源：B市D区民政局总结材料；N市H区"社区参与行动服务中心"座谈，访谈笔记20141021。

然而，值得进一步关注和思考的是，在"政府造社会"的实践过程中，"政策文本"和"政策实践"之间，依然存在着一定程度的偏差——国家的外部赋权并不必然促成社会的内部增能，有时还可能适得其反，为社会的生产带来某些制约。

1. "独立"抑或"依赖"——制度运行的急促性

行政体制在运行过程中，往往有"政治锦标赛"和"行政周期"并存的现象（周黎安，2007；渠敬东等，2009）。上级政府（如市、区）在确定工作任务和责任目标时，往往希望可以快速见效，而下级政府（如街道、社区①）在执行工作任务和实现责任目标时，往往会按照主要领导人的行政任期层层加码、逐级放大，保证在较短的时间内完成任务、增加向上流动的机会。加诸"政府造社会"的社区实践上，集中体现在"社区议事平台"的建立过程和"社区公共服务需求"的征集过程。为了提高效率，社区两委有时会越俎代庖，直接挑选"信得过"的居民代表进入"社区议事平台"，或以"拍脑袋"的方式代替居民提出社区公共服务需求。同样，地方政府的考核指标设计，往往更加偏重于可计量性指标（比如社区议事平台成立与否、活动频次、产生的公共服务需求数量等），忽视了基层社区的自组织是一个需要稳步积累的、时段较长的、见效较慢的过程。也就是说，社会生长的渐进性与制度运行的急促性之间依然存在较大张力。有些时候，"替民做主"的逻辑，会再次取代"由民做主"、增加社会活力的政策设计初衷，非但没能加强社区居民的自主性和独立性，反而加重了社区居民事事依赖政府、认为政府责任无限的依赖性人格。

比如 W 市 G 区设置的社区公共服务资金，年度额度近亿元，本应非常有助于改善民生、提升社区公共服务水平、促进社区居民自治，但实践一段时间后，相关负责人在对项目进行反思时这

① 通常指社区居委会和社区工作站，尽管前者属于居民自治组织，但长期以来仍被看作科层结构的末梢。

样介绍：

> 我们的出发点是希望老百姓自己提出议案，但在真正的运作过程中，其实很难做到这一点。基本上很容易回到政府主导、代替的（提案）。一年的时间就那么短，要完成那么大的资金量，又那么多的项目，老百姓提得过来吗？这个问题要想办法控制……W 市的年轻人很少有时间管这些事情，生活压力很大，参与的时间更加有限……还有一定要赋权，话语权一定要得到保障，才会参加议事会。如果说了也白说，就一点兴趣都没有了，你们来决定就好了……所以我们下一步要做的是让议事会真正具有广泛的代表性，代表民意，而不是几个班子成员就拍板决定了，这是很可怕的。（W 市 G 区座谈，访谈笔记 20160706）

2. "黏合"抑或"撕裂"——政策运行中的不完整赋权

在建立社区议事平台、选定社区议事代表、确立社区议事规则的过程中，社区内部固有的权力格局（尤其是社区工作站和社区居委会的权威①）也会随之受到一定程度的挑战。由于身处科层结构的末梢，街道、社区对于上级政府"一体化"的政策设计，往往会进行"灵活"的解读和操作，通过"不完整赋权"的方式，维持现有权力格局的稳定。常见的表现形式是：只赋予社区居民在"社区公共服务资金"使用方面的知情权、表达权、参与权、协商权，但保留了确定哪些提案可以最终形成项目向上申报的"决策权"，有时还保留了对于议事代表讨论结果的"一票否决权"。由此一来，议事会的决策，不再单单依赖于议事代表的民主投票。提案人的竞争重点，也由论述项目本身的"合理性"，转向竞争社区固有权威的"注意力和认可度"。对于这种竞争方向

---

① 尽管这种权威在某种程度上已被弱化，但依然具有一定程度的影响力。

的转化，某些社区权威非但没有给予合理引导，反而乐见其成。因而，原本旨在增进社区居民"黏合度"的政策设计，在实践过程中反而加剧了社区居民的"分化和撕裂"——居民议事代表们慢慢地不再因循议事技术和议事规程，不再服从协商原则和共同体守则，而是再次转向依附社区固有权威，解决各类矛盾争执。社区固有权威也借此强化了其自身地位。

以 Z 市 H 区 A 社区为例。H 区民政局在 2012 年开始选定 A 社区作为试点，探索设立社区"幸福资金"，并由居民自己逐户推选，产生了 120 余名居民代表，然后从其中推选出 20 余位，成为社区"居民决议会"① 代表，负责讨论社区"幸福资金"的使用，并根据"罗伯特议事规则"形成了"A 社区十条"议事规则。此后，居民决议会代表与社区议事规则之间曾有过一段"蜜月期"，在此期间的决议会上，居民决议会代表都会严格遵守社区议事规则，也形成了若干有益决议。直到 2014 年，A 社区开始进行居委会换届选举。根据区民政部门的提议，推荐决议会中一位较有威望的、处事较为公道的 G 先生作为居委会主任候选人。G 先生如果当选，有权在社区居民中"组阁"。G 先生也为此做了大量宣传工作并物色了几位居委会委员候选人。但是这一想法未能顺利实现，据 G 先生回忆：

> 由于我本人不是党员……原来居委会的副主任，通过这一条一直给上面（指街道）做工作，把他自己安插到（新的）居委会来……到投票的时候，大标语就已经改了，选举居委会"负责人"而不是"主任"。（Z 市 H 区 A 社区 G 先生访谈，访谈笔记 20151028）

此后，原居委会副主任成为新任居委会主任，G 先生成为居委

---

① 后更名为社区"共治议事会"。

会副主任。G 先生原来物色的委员人选之一 H 女士，便没能进入居委会。由于 G 先生最初"组阁"的承诺没能完全兑现，居民之间也因此开始产生嫌隙。居民议事中共识难以形成，讨论也逐渐开始对人不对事。

> 本来开会规则是每人发言 3 分钟，但是后来已经不受控制了。你要不如我的意，不管你怎么样我就反对你的意见……中国几千年的文化养成一种习惯，老百姓有什么事情找政府，政府说的话他就听，你是小老百姓，你跟我平等，我根本就不把你当一回事。如果说工作站的人一说出来一句话，哪怕是开会的时候工作站的人一说，"行了，不要出声了"，大家都不出声了。（Z 市 H 区 A 社区 Y 女士访谈，访谈笔记 20151028）

渐渐地，象征议事规则的法槌、代表权力的投票牌也逐步失去了其神圣性。同时，社区两委也加强了对社区议事结果的审定，对此，A 社区党委书记兼社区工作站站长是这样介绍的：

> 现在的整个议事流程设计是这样的，居委会接受居民提案材料，交党委初审，交居委会复审，交居民议事会终审。可能在有些实际操作上，比如有些项目会涉及一些安全问题，需要全盘考虑，这时候终审以后要回到党委这边来全盘考虑，党委有否决权。（Z 市 H 区 A 社区两委座谈，访谈笔记 20151026）

现如今，参加决议会的居民越来越少、形成决议也越来越难，A 社区的自治试验也被区里认为，在某种程度上来说是"失败了"。

3. "放权"抑或"集权"——科层体系内部的结构张力

"还权"、"赋能"、"归位"，是政府实行社区公共服务供给侧改革过程中较为常见的政策话语。然而，在向社区居民"还权"或者说"放权"的问题上，科层体系内部的不同层级（区、街道、社区）往往有不同的判断标准和行为逻辑。最常见到的是，政策设计中的"放权"（区层面）和实际执行中的"集权"（街道/社区层面）之间，往往存在一定程度的"结构张力"。同样以 Z 市 H 区 A 社区为例，根据 H 区民政局介绍："我们当初有这个设想，（A 社区）不是 120 多个居民代表吗，选出决议会之后，什么事都交给决议会决策，用几年时间，教会居民理性议事，逐步提升他们的自治能力。"① 然而，由于是较为"超前"的试点探索，在实际操作中，街道和社区工作站有很大的自主性。A 社区党委书记兼工作站站长谈到社区居民决议会的决策过程时这样说：

> 居民的议案，两委要审核的，就是你这个事能不能做，能做的话就放到议事会讨论，讨论的时候，到底能不能执行，两委还要讨论。如果没有这个框架，有很多居民到时候膨胀了，什么事都他说了算，那就麻烦了，党委有否决权，有这个门槛，就卡住了。（Z 市 H 区 A 社区两委座谈，访谈笔记 20151026）

可以说，社区层面对于居民自治权力的不放反收，其一是为了应对"压力型体制"（荣敬本等，1998）下的"政治锦标赛"，以较短时间完成指令性任务；其二是为了维持固有的权力格局和自身权威；其三则是为了规避"政治淘汰赛"下，向居民放权可能造成的"不稳定风险"。对于社区层面在政策执行上的"权益变通"和"选择性应付"（杨爱萍、余雁鸿，2012），街道层面通常保持默许的态度。因为对于权力/资源有限、责任无限的基层街道来说，想要快速有效地完成上级下达的行政指令，还有赖于社区层面的积极配合——包括承担具体的工作事项和动员居民等。同时，社区的稳定，对于街道来说，也是一道抵御风险的"缓冲

---

① 资料来源：Z 市 H 区民政局座谈，访谈笔记 20151027。

带"。鉴于此，二者在维护既有权利结构稳定方面形成"共谋"（周雪光，2008）。毕竟在"政治正确"和"一票否决"的压力下，保持稳定比创新带来的不确定似乎更为重要。因而，利用市/区层级的"模糊发包"（黄晓春，2015），在实际操作中借用"看得见的手"和"看不见的手"（王汉生、吴莹，2011），实现了基层社区治理结构的自我复制和再生产。

鉴于上述种种原因，我们仍不能过分草率或过分乐观地判断，近年来在城市社区公共服务领域兴起的以"政府他组织"促进"社会自组织"的地方实践，已然成为促进社区层面社会生产的有效实现路径。

四　结论和讨论

本文以"国家—社会"关系为切入点，首先尝试澄清以往对于"国家—社会"关系的误解，并初步阐述了国家与社会"相互增权"的发展趋势。而后，重返社会学者普遍关注的，"社会从哪里来"，亦即"社会的生产"这一传统理论问题的探讨。研究发现在我国"国家—社会"关系的演进过程中，伴随着国家权力从社会领域的缓慢撤出，社会领域的自组织水平的确有所提升，但尚未成为学界所期许的基于社区公共领域产生的、外在且独立于国家和市场的、具有较高自主性和公共性的社会。近年来，在地方政府"优化城市社区公共服务供给结构"的实践过程中，我们似乎可以看到一系列"政府造社会"的地方实践。这是否意味着产生了一种新的、以国家"他组织"的方式促进社会"自组织"的"社会生产"路径呢？

为回答这一问题，文章以城市社区公共服务领域的"供给侧改革"为切入点，通过分析"政府造社会"的含义、动力来源、方式手段和实际效果，初步得出如下结论。

首先，对于较大一部分地方政府来说，"造社会"只是其在增进自身合法性，减轻基层社会自组织的无力和无序，提升政府行政效能、降低政府行政成本的过程中，生产出的"中间产品"，或称之为"未预结果"。在"政府造社会"的表象下，尚未呈现足够的国家生产社会的主动动机。

其次，不可否认的是，"政府造社会"的地方实践对于双方来说，都产生了一定程度的积极效果。从政府的角度讲，地方政府不但改善了公共服务供给结构，提高了公共服务供给效能，还加快了政府职能的转变——为了高效回应"社区议事会"提出的项目需求，地方政府往往要优化"条块"间的反应速度、开展协同服务①，客观上的确增加了社区居民的福祉。从社会的角度讲，在"行政要素"的主导下，以"经济要素"为激励和纽带，在某种程度上的确促进了"社会要素"在社区层面的聚合和重组。由外力驱动带来的城市社区居民的自组织实践，一方面锤炼了主体，在一定程度上激发了社区成员，尤其是社区居民对于社区公共事务的关注和参与，积累了其参与基层民主协商的经验。另一方面，这种实践在社区成员的"自组织"和社区成员的"公共性"之间，建立起某种勾连——将他们从小范围"自娱自乐、互惠互益"的社区"文化公共空间"和社区"互惠公共空间"，推向了覆盖面更广泛、公共性意味更强烈的社区"政治公共空间"。客观上讲，的确从某种程度上推进了"社会基础设施"（social infrastructure）②（顾昕，2004）的建设和城市社区层面的社会的生产。因而可以说，"政府造社会"的地方实践，的确有利于促进"国家—社会"

---

① 比如，W市G区规定，对于各个社区提出的项目需求，街道办事处须于5个工作日内完成审核并报区"社区公共服务资金项目"专责小组备案，区财政局须于15个工作日内完成经费下拨。在一次G区YJ社区的居民访谈中，一位居民将这一规定形象地称为"就像在我们居民跟政府之间修了一条高速公路"，"有什么事情很快就能得到解决了，不像过去，你反映一个什么问题，一年两年也没什么反应，大家慢慢就灰心了……对政府来说，政府职能转变了，对我们来说，我们得到了更多的实惠。"

② 相对于"物质基础设施"（material infrastructure）而言的。

双方的相互增能。

再次，对于"政府造社会"的地方实践，我们仍需时刻保持审慎反思，仍然不可过于草率或者过于乐观地认为近年来在城市社区公共服务领域兴起的、以"政府他组织"促进"社会自组织"的地方实践已然成为促进社区层面社会生产的有效实现路径。毕竟，在"政府造社会"的地方实践过程中，仍然可以看到"政策文本"和"政策实践"之间的偏差——制度运行的急促性、政策运行中的不完整赋权和科层体系内部的结构张力，在某种程度上非但没能增强基层社区的自组织水平，反而加重了社区居民对于政府的依赖[①]、加重了社区居民内部的撕裂、加重了基层政府的集权，推进了"依赖"、"撕裂"、"集权"的再生产，也因此维系了基层社会治理体系末梢的稳定性和自我复制性。

总的说来，无论是"有意为之"还是"未预结果"，"政府造社会"，客观上优化了基层社会治理模式，为社会的生产释放了一定的空间、机会和可能性。只不过，对于"政府造社会"的初衷、运作逻辑和客观效果，还需给予更加细致的观察和更加深入的剖析——毕竟国家通过权力运作，不仅可以形塑城市社会的物理空间，还可以形塑物理空间内部人与人之间的利益结构和社会关联。国家在基层社会治理和服务方面的制度安排，客观上限定了社会生产的权力边界、动力机制、实践形式和路径走向，一方面为社会生产提供了机会，另一方面也可能造成社会生产的扭曲变形。与此同时，以国家"他组织"方式生产出的社会"自组织"要素，

---

① 很多地方政府部门也逐渐意识到了这一点，因而正采取措施重新划定社区公共服务领域政府和社会的权责边界。比如，一些地方出台了社区公共服务资金项目准入的"负面清单"，虽不划定社区公共服务资金的使用范围，但设定了社区公共服务资金的禁用项目；一些地方秉持"谁受益、谁出资"的原则，要求在社区基础设施建设改造方面，政府出资一部分、居民自筹一部分；一些地方努力帮助社区居民成立居民自治组织，政府负责社区基础设施的建设改造，居民则需自己负责社区基础设施的后续管理和维护，等等。这样一来，防止居民成为单纯的高度依赖的消费者。

有些情况下还具有较大的不稳定性，夹杂着私人利益情感，缺乏实质的代表性或是缺乏有效的监督制衡。一些"社区居民议事会"虽然具备居民自治的组织框架，但却缺乏居民自治的实质内涵，仍只是"嵌入"在地方科层体系内、以科层逻辑进行运转的"空架子"和"附属物"（Foster，2002）。对于优化社区公共服务供给流程、完善基层社会治理结构和促进社区居民自治、催生社会逻辑来说，都尚未起到足够的推动作用。因此，我们尚不能，也不应简单研判，"自组织"抑或"他组织"何者更优：一方面，不能否认"自组织"路径对于"社会生产"的重要意义；另一方面，仍需进一步探讨通过国家"他组织"促进社会"自组织"的有效转化机制。

本文的问题在于，为了方便在宏观层面展开讨论，多数情况下，直接以"地方政府"的概念表征"国家"力量，有把"国家"意涵简单化的风险。同时，"地方政府"本身也不是铁板一块的整体，各自有其内部的权力结构、科层体系、条块分割和利益分化。此外，对于"社会生产"成功的表征为何，没能进行深入探讨。并且，文章更多关注国家的视角，在分析"政府造社会"现象的过程中，对社会自身的"策略性"和"回应性"的呈现不足，也未能兼顾"市场主体"和"社会组织主体"等在其中发挥的作用。这些都是在进一步的研究中需要继续深入思考的。

最后，在当前的社会情境下，也许只有发挥国家的"能促作用"，通过对社会的"完整赋权"[①]，推动社会的"自我生产"，实现"国家—社会"的"相互增能"，才是优化我国"国家—社会"

---

① "完整赋权"应包含如下几方面意涵。其一，是直接权力的赋予，重点在"自组织"和"自主"。具体到社区公共服务领域的供给侧改革中，除知情权、表达权、参与权、协商权、监督权外，还应保障社区居民自主的代表选举权和提案决策权；其二，是居民主体能力的提升，重点在"公共性"的建构。除提升居民对社区公共事务的关注能力和参与能力外，还要提升居民间平等对话的协商能力和对共同体规则的遵守能力。其三，是政府治理能力的提升，重点在"制度空间"的营造。比如，给予社会生长足够的时间，减少政策运行中的走样变形，在居民自组织能力提升后适当减少他组织干预等。

关系，促进社会健康、和谐、稳定发展的较优路径。

参考文献

布洛维，麦克，2007，《公共社会学》，沈原等译，社会科学文献出版社。

陈伟东、李雪萍，2003，《社区治理与公民社会的发育》，《华中师范大学学报》（人文社会科学版）第 1 期。

邓正来、景跃进，1992，《建构中国的市民社会》，《中国社会科学季刊》第 1 期。

顾昕，2004，《公民社会发展的法团主义之道——能促型国家与国家和社会的相互增权》，《浙江学刊》第 6 期。

黄晓春，2015，《当代中国社会组织的制度环境与发展》，《中国社会科学》第 9 期。

康晓光，1999，《权力的转移——转型时期中国权力格局的变迁》，浙江人民出版社。

李友梅，2007，《社区治理：公民社会的微观基础》，《社会》第 2 期。

李友梅、肖瑛、黄晓春，2012，《当代中国社会建设的公共性困境及其超越》，《中国社会科学》第 4 期。

刘安，2009，《市民社会？法团主义？——海外中国学关于改革后中国国家与社会关系研究述评》，《文史哲》第 5 期。

彭艳梅、王成、常素琴，2006，《公共服务市场化与能促型政府》，《当代经济》第 11 期。

渠敬东、周飞舟、应星，2009，《从总体支配到技术治理——基于中国 30 年改革经验的社会学分析》，《中国社会科学》第 6 期。

荣敬本、崔之元、王栓正、高新军、何增科、杨雪冬等，1998，《从压力型体制向民主合作体制的转变——县乡两级政治体制改革》，中央编译出版社。

沈原，2007a，《社会的生产》，《社会》第 2 期。

——，2007b，《市场、阶级与社会：转型社会学的关键议题》，社会科学文献出版社。

石发勇，2010，《业主委员会、准派系政治与基层治理——以一个上海街区为例》，《社会学研究》第 3 期。

孙飞宇、储卉娟、张闫龙，2016，《生产"社会"还是社会的自我生产？以一个 NGO 的扶贫困境为例》，《社会》第 1 期。

孙立平、王汉生、王思斌、林彬、杨善华，1994，《改革以来中国社会结构的变迁》，《中国社会科学》第 2 期。

王汉生、吴莹，2011，《基层社会中"看得见"与"看不见"的国家——发生在一个商品房小区中的几个"故事"》，《社会学研究》第 1 期。

王名，2009，《走向公民社会——我国社会组织发展的历史及趋势》，《吉林大学社会科学学报》第 3 期。

夏建中，2003，《中国公民社会的先声》，《文史哲》第 3 期。

许婷，2006，《法团主义：政府与社会组织的关系模式选择》，《中共浙江省委党校学报》第 4 期。

颜文京，1999，《调整国家与社会关系的第三种模式——试论组合主义》，《政治学研究》第 2 期。

杨爱萍、余雁鸿，2012，《选择性应付：社区居委会行动逻辑的组织分析——以 G 市 L 社区为例》，《社会学研究》第 4 期。

赵静，2014，《市民社会概念的源起、形成与发展》，《人民论坛》第 10 期。

张雪霖、王德福，2016，《社区居委会去行政化改革的悖论及其原因探析》，《北京行政学院学报》第 1 期。

周黎安，2007，《中国地方官员的晋升锦标赛模式研究》，《经济研究》第 7 期。

周雪光，2008，《基层政府间的"共谋现象"——一个政府行为的制度逻辑》，《社会学研究》第 6 期。

Arnstein, Sherry R., 1969, "A Ladder of Citizen Participation." *Journal of the American Planning Association* 35 (4).

Burawoy, Michael, 2003, "For a Sociological Marxism: The Complementary Convergence of Antonio Gramsci and Karl Polanyi." *Politics and Society* 31 (2).

Evans, Peter ed., 1997, *State-society Synergy: Government and Social Capital in Development*, Berkeley: University of California Press.

Foster, Kenneth W., 2002, "Embedded within State Agencies: Business Associations in Yantai." *China Journal* 47 (1).

Gilbert, Neil & Barbara Gilbert, 1989, *The Enabling State: Modern Welfare Capitalism In America*, New York: Oxford University Press.

Huang, Philip C. C. , 1993, " 'Public Sphere' / 'Civil Society' in China? The Third Realm between State and Society. " *Modern China* 19 (2).

Migdal, Joel S. , 1988, *Strong Societies and Weak States: State-Society Relations and State Capabilities in the Third World*, Princeton: Princeton University Press.

—— 2001, *State in Society*, Cambridge: Cambridge University Press.

Migdal, Joel S. , Atul Kohli & Vivienne Shue, eds. , 1994, *State Power and Social Forces: Domination and Transformation in the Third World*, Cambridge: Cambridge University Press.

Ostrom, Elinor, 1996, "Crossing the Great Divide: Coproduction, Synergy and Development. " *World Development* 24 (6).

Zhao, Dingxin, 2009, "The Mandate of Heaven and Performance Legitimation in Historical and Contemporary China. " *American Behavior Scientist* 53 (3).

State-made Society: the Production of Society in the Provision of Public Service at Community Level

Shi Yuntong *

Abstract: The residents' self-organization in urban community has been seen as a promising path for the production of society. But in recent years, the *supply-side reform* carried out by local governments in the provision of public service in urban community, seems having explored a new path for the production of society. Analyzing the concept, motiva-

* Shi Yuntong is an assistant researcher from Institute of Sociology, Chinese Academy of Social Sciences. She received her Master's and Ph. D. degree from Tsinghua University. Her main interest of research is urban and political sociology. Her publication includes social movement in urban communities, community capacity building and community development, corporate community involvement, the creation of the society by the state, and local governance in China.

tions, tactics and effects of *State-made Society*, this article points out that although producing the society is an unintended consequence, it has indeed increased the mutual empowerment between the state and the society, and brought more opportunities for the production of society. But the outer empowerment of the state does not always lead to the inner empowerment of the society, but sometimes deepens the dependency of the society on the state, sharpens the fragmentation of the society and strengthens the domination of the state on the society. Therefore, it is only through full-empowerment that the *state-made-society* will work effectively on the production of society.

Keywords: State-made Society; Publie Service in Community; Produetion of Society; Mutual Empowerment

城市基层治理的民意分类视角

——以北京市西城区"民意项目"为例[*]

刘怡然[**]

摘　要　如何应对民众日益多元的生活需求是目前中国基层治理中存在的重要问题。既有研究多从政府内部和政府与社会互动的视角出发讨论这一问题，将民意作为一个整体性和描述性的概念，忽略了其内部的差异性。本文以北京市西城区的"民意项目"为例，从社会内部视角出发，对民意在主体、存在形式和性质三个维度进行分类，将民意转变为一个分析性概念，通过分析民意在收集、表达、呈现以及监督四个重要节点上起到的不同作用，推进城市治理的精细化和人性化，为解决基层治理中存在的问题提供新思路。

关键词　民意　民意分类　城市基层治理　民意项目

近年来，我国基层治理在实践中面临许多新机遇和新挑战。在经济社会高速发展，人们的日常生活水平不断提升的同时，人

---

[*]　本研究受到中国社会科学院—英国学术院牛顿先进奖学金项目"社会福利与地方治理——中英比较的视野"的资助。本文发表于《国家行政学院学报》，2018 年第 5 期，第 76 ~ 81 页。

[**]　刘怡然，中国社会科学院社会学研究所助理研究员。她在牛津大学获得硕士学位，在清华大学获得博士学位。哈佛燕京学社访问学者，研究兴趣为经济社会学和政治社会学。

们的生活需求和思想观念也愈发多元。这导致原有自上而下的单一治理方式难以适应新的社会情境。因此，党的十八届三中全会通过的《中共中央关于全面深化改革若干重大问题的决定》提出由社会治理代替社会管理的新思路，强调政府在治理中发挥主导作用而非包揽作用，鼓励和支持社会各方面参与治理；党的十九大报告也明确要求进一步创新社会治理模式，打造共建共治共享的社会治理格局。社会治理的重点内容之一是城市社会治理，而社区治理是城市社会治理的重要内容。城市社区是城市社会的基本治理单元，对其进行多元共治的实质是在党的领导下，推动政府、企业、社会组织、居民等主体共同参与，以更有效地解决民生问题。多元主体的表述是系统理论的呈现形式，但其本质上依旧在回应一个重要主题——民意。党的十九大报告明确指出"实现中华民族的伟大复兴，必须合乎时代潮流，顺应人民意愿"。这充分体现了中国社会对民意之于社会治理重要性的认知。

一　问题的提出

在社会治理转型背景下，各基层政府积极实践，开展了诸多利民项目。这些项目旨在应对民生问题，有些较为顺利，有些则举步维艰。现有相关研究普遍注意到了治理困境原因之所在，即：基层政府一方面面临自上而下的行政压力，另一方面承受自下而上的社会压力，且两者之间存在许多张力。具体而言，在行政压力方面，学者强调不同层级政府之间关系以及政府部门之间关系对基层政府治理的影响，认为科层制的压力和政府部门间的条块关系造成了基层政府的治理困境；[①] 在社会压力方面，学者强调从国家与社会关系切入，认为问题的根源在于基层政府与居民关系

---

① 例如周黎安提出的"行政发包制"，曹正汉提出的"中央治官、地方治民"模型，周雪光提出的"帝国的政治逻辑"等。

有失恰当。

关于社会压力的讨论，学界主要有两种视角。一种强调自下而上看问题，认为社会具有自主性，基层政府应努力促成社区的自我治理。在这一视角下，社区通常被视为城市中逐渐形成的具有凝聚力的共同体，居民具备自主性且拥有对社区公共事务的发言权（李友梅，2007）。因此，学者的讨论多聚焦于如何解决居民集体行动困境，如减少搭便车行为（杨立华，2007）；如何促进居民形成现代公民精神以提高公民的公共性，如增加其对公共事务的关心（夏晓丽，2014）；如何增加社区内的社会资本以强化居民之间的关系纽带和对社区的认同感（吴光芸、杨龙，2006）。这种视角在一定程度上参照了西方的经验，将居民自治作为最终目标，强调自发秩序的形成。

针对这种视角，有学者认为虽然社区自治有积极的一面，但其预设了政府与社会对立的不可调和，也过分强调了社区自治的全能化，既不利于社区治理，也不符合我国的实践。因此，他们更青睐自上而下的整合视角，认为国家对社会有着统领作用，同时也强调其对基层社会的整合不能遵循全能国家的思路，社会应配合国家或与之合作。尽管改革开放前后中国治理形态发生了深刻变化，但国家主导依旧是"本"，是根本；多元参与是"用"，是策略（刘敏，2017）。因此，国家与社会并非对立的关系，国家亦非铁板一块，应该更多地从两者间的互动去理解基层政权建设（王巍，2009）。

有一些学者从国家对社会赋权的角度探讨社区能力建设，认为应给予社区相应的资源和权利，激发居民参与意识，为共同治理创造良好条件（吴晓琳，2015）；还有一些学者认为我国的社区建设一开始就是由政府推动的，因此政府需要调动居民的参与热情，成为管理公共事务的主体（李慧凤，2010）；另有一些学者从效果的角度出发，认为目前的城市社区治理与理想仍有差距，未来的多元治理改革应该在为基层政府和社区减负的基础上培育社会组织，协调好政府与社会的合作关系（吴晓琳，2015）。这一视角强调政府在治理中的重要性，认为政府参与能为社会治理营造更好的环境。

总而言之，现有研究一方面探讨了政府上下级关系和部门之间关系对基层治理的影响，在一定程度上解释了自上而下的压力如何影响基层政府的治理效果；另一方面也关注了政府与社会之间的关系，突出了基层政府受到的自下而上的压力。这两种视角对基层治理中存在的问题都有一定的解释力，也都关注到了民意在治理中的重要作用；但二者共同的不足在于，将民意看作一个整体，未能观察到其内部差异性。现有研究在理论上对民意的笼统理解方式与实践经验中对民意的笼统化处理有重要关系。在以往的诸多项目中，政府对于民意的应对通常比较被动，以反应式和解决问题的方式为主，缺乏对民意本身的深入分析，忽略了不同群体和个体民意的区别，无法做到精细化和精准化的治理。

因此，基层治理的困境不可仅从政府内部和政府与社会间关系去理解，更要重视社会内部的差异。本文以北京市西城区的"民生工作民意立项项目"（以下简称"民意项目"）为例，提出从社会内部视角出发，通过分类方法将民意从一个描述性概念转变为分析性概念。在重新定义民意的基础上，分析和对比不同项目成败的原因，进而区分不同主体和内容的民意影响基层治理的机制，并提出相关基层治理建议。基层政府行为与其所处环境有密切关系，为尽可能地控制这一变量，本文所选取的案例均来自北京市西城区。作为首都核心区之一，西城区既要在北京市甚至全国起到带头示范作用，又要达到维稳的要求，面临的自上而下和自下而上的压力都很大，因此这些案例也具有典型意义。"关于建立健全'民生工作民意立项'机制的思考"课题组走访了西城区政府多个部门和6个街道，并于相关工作人员进行了座谈，同时记录和查阅了以往政策和文件。本文尝试从政府的民意治理实践中，分析其治理逻辑，并对其实践做出分析，以扩展现有基层治理理论并服务于有效基层社会治理。

二　民意内涵及其分类

民意概念在不同社会中的形成过程有较大差异。学者们在将其从日常词语转变为政治观念和学术概念的过程中做出了许多诠释，他们的关注点主要集中于三个方面——主体、内容和性质。

民意主体是民意研究中的首要问题，如在《社会契约论》中，卢梭（2003）将民意分为"公意"和"众意"。其中，前者指大部分或者全体民众的共同意志，后者指个别意志的总和；除却个体意志间正负相抵的部分，剩下的总和仍然是公意。因此，公意也可被看作众意的最大公约数。在卢梭的定义中，公意是公正的，着眼于公共利益；众意则可能是偏颇的，着眼于个人利益。基于卢梭的论述，还有许多学者认为多数人的共识高于个别意见（佐藤彰等，1989；Poice，1992）。另一些学者对此提出质疑，认为民意不仅是共识，还应包括分歧。也就是说，民意主体不应是大多数人，还应该包括少数群体或个体。因此，民意中应强调不同意见的比例，而非共识。也就是应该强调不同主体所占的比例，而非简单地让多数人代替少数人。笔者认为，相比于欧美社会的构成和发展脉络，中国社会具有其特征。无论是中国古代社会中的"国家—家族—个体"结构，还是近代以来形成的"国家—集体—个体"结构，主体区别较为清晰。所以，民意应该包括所有主体的民意，并将其分为三个层次：整体民意、集体民意和个体民意。整体民意是指基于国家全体民众立场出发的意见，从长远来看是所有居民所希望实现的目标，因此更偏重于价值层面。在我国，重视民意是党和国家的一贯传统。党的根本工作路线是群众路线，宗旨是为人民服务。因此整体民意的呈现形式通常为党和国家的大政方针。集体民意为凭借各种关系纽带形成的群体的意志，呈现形式或途径包括利益团体、兴趣团体、文化团体等。个体民意就是每个个体的意向。笔者认为，若要理解民意概念，这三者都十分重要，缺一不可，既可以是统一的，也可以是不同的。

关于民意内容，国外学者普遍将其理解为公众对集体所关注的重要事件所表达的意见（Hennessy，2000；Price，1992）。广义上讲，我国学者普遍认为民意指民众的意见或愿望；从狭义上讲，民意是民众对公共政策或公共议题的看法（喻国明，2001；张隆栋，1997）。对民意内容的认知，不仅受到时代生产力水平的影响，也会受到人们认知水平和方式的影响。就后者而言，社会科学的发展决定着人们对民意的认知。从人类学角度而言，不仅地方性知识更易成为民意的具体内容，也暗示着民意内容具备多样性。但在控制主体维度的情况下，我们依然可以看到不同民意形成的共同特征。因此，笔者认为，虽然民意包含社会生活的方方面面，但可从三个侧面出发，将民意分为理念性民意、规则性民意和利益性民意。理念性民意偏向民意中的价值层面，是多年来基于我国历史和文化传承形成的基于道德的观念，例如对生命的尊重，或者尊老爱幼的美德。规则性民意是指基于一地或者一群居民的社会文化观念形成的默会民意，通常表现为对某件具体事情表现出的意见和看法。利益性民意偏向民众生活中的具体利益，其中既包括经济利益也包括其他利益。

学界对于民意的性质也有争论。包括卢梭在内的大部分学者都认为民意应该是理性的意见，但也有学者（李普曼，2006）指出，群体并非理性的有机体，很多时候理性的、统一的民意很难形成，因此民意通常带有大量的偏见及情感因素。从民意的性质来看，其中既有理性的成分，也包括非理性的成分。

民意的主体、内容和性质之间也有着密切联系。一般情况下，整体民意更偏向于理念层面，集体民意和个体民意则与规则性民意和利益性民意联系比较紧密。此外，不同主体通过互动产生出来的不同内容的民意，都既可以是基于理性讨论形成的，也可以是基于情感或情绪产生的。基于这三点，本文将民意解释为不同主体对公众事务在理念、规则和利益方面的意见，包括理性和非理性两部分。

为了更好地观察民意在基层治理中的作用，本文将考察北京市西城区政府设立的民意项目，集中观察民意的收集、表达、呈现和监督过程。首先，民意收集是政府了解民意的第一步，不同的收集方式可能会影响收集结果。例如，政府工作人员、居委会成员、社会组织成员或社区积极分子收集同一社区民意，通常会收集到不同的内容。其次，同一居民在表达民意时，其方式是填写问卷、到居委会或政府部门反映情况，还是在议事会上发表看法，都有可能产生不同效果。再次，民意的呈现也会影响民意起到的作用。由于居民表达的意愿、能力或者权力存在差别，最终呈现出来的民意可能与真实的民意之间有很大距离。例如，有些居民因担心后果而不敢表达，有些居民不知道如何表达自己，还有少数人的意见被大多数人的意见所裹挟，这都可能导致呈现出来的民意无法反映实际情况，也就容易使得政府在回应民意时出现偏差。最后，民意的监督也应得到关注。民意在治理中的作用不仅体现在项目运行阶段，更体现在项目结束后的监督阶段。如果民意可以在项目的后续阶段不断发挥监督作用，居民很容易感受到自身所起的作用，进而更愿意参与其他的项目。

民意具有这些特征，因此在分析政府项目的时候，有必要在具体案例中厘清民意主体是整体的、集体的还是个体的，内容存在形式是理念性的、规则性的还是利益性的，性质上是理性的还是感性的，以及它是如何在项目各个阶段中起作用的。这些都有助于我们分析民意如何影响基层政府的治理实践。文章的第三部分将介绍三种不同的案例，第四部分则依照框架分别对这些案例进行分析。

三　案例分类与描述

西城区政府较早就已开展许多有关民意工作的实践。随着实践的深化，对民意的处理方式也逐渐从被动到主动，更多地在项目的开始和运行阶段融入民意。2017 年，在总结工作经验的基础上，西城区政府开展了"民意项目"并将这些项目分为三种类型，分别为民意征求型、民需申报型和民情驱动型（以下简称"第一类"、"第二类"和"第三类"）。这些项目包括楼房抗震加固、百姓服务市场改造升级、标准化菜店建设、养老驿站建设、流动人口疏解整治、道路修整、停车管理、物业提供、电梯加装、文化团队建设等。在下文中，笔者将在不同类别的项目中各选一个作为案例进行分析。

第一类，民意征求型项目

第一类项目主要指政府要做，同时需要群众了解并支持的民生工作，如棚户区改造、道路修建。通常的程序是政府首先宣传项目，再通过听证会、座谈会的形式征求居民对既定工作方案的意见和建议，之后完善项目，最后公开接受居民的检验和监督。

案例一：早期的民意项目多属于第一类，通常以自上而下的方式展开，如政府牵头的老旧小区抗震加固项目。2008年汶川地震后，抗震防震在全国范围内都被视为一项重要工作，各地陆续展开了房屋加固工程。针对较多老旧小区需要综合整治的局面，北京市政府认为合理的方式是政府牵头、居民配合。这一项目在西城区 2017 年民意项目正式文件出台之前就已开展，但其运行也有民意参与，故亦被列入民意项目范围。

在抗震抗灾背景下，居民在理念层面普遍表示认可此项目，但在实际运行中却有不少人对具体的操作方式提出反对意见。国家住房和城乡建设部确定的方案包括对房屋进行外部加固、内部加固和双面板墙加固三种。三种方式各有优劣：外部加固不会占用室内面积，对住户影响较小，但对建筑立面造型影响较大；内部加固不会改变建筑立面造型，但会减小室内空间，如果原有墙体抗震能力不足，则内部加固效果较好；双面板墙加固方法则是从内外都对房屋进行加固。从专业技术角度而言，效果最好的加固方式应由专业人员确定。他们可根据楼房的具体情况，确定适宜的加固方式。但有些居民认为内部加固会缩小房屋面积，给生活带来不便，而且还会影响房价。还有些居民看到自己居住的楼房使用了内部加固，而其他楼房使用了外部加固，就觉得自己房屋面积变小吃亏，进而反对项目。除此之外，还有一些居民因加固期间要离开住所而反对项目，甚至因此影响到邻里关系。例如，某街道一位老先生在加固期间不愿离开住所，这一行为影响到了项目进程，致使支持项目的居民愤怒地打碎了他家的玻璃，但这未改变他的主意。后来，在得到政府补偿3万元后，他才同意搬离。除了对项目本身不满，还有很少部分居民会通过拒绝配合项目的方式迫使政府解决一些以往未决问题，或者因邻里矛盾故意反对方案。所以，在项目运行过程中，政府工作人员收到了许多上访信件。

对于西城区政府而言，抗震加固是北京市甚至全国的要求，其所受自上而下的压力比较大。也正因此，区政府推动项目的力度也比较大，但也引发了一些居民的消极态度，也会因为觉得不公平而产生对区政府的不信任感。虽然西城区政府最后完成了上级的任务，但步履维艰，同时引发了社会的一些不满情绪。

第二类，民需申报型项目

第二类项目主要指居民想做、政府能做，但需一定比例的利益相关主体达成一致才能通过的项目。这类项目通常的运行方式为政府发布项目，然后由居民申请。据西城区重大项目建设指挥办公室（以下简称"重大办"）工作人员介绍，之前很多自上而下的项目效果并不理想，虽然政府投入较多，但面向居民的工作难度较大且后期效果也不是很好，所以有些刚性不是很强的项目便以民需申报的方式展开。

案例二：西城区某小区开展的电梯加装项目即属于民需申报型。近年来我国老龄化问题日益突出，小区内老年人口数量也不断增加。但很多老旧小区内没有安装电梯，居住其中的老年人上下楼很不方便，这导致一些小区对加装电梯的呼声较高。由于居民对此需求不一，工作推进难度较大。因此，北京市西城区选择了几个小区作为试点，某小区就是其中之一。

该小区是在 20 世纪 50～60 年代建成的，住户以老年人为主，所以安装电梯的呼声较高。从 2012 年开始，小区居民就陆续反映需要加装电梯。西城区政府于 2016 年发布了电梯加装项目并明确了申报条件和程序，之后规定由街道和社区居委会收集居民的意见。在立项之前，西城区房管局为居民做了一些答疑工作。他们虽然并未解答居民的全部疑虑（如项目后期运行费用、电梯如何维护、是否有噪音），但这成功地让西城区政府对民意有了初步了解。

紧接着，为了继续了解民意，街道和居委会对小区内 11栋楼 62 个楼门进行了三次走访，收集了大量意见。在第一次走访中，他们召开了楼门长会议，部署了加装电梯的相关事宜，并让楼门长收集居民意见。楼门长第一轮收集的数据显示，居民的支持率为 87.0%，最大的分歧产生于一楼住户和高层住户之间。许多年老的高层住户上下楼不方便，对加装电梯的需求较为强烈；但对于许多一楼住户来说，加装电梯只会增加噪音、遮挡光线、影响房价或租价，所以这些居民提出了反对意见。第二次走访由西城区房管局牵头，以问卷调查的形式访问了 935 户居民，同时也解答了他们关心的安装费用问题，内容包括：这个项目是试点工程，居民不用负担安装费用，只需缴纳运营费用；一楼免费，其他楼层按建筑面积大小收费；加装一部电梯的费用在 100 万左右，市政府财政补贴 60 万左右。这次走访后，居民的同意率达到了92.0%。在第三次走访中，工作人员对"维修费、电费等每平方米收取一元钱是否合适"进行了问卷调查，但了解到这些费用标准后，居民的同意率又降低为 51.2%。

与其他公共项目不同，电梯项目主要影响的是一楼住户的利益，而他们本来就是少数，所以政府规定，这类项目中居民的支持率必须达到 100% 才能实施。由于居民顾虑较多，民意不断变化，所以项目也迟迟未能运行。在多次协商后，最后只有 5、7、9 三个楼门的居民意见实现了统一。之所以如此，是因为这三个楼门的一层住户都是商铺，相比于居民住户更好做工作；此外，这三个楼门长工作十分积极，不断地对居民做疏导工作。这三个楼门的 60 户居民，都签订了两份协议——一份表明愿意安装电梯，另一份承诺负担运行费用。协议签订后立项成功，区政府牵头联系公司实施项目。

项目运行后，一些商铺陆续提出意见，认为电梯对商铺有遮挡并要求每个月减免租金 20.0%。据负责项目的工作人员介绍，原则上，项目开始后不能再减免租金，但因这一项目是示范项目且已获得居民一致同意，所以区政府最后给商铺减免了 23 万元租金。从结果上看，在该小区选中的几栋楼确实成功安装了电梯，但其推广却存在很多限制条件。这项工程既是民意项目的试点工程，也是西城区加装电梯的试点工程，因此区政府给予了支持，由重大办负责牵头、审批程序、提供后续资金筹集方案，找人解决后续问题。街道有着将项目成功且快速开展的压力，所以只能通过各种办法不断推进。然而，虽然项目取得了成功，也提升了居民对政府的满意度，但其推广亦面临着很大问题。

第三类，民情驱动型项目

第三类项目主要指居民想做但政府限于财力和相应条件还未列入计划的项目，是民意在项目中所起作用最大的一种。运行方式为政府先听取需求，居民再协商方案，政府部门最后实施。这一类项目的程序主要是广泛听取问题、收集意见，然后研究相应可实施的方案。

案例三： 随着城市居民生活水平提升，小区内私家车数量不断增加。因旧有的城市规划无法满足新需求，许多小区都面临停车难的问题。此案例中讲到的是一个平房胡同，其两端是比较繁华的大街，因此很多车辆从中穿行，也有很多人在胡同里停车。因无人管理，胡同内秩序非常混乱。一些居民因担心没有停车位置，私自安装了许多地锁。这不仅未解决停车问题，反而使环境日益恶化。既引起了居民之间的矛盾，也成为基层政府急切想解决的问题之一。街道和居委会在多次收到居民反映的情况后，举办了几场胡同沙龙，为居民提供讨论的平台。他们张贴海报号召居民自愿参加，让他们提出生活中希望改变的事情。居民纷纷参加沙龙并提出了一些建议，排在第一位的是胡同停车问题。据居委会主任介绍，居民在第一次沙龙中的反应比较强烈，提出的意见也比较感性，但这次沙龙的重要作用是让居民有了一个"发泄的过程"。此后，社区又举办了第二场沙龙，分别让车主和非车主发声。在这次讨论中，居民渐渐进入了理性讨论阶段，逐渐意识到自己在解决小区停车问题上也有权利和义务，进而从情绪的宣泄转向理性思考。第三次沙龙将讨论带入了第三个阶段，开始进入了解决问题的阶段。居民选举表达能力较强的居民作为代表，并由他们讨论停车公约。居委会工作人员称，居民的讨论气氛非常好且非常理智。他们不仅讨论自己的停车问题，如向长驻车辆与临时停放车辆发放不同证件，也会考虑相邻胡同里的停车问题与资金问题。此外，他们还讨论了挑选积极分子监督停车情况的问题。随着居民讨论的深入，街道和居委会的作用逐渐从操办者变成组织者和监督者。至于停车收费和平衡各群体之间关系的问题，完全由居民自己决定。因为政府不是直接自上而下地参与，所以居民的积极性很高，表现出很强的责任感。

居民公约草案拟成之后，居委会按照《城市居民委员会组织法》的相关规定动员居民对这个公约投票。为了体现最多民意以增加投票合法性，居委会公示18岁以上胡同居民的名单，然后组织投票：每户遴选一个代表投票；同时选出七位居民组成胡同管理委员会，负责居民公约的执行与监督。西城区交管局和区域内的单位也非常配合，派出代表参加会议。最终，错峰停车、分类停车在很大程度上缓解了停车难的问题；同时，居民私装的地锁被拆除。这些措施对小区环境的改善有很大帮助，居民也在协商过程中增进了相互的理解。

可以看出，西城区政府对项目进行分类的依据是民意在项目中所起作用的大小。从第一类到第三类项目，政府的计划性越来越低，而民意在项目中所起作用越来越大。第一类项目最符合政府的规划，民意基本上只起到建议和监督的作用；第二类项目也在政府的规划中，民意可以对项目起到一定的推动作用；第三类项目在政府的潜在计划中，但需要居民主动地提出项目，政府来决定是否开展。通过对比这三类不同的项目可以看到，在基层政府面对不同任务压力的时候，民意对治理有着不同的影响。

四　案例解读及分析

如上文所述，基层政府在开展项目时，首先要应对来自上级政府的压力，地处首都的西城区政府更是如此。中央政府或北京市政府制定利民项目通常要考虑国家层面或整个市层面的发展，这很可能与集体和个体居民的观念或者利益产生冲突。正如斯科特（2011）在《国家的视角：那些试图改善人类状况的项目是如何失败的》中所言：现代国家采用一种科学的、现代的、经济的方法以从整体角度考虑发展，而这种治理方式难免会与一地居民的具体生活需求不相符，甚至会导致许多试图改善人类状况的项目难以实行。然而，斯科特并未阐述集体民意和个体民意，不同侧面的民意如何作用，以及这些不同的民意在治理中的作用。笔者将尝试将不同主体和不同内容的民意纳入同一框架中进行分析，以建构符合中国基层社会治理实践的理论框架。

第一类，民意征求型项目

从案例中可以看出，抗震加固是在全国范围内推行的，在保障人身安全、提高生活质量的理念层面上，不论是整体民意、集体民意还是个体民意，都对此表示支持。然而，在具体实施过程中，不同操作方式带来了不同集体和个体居民在规则和利益层面的分歧。从整体层面考量，成本最低和效果最佳的方式是政府请专家评估并寻找合适的加固方案；但具体到不同群体和个体居民，需求就会有差异。例如，有些群体和个体认为内层加固会缩小自己房屋面积，对于房屋面积较小的居民来说尤其如此；此外，邻里之间可能会互相攀比，在是否公平、如何操作问题上各持己见。然而也因为项目类型（民意征求型）的原因，这些意见都要让位于项目的实施，因此许多民意也被压制。最后，从利益性民意角度考虑，有些居民可能会因为个人原因反对项目。例如，老年人因行动不便，或者在房屋加固期间没有住所（如案例中的老人），或者经济上比较拮据，抑或房屋常年出租，都可能导致居民抵触加固。虽然老楼加固在整体意义上对居民均有益处，但具体到不同群体和个人，益处的多少可能有很大差异。

表1　第一类项目中不同主体及不同内容的民意

	整体民意	集体民意	个体民意
理念性民意	统一	统一	统一
规则性民意	统一	分歧	分歧
利益性民意	统一	分歧	分歧

　　由表1可以看到，当民意内容是理念性的时候，不论是整体、集体还是个体的民意都相对统一。但当民意内容是规则性和利益性的时候，不同群体和个体的民意就会产生分歧。因为这一项目的运行是政府自上而下的安排，所以民意参与相对较少，表达的空间也很有限。从该项目中民意运行的机制和效果来看，区政府在未收集民意的情况下就直接展开了项目。在项目运行的过程中，区政府并未给予居民充分表达的平台，而是在项目遇到瓶颈时通过征求和询问意见的方式让居民表达意见。民意的呈现也比较零散，只是个人表达的意见，并没有形成统一的民意。针对项目中出现的一些问题，区政府最后也通过计划外补偿的方式而非制度性的方式来解决。项目结束后，居民也并没有参与监督。

表2　第一类项目中民意的运行机制和效果

民意参与机制		效果	
民意收集	政府收集	抵抗情绪	民意稳定性差很难形成一致情绪积压
民意表达	较为单一	沟通不充分	
民意呈现	零散	无法形成有效意见	
民意监督	无监督	无法投入热情	

　　因此，虽然项目在基层政府的大力推行下最终得以运行，但对于不同集体和个体的居民来说，他们对项目运行规则和自身利益的意见却被抑制。所以，在此项目运行中，不仅民众参与的积极性与主动性很低，没有形成统一的民意，而且积累了不少负面情绪。

第二类，民需申报型项目

相较于第一类项目，民意在第二类项目中参与的程度较高。从案例可以看出，西城区政府为应对养老问题，计划为一些老旧小区安装电梯，很多小区居民也迫切期待。区政府虽然仍面临着自上而下的压力，但为缓解社会冲突，同时也为回应中央政府提出的多元参与要求，在发布项目之后、项目运行之前就开始征求民意。项目的理念是应对老龄化，而敬老爱老又是中国人民的传统美德，所以整体、集体和个体民意在这一理念上并没有产生任何分歧；但在涉及具体的规则和利益时，居民则有着不同的意见，分歧主要出现在不同楼层居民之间，如低层用户和高层用户在安装费、运营费、维护费、电费方面的分歧以及居民和商户之间的分歧。还有一楼居民对于电梯安装造成的噪音和挡光问题始终存在意见。因此，街道和居委会做了很多协调工作。由于西城区政府面临着较大压力，在解决某些问题时，市政府财政也给予了一定支持。

通过案例可以看出，在这一项目中，居民之间的沟通并非自发实现，而是借助了西城区政府、街道和居委会的协调。在摸底的过程中，居民意见随获得的信息以及对项目的认识不断改变，但就其效果来看：一部分居民始终同意，一部分居民始终不同意，还有一部分居民不断变化。由此可见，居民之间并未形成有效互动。也就是说，不同集体和个体在规则和利益层面对项目的认识虽有改变，但有些分歧始终未得到解决。高层居民安装电梯的意愿普遍非常强烈，而一楼居民的反对也很坚决。因此，只有一楼是商户的楼门才在一定程度上做了妥协，而妥协的条件则是政府的补贴。还有一些低层住户，虽然意愿不强烈，但反对也不强烈，因此政府对电梯费用的补贴以及补助是他们意见变化的主要影响因素。可见，虽然项目最后有了推进，但不仅成本很高，而且也不具备可复制性。

表 3　第二类项目中不同主体及不同内容的民意

	整体民意	集体民意	个体民意
理念性民意	统一	统一	统一
规则性民意	统一	有转变但始终存在分歧	有转变但始终存在分歧
利益性民意	统一	有转变但始终存在分歧	有转变但始终存在分歧

　　从民意的参与机制来看，居民在第二类项目中的参与较第一类更为充分。虽然民意的收集仍以自上而下的方式为主，但次数明显增加，而且表达途径也明显增加。在政府走访的过程中，居民的疑虑可以得到解答且始终不满意的居民也可以选择不参加项目，比第一类项目更加自由。然而民意在这类项目中的表达空间仍然有限，相比第一类不再是完全零散的状态，而是由几种相对有代表性的意见构成。政府行动并不依凭居民的协商一致，而是自主决定终止项目或通过资金补助的方式促使居民意见统一。可见，通过这种方式，基层政府完成了上级的任务，同时也在一定程度上满足了居民的需求。然而，正是因为这个项目是试点工程，所以它才获得比较充裕的资源，但它在其他小区以及其他楼门仍然无法推行，没有很大的推广意义。

表 4　第二类项目中民意的运行机制和效果

民意参与机制		效果	
民意收集	政府多次收集	抵抗情绪不一	民意稳定性较差 很难形成一致 释放一定情绪
民意表达	途径较多	沟通相对充分	
民意呈现	几种意见	无法统一意见	
民意监督	有监督	有一定参与的积极性	

第三类，民情驱动型项目

　　这类项目并不由政府直接设立，而是由居民自发提出。相比前两种项目，区政府并未直接承接上级政府的计划安排，但仍然面临着完成开展民生项目的任务。本着多元治理的理念，同时也为减少来自社会的压力，在这一项目中，区政府通过搭建协商平台让居民自己决定立项的内容。有趣的是，虽然居民提出了许多需求，但停车管理却成了最终立项的项目。这主要有两方面原因：一是车位紧张导致的私装地锁问题确实恶化了社区周围环境，影响到居民生活，居民整改意愿强烈；二是由停车带来的环境问题影响了北京的首都形象，不符合政府的发展规划，所以街道和居委会的工作人员也有意将民意引到这一问题上。在项目运行的规则层面，不同集体和个体产生了一些分歧。其原因不光包括来自不同背景的居民对小区内车主与非车主，以及小区内外不同车主停车公平的不同认识，也包括具体停车的利益问题。因此，居委会为居民提供了讨论的平台。通过这一方式，居民的讨论逐渐从情绪的发泄转为理性的讨论，进而聚焦寻找问题的解决方法。在民意的利益层面，不同群体和个体间虽然存在分歧，但最终通过讨论实现了相互理解并共同找到解决方案。整顿停车不仅解决了居民个体的困扰，还促成了公共空间整治，并最终在居民之间形成了一套稳定的规则。与加装电梯的案例相比，停车问题的解决方案并未对某个群体或某个个体造成明显的不公平影响，反而通过一套制度的制定和约束让不同的利益达到平衡。因此，项目的运行最终极大改善了小区的停车环境，而且极具推广性。对于政府而言，既成功减少了政府与居民之间的矛盾，也在一定程度上减轻了政府的负担，达到了较为理想的效果。

表5　第三类项目中不同主体及不同内容的民意

	整体民意	集体民意	个体民意
理念性民意	统一	统一	统一
规则性民意	统一	分歧→统一	分歧→统一
利益性民意	统一	分歧→统一	分歧→统一

与前两类项目不同，这一项目从民意收集环节就开始采用了自下而上的方式。从居民的角度来看，是他们自己提出了想要开

展的项目，相比之下，街道与居委会仅为居民讨论提供了平台。
通过多次讨论，居民不仅发泄了情绪，还商讨出理性的、切合实
际的建议。在此基础上，民意通过集体投票和公约的形式实现了
制度化，不仅有效平衡了各方意见，还比较真实地呈现了居民自
身的意愿。也正因此，居民拥有更强烈的维护成果的意愿，希望
通过监督保护项目的成果。通过这一方式，社区内部不仅形成了
统一的意见，而且强化了民意稳定性。

表6　第三类项目中民意的运行机制和效果

民意参与机制		效果	
民意收集	居民自己提出需求	无抵触情绪	民意稳定性较强，形成一致意见，释放情绪，逐渐理性
民意表达	多次讨论	充分沟通	
民意呈现	公约	形成统一意见	
民意监督	有监督	维持成果，参与积极	

五　总结与讨论

本文从社会内部的角度出发，通过将民意分类，为分析基层
治理中存在的问题提供一个新的视角。关于基层治理中存在的困
境，以往研究或将重点放在政府内部的上下级压力和条块关系的
衔接，或将社会看作一个整体观察基层政府与社会的互动，但未
给予社会内部不同群体和个体之间的差异应有的关注，更未将这
种差异分类处理用于分析。本文提供了一套民意分类的框架，将
民意从描述性概念转变为分析性概念，以北京市西城区的民意项
目为案例，展示了民意分类对分析基层治理问题的重要意义。

借鉴前人经验，本文将民意的主体区分为整体民意、集体民
意和个体民意。整体民意通常是以全民为单位。党和中央政府从
全局的角度出发总揽全局整体谋划长远发展通常都是站在整体民
意的立场上。但因为不同集体和个体有不同的立场，集体民意和

个体民意经常会与整体民意发生冲突。就此而言，某些被认为是存在于政府与社会之间的矛盾实质上是不同主体民意之间的矛盾。从民意的内容来看，民意可分为理念性民意、规则性民意和利益性民意。从性质上则可被分为理性和感性的民意。不同主体的民意通常在理念上较易达成一致，但在规则和利益上存在分歧，而这些则通常由居民所处的社会经济地位、社会网络关系和文化环境等决定。

在研究方法上，本文通过个案分析的方式，观察项目运行过程中民意在收集、表达、呈现和监督过程中发挥的作用，分析基层政府在应对不同压力时处理不同内容民意的方式。经分析后发现，当面临紧迫的上级压力时，基层政府更加倾向于压抑集体民意和个体民意的分歧，通过开口子的方式解决问题，但这极易积压社会矛盾。当项目运行影响到居民集体和个体的利益越大，这种矛盾会越发严重。然而，当基层政府面临的压力较少且并未影响集体或个人利益时，居民可以在政府提供的平台下，通过协商的方式对规则进行讨论，充分地发挥居民的智慧，很好地平衡各方的利益。在这种条件下，非理性的情绪可以得到疏导，理性的共识逐渐形成。不仅结果可以推广，而且是多元治理的很好体现。

综上可知，民意的分类和统合对理解基层治理的效果有着十分重要的作用。首先，只有当集体和个体民意在理念上与整体民意相吻合时，才能被列入政府的项目之中；其次，只有充分尊重整体和个体居民的基本利益，才能尽可能减少社会的负面情绪；最后，在政府提供讨论平台、充分监督引导和保障居民利益的基础上，尽可能让居民表达自己的意见有利于非理性民意的表达和理性民意的形成，也有利于个体民意、集体民意和整体民意的整合。

需要注意的是，本文也有未深入讨论的问题。首先，基层治理应重视制度文化环境的作用，社区的文化氛围和社会关系结构都有可能影响政府政策和规划。但在本文中，这一变量被当作了控制变量。其次，即便经过充分协商，由于积极性、能力、注意力等差异，最终呈现出来的民意都可能与真实的民意之间存在偏差。总而言之，本文分析了不同主体、内容和性质的民意会如何影响政府项目的开展，探讨了民意作用的条件以及机制，为理解我国基层治理提供了新视角。

参考文献

毕宏音，2009，《试论诉求表达机制的完善路径》，《天津社会科学》第 4 期。

曹正汉，2011，《中国上下分治的治理体制及其稳定机制》，《社会学研究》第 1 期。

李慧凤，2010，《社区治理与社会管理体制创新——基于宁波市社区案例研究》，《公共管理学报》第 1 期。

李普曼，2006，《公众舆论》，上海人民出版社。

李友梅，2007，《社区治理：公民社会的微观基础》，《社会》第 2 期。

——，2003，《城市基层社会的深层权力秩序》，《江苏社会科学》第 6 期。

刘敏，2017，《"国家 +"治理：社区治理模式的新探索——以深圳为例》，《社区治理问题研究·新视野》第 2 期。

卢梭，2003，《社会契约论》，商务印书馆。

斯科特，2011，《国家的视角：那些试图改善人类状况的项目是如何失败的》，社会科学文献出版社。

夏晓丽，2014，《公民参与、城市社区治理与民主价值》，《社会管理创新研究》第 2 期。

孙立平，2004，《社区治理的实践逻辑与反思——以北京市一街道改制为个案》，《社区研究通讯》第 40 期。

王巍，2009，《国家—社会分析框架在社区治理结构变迁中的应用》，《江苏社会科学》第 4 期。

王石番，1995，《民意理论与实务》，台北：黎明文化事业公司。

温淑春，2007，《国外民意调查发展研究综述》，《理论与现代化》第 1 期。

吴光芸、杨龙，2006，《社会资本视角下的社区治理》，《社会问题》第 4 期。

吴晓琳，2015，《中国的城市社区更趋向治理了吗——一个结构—过程分析的框架》，《华中科技大学学报》（社会科学版）第 6 期。

薛金礼、孙津，2013，《中国群众利益诉求表达机制的理论和实践特色》，《前沿》第 11 期。

杨立华，2007，《构建多元协作性社区治理机制解决集体行动困境——一个"产品—制度"分析（PIA）框架》，《公共管理学报》第 2 期。

喻国明，2011，《解构民意：一个舆论学者的实证研究》，华夏出版社。

俞可平，2012，《敬畏民意——中国的民主治理与政治改革》，中央编译出版社。

张隆栋，1997，《大众传媒总论》，中国人民大学出版社。

周黎安，2014，《行政发包制》，《社会》第 6 期。

周雪光，2014，《从"黄宗羲定律"到帝国的逻辑：中国国家治理逻辑的历史线索》，《开放时代》第 4 期。

佐藤彰、铃木荣、船津好明，1989，《民意调查》，中国对外经贸出版社。

Bryce, James, 1921, *Modern Democracies*, vol. 1 in two volumes. New York: The Macmillan company.

Price, Vincent, 1992, *Public Opinion*, CA: Sage.

Hennessy, Bernard, 1965, *Public Opinion*, California: Wadsworth Publishing Company.

Urban Local Governance in the Perspective of the Classification of People's will

——Case Study of "People's Will Project" in Beijing

Liu Yiran [*]

Abstract: How to respond to people's increasingly diversified demands is an important problem for China's local governments. Existing

[*] Liu Yiran is an assistant researcher from the Institute of Sociology, Chinese Academy of Social Sciences. She received her master's degree from the University of Oxford and Ph. D. degree from Tsinghua University. She was a visiting fellow of the Harvard-Yenching Institute and main interest of research is political and economic sociology. Her publication includes demolition project in Beijing, entrepreneur charity in Yunnan, and local governance programs across many Chinese provinces.

studies approached this issue either from the intra-government perspective or from the interactions between the government and society, both ignoring the diversification of the society itself. Using the "People's Will Project" conducted by West District government in Beijing as a case, this article divided the subjects of people's will as the whole opinion, the collective opinion and the individual opinion; also classified the existence of people's will as being ideal-targeted, rule-targeted and interest-targeted. Based on this classification, this article examines the influence of different types of people's will on the state projects, in its process of collection, expression, presentation and supervision, so as to provide a new perspective in analyzing the problems of local governance.

Keywords: people's will; categorization of people's will; local governance; urban community

结构分化：当代中国社区治理中的社会组织[*]

向静林[**]

摘　要　本文以社会组织的迅猛发展与其参与社区治理的有限效果之间的反差为起点，讨论社会组织与社区治理的关系问题。通过构建"外部环境—供求匹配—治理水平"的分析框架，将社会组织与社区治理的供求匹配问题作为核心，分析导致匹配不足的环境因素和可能的应对方式。研究表明：①从需求侧看，嵌入性和专业性是社区治理对于社会组织的两个基本需求，但从供给侧看，社区治理中的社会组织出现了结构分化，即浮动的专业社会组织（嵌入性低）、虚弱的社区社会组织（专业性低）、少量的理想社会组织（嵌入性和专业性高）和其他类型的社会组织（嵌入性和专业性低）等并存的基本格局，供需匹配不足；②自上而下的政府环境与自下而上的社区环境是影响结构分化的关键因素，核心的影响机制是资源依赖机制；③可能的应对方式，是增强

* 本研究得益于中国社科院－英国学术院牛顿奖学金项目"社会福利与地方治理——中英比较的视野"的资助。论文写作过程中，王春光、肖林、史云桐、梁晨、刘怡然等师友以及英国卡迪夫大学社会科学学院的 Susan Baker、Paul Chaney、Sin Yi Cheung、Ralph Fevre 等教授提出了宝贵的意见建议，在此一并致谢。
** 向静林，中国社会科学院社会学研究所助理研究员。在北京大学获得博士学位。主要研究兴趣为经济社会学、组织社会学和城市基层社会治理等。

专业社会组织的嵌入性和提升社区社会组织的专业性，基层治理的实践探索可以由此得到理解。

关键词 社区治理 结构分化 专业社会组织 社区社会组织

一 研究问题

近年来，推动社会组织参与社区治理，成为我国社会治理体系与治理能力现代化建设的一个重要举措。宏观层面，党和国家在社会组织方面的方针政策频繁出台。2013 年，党的十八届三中全会提出，"创新社会治理体制，改进社会治理方式，激发社会组织活力"，重点培育和优先发展城乡社区服务类等四类社会组织。2016 年，中共中央办公厅、国务院办公厅印发《关于改革社会组织管理制度促进社会组织健康有序发展的意见》，提出"大力培育发展社区社会组织"。2017 年，党的十九大报告明确指出，"打造共建共治共享的社会治理格局。加强社区治理体系建设，推动社会治理重心向基层下移，发挥社会组织作用，实现政府治理和社会调节、居民自治良性互动。"微观层面，各地基层政府纷纷进行社会治理创新，投入大量资源，推动社会组织等多元主体共同参与社区治理。由此观之，社会组织参与社区治理总体上具备良好的制度基础。

然而，如果对社会组织参与社区治理的实际情况进行近距离观察，就会发现不少让人困惑的现象。一方面，政府体系自上而下的政策宣传颇有声势，基层社会治理层面的创新实践层出不穷，降低了社会组织登记注册的门槛，增加了购买社会组织服务的力度，建立了大量的枢纽型社会组织。结果是，社会组织的数量迅速增加[①]，特别是各类社会服务机构成立和运营，规模逐渐扩大，

① 有研究显示，截至 2016 年底，全国共有社会组织 70.2 万个，比 2012 年末增加了 15.5 万个（杨宜勇、黄燕芬，2017）。如果加上没有登记注册的社区社会组织等，全国的社会组织总量会更大。

它们承接政府发包的项目，通过多种形式为社区提供服务；社区社会组织也在社区党组织服务群众经费和社区公服资金等的支持下更为活跃起来。另一方面，不少基层政府、社区党组织和群众自治组织的负责人和研究人员都注意到，社会组织对社区治理的实际作用依然非常有限，体现为社会组织缺乏自主性、倾向于提供服务而非参与治理、难以深入社区，以及解决问题的范围狭小、能力不足、持续性弱等。与此同时，不同的社区中，社会组织参与社区治理的效果也存在较大差异。

问题是，社会组织的迅猛发展（如社会组织数量、规模、发展速度等）和参与社区治理的有限效果之间的反差，究竟意味着什么？为什么普遍存在？产生这种反差现象的机制是什么？存在哪些可能的应对方式？对此，现有研究没有提供系统和恰切的解释。相关的研究工作主要包括以下三个方面。

第一，宏观层面：国家/政府与社会组织的关系研究。相关研究聚焦于政府对社会组织的管理制度与策略，提出了一系列有关政府与社会组织关系模式的描述性概念，如"宏观鼓励、微观约束"（俞可平，2006）、"分类控制"（康晓光、韩恒，2005）、"控制与支持"（陶传进，2008）、"利益契合"（江华等，2011）、"分类发展"（田凯，2016）等，认为政府对社会组织存在控制与发展这两种基本态度和管理策略，而前者是社会组织发展受限的核心原因。不过，这类研究关注政府和社会组织的关系问题，而非社会组织与社区的关系问题；假定了正式制度约束与社会组织发展之间的线性关系，也没有为社会组织发展和社会治理效果之间的关系提供分析工具；宏观的结构讨论较多，而微观的机制研究较少。

第二，微观层面：社会组织参与社区治理的经验模式研究。相关研究以国家和地方政府的政策文本为基础，聚焦于社会组织在社区治理中的应然角色，论述应该如何推动社会组织参与社区治理，存在哪些地方经验模式（关信平，2011；高红，2011），面对何种现实问题，并试图总结推动社会组织参与社区治理的有效路径和具体方法。这类研究的不足之处在于，规范性研究和概述性研究较多，缺乏实证性研究和解释性研究，较少从基础理论层面建构分析框架或解释逻辑，难以深入和系统地回答为何在政府大力推动的背景下社会组织参与社区治理依然效果欠佳，细致的实证研究工作（郁建兴、金蕾，2012）尤其少见。

第三，中观层面：社会组织的实践制度环境及其影响研究。近年来的中观研究，试图突破上述宏观和微观分析，从"制度环境—社会组织—治理后果"的逻辑链条出发，分析社会组织面临的实践制度环境特征及其引发的治理后果（黄晓春，2014，2015，2017）。这些研究指出，项目制对社区治理结构产生影响，其内涵的技术理性导致社会组织依附项目而与社区疏离、可持续发展不足、发展不平衡等问题（虞锦美等，2014；张琼文等，2015），但主要还是关注政府治理机制转型对社会组织的影响（黄晓春、周黎安，2017），未能明确地将社会组织置于政府与社区之间进行理论考察，也很少揭示社会组织场域内部的结构特征。

总之，已有研究更多集中在"国家—社会"或者"政府—社会组织"的关系维度讨论社会组织的环境特征，而较少集中在"社会组织—社区"的关系维度讨论二者之间的匹配机制，缺乏源自社区的自下而上的视角，以及中观层次的组织场域视角，难以为理解社会组织与社区治理的关系提供基础性、系统性和机制性的分析思路。因此，本文尝试从组织社会学的视角出发，聚焦社会组织与社区治理的匹配问题、影响因素及其引发的应对方式，提供可能的分析思路。

本文建构"外部环境—供求匹配—治理水平"的理论框架，分析社会组织参与社区治理中的问题和原因。其中，外部环境，是指社会组织参与社区治理时所置身其中的环境特征，主要包括自上而下的政府环境和自下而上的社区环境；供求匹配，是指社区对社会组织的需求与社会组织对社区需求的供给之间的匹配关系；治理水平，是指社会组织在社区治理中的参与程度和作用情况。

本文的具体分析将从三个方面展开。首先，将作为需求侧的社区治理与作为供给侧的社会组织之间的匹配分析作为核心，指出社会组织参与社区治理的效果有限，实质是二者之间存在供求匹配不足的问题，即社会组织未能充分满足社区的需求。其次，分析影响供求匹配关系的环境因素。最后，分析供求难以匹配的逻辑后果，以及基层政府和社区发展出的改善供求关系的应对方式。

二 社会组织与社区治理：供求匹配问题

（一）需求侧：社区治理对社会组织的双重需求

社区治理对社会组织的需求包含很多方面，在不同社区会存在差异，而且始终处于变化之中。从理论上进行适当的简化，本文认为，社区治理对社会组织普遍存在两个维度的基本需求。第一个维度是嵌入性（embeddedness），即社会组织对于社区的嵌入程度（张琼文等，2015）;[①] 第二个维度是专业性（professionality），即社会组织应对社区治理问题的专业能力。进而言之，这两个维度可以作为考量社会组织与社区治理之供求匹配关系的基本标尺。

嵌入性，反映社会组织与社区本身的关联/融合程度，主要包括社会组织在多大程度上能够把握社区需求，多大程度上了解社区的文化观念和价值规范，多大程度上拥有社区居民的信任和关系网络资源，以及多大程度上能够持续扎根于社区等指标。嵌入性之所以是社区治理对于社会组织的需求，是因为它直接影响到

---

① 嵌入性概念是社会学领域的经典概念之一，含义和用法很多（刘世定，2015），本文主要是在格兰诺维特（Granovetter，1985）的意义上使用这一概念，强调社会组织对于社区内部网络的融入程度。

社会组织的实际运行能否与社区发展的方向一致。

专业性，反映社会组织参与社区治理的治理能力（关信平，2011），主要包括社会组织所拥有的专职人员、专业人士、专业知识、硬件设施和内部管理等方面的数量和水平等指标，影响社会组织在多大程度上能够处理其他组织难以处理的问题，提高社区治理效率或质量等。专业性之所以是社区治理对于社会组织的需求，是因为它直接影响到社会组织实际解决社区问题的可能性。

如图1，将上述两个维度结合起来，可以将参与社区治理的社会组织划分为四种理想型。A代表嵌入性和专业性都较高的社会组织，B代表嵌入性较高但专业性较低的社会组织，C代表嵌入性较低而专业性较高的社会组织，D则代表嵌入性和专业性都较低的社会组织。通常而言，A和D分别是社区治理需求程度最高和最低的两种社会组织类型，现实中数量相对较少（用虚线框架表示），B和C则是社区治理需求程度居中的两种社会组织类型，现实中数量相对较多（用实线框表示）。四种类型之间的箭头，表示政府或者社区存在推动社会组织从D转化为B、C再转化为A的需求。

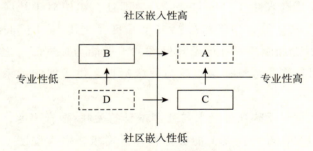

图1　社区治理需求与社会组织类型

（二）供给侧：社会组织的结构分化

给定社区治理的上述需求，处于供给侧的社会组织并非铁板一块，其场域内部常常存在结构分化。换言之，参与社区治理的社会组织不是整体属于A、B、C、D四种类型中的一种，而是在这四种类型中存在较为稳定的分布结构。所谓结构分化，是指不同类型的社会组织在社区治理中的关注对象、实际功能、作用机制以及与社区的关系形态等方面形成明显差异并且逐渐固化。

对于当代中国的城乡社区而言，参与治理的社会组织主要是两种类型：一种是专业社会组织，即产生于社区之外，在民政部门正式登记注册，通过承接政府购买服务项目等方式参与到社区治理中的专业型的社会组织，如近年来大量出现的社工服务机构等；另一种是社区社会组织，即产生于社区内部，"由社区居民发起成立，在城乡社区开展为民服务、公益慈善、邻里互助、文体娱乐和农村生产技术服务等活动"①，通常未经正式的登记注册，只在街道或者乡镇备案，通过社区居民自我组织和管理而形成的草根社会组织。

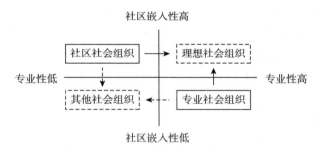

图 2　结构分化：供给侧的社会组织

如图 2，城乡社区治理中的社会组织，确实存在内部的结构分化。社区嵌入程度和专业程度都较高的社会组织，是基层政府、干部和社区居民都特别需要的理想社会组织，但是数量很少；多数社区社会组织对于社区的嵌入度较高，扎根社区一线，但是专业程度较低，治理水平不足；多数专业社会组织的专业程度相对较高，是政府购买服务的主要对象，但是对于社区的嵌入程度较低，与社区疏远，参与治理比较有限；此外，还有不少社会组织的社区嵌入程度和专业程度都较低，例如长期不年检或不开展活

---

① 参见《民政部关于大力培育发展社区社会组织的意见》。

动的"僵尸型"社会组织就属于这种类型。这些方面结合起来，就产生了社会组织参与社区治理的总体性供求匹配问题。

概括起来，当代中国社区治理中社会组织的结构分化，体现为不同社会组织参与社区治理的不同现状、逻辑和趋势，形成了"浮动的专业社会组织"、"虚弱的社区社会组织"、"少量的理想社会组织"与"其他类型的社会组织"等并存的基本格局。需要强调的是，这里的结构分化是相对于社区治理而言的，本文并不否认不同社会组织有不同的服务对象和侧重领域，只是希望刻画出作为供给侧的社会组织场域内部的结构形态，映射出其与社区治理的匹配关系。

此外，图2是对总体结构性状态的一种描述，并不否认专业社会组织内部和社区社会组织内部的差异性。第一，正如实线箭头所示，本文不否认一些专业社会组织对于社区的深度嵌入，以及一些社区社会组织具有较高的专业性，而是将这些社会组织都纳入了图中的理想社会组织这一类型之中。现实中，我们的确可以发现一些优秀的专业社会组织，特别注重对于社区的深度嵌入，这体现为对于社区基本情况的高度熟悉和持续跟踪，取得社区居民的信任，能够准确把握社区的需求，能够动员社区层面的各种资源等；与此同时，也可以发现一些社区社会组织，因为组织人员的多样背景和知识的丰富性，而具有较高的专业水平。第二，正如虚线箭头所示，本文认为，专业社会组织的专业性与社区社会组织的嵌入性，都存在减弱的可能性，二者都可能向"其他社会组织"转化。现实中，我们也的确可以发现不少号称"专业"的社会服务机构的专业性很低，不少社区社会组织局限于少数居民，与社区的融合程度较低，逐步衰弱甚至难以为继。

（三）匹配问题

上述结构分化，使得社区治理的需求与社会组织的供给之间普遍出现了匹配不足。由于专业社会组织和社区社会组织是较为常见的两种社会组织类型，下面主要分析二者与社区需求的匹配问题。

专业社会组织参与社区治理的问题主要体现在三个方面。第一，社区需求的把握问题。由于专业社会组织的嵌入性较低，常常是承接政府购买服务项目而进入社区，即事化的特征明显，只关注社区的某一个侧面，对社区本身的了解程度不足，对于社区需求的把握程度有限。第二，参与治理的机制问题。专业社会组织进入社区之后，涉及与社区多元主体的关系问题，即与社区居委会、社区社会组织、社区居民等主体的互动频率、关系属性与合作机制，与社区居委会的关系定位容易偏颇，与社区社会组织的协同不足，难以获得社区居民的信任。第三，取得成果的积累问题。专业社会组织参与社区治理即使取得了一些成果，也会因为嵌入性较低、流动性较高，而难以持续性地在一个社区产生和积累治理成果，即使已经积累的成果，也会因流动而缺乏在社区内部的传递或延续机制。

社区社会组织参与社区治理的问题主要体现在三个方面。第一，组织自身的稳定性问题。社区社会组织的人员规模、结构和继替等都是不稳定的。从数量上看，规模偏小；从结构上看，兼职人员居多，缺乏专职人员，以老年人为主，年轻人相对较少；从继替上看，人员流动性高，常常缺乏合适的领导人物和核心团队，导致难以继替。社区社会组织自身高度不稳定，会影响参与社区治理的能力。第二，能力范围的局限性问题。由于缺乏专业人员和知识等，社区社会组织能够处理的问题有限，难以有效应对一些较为复杂或者带有技术性的问题，往往需要借助居委会、社区居民等的公共或私人资源。第三，参与治理的精细性问题。由于缺乏专业性，社区社会组织往往是提出问题或需求，但难以提供专业化的应对策略或解决方案，即使提出策略或方案，通常也较为粗放。

三　环境因素与影响机制

接下来，本文试图对社区治理中社会组织出现结构分化的影响因素进行分析。理论上讲，影响社会组织结构分化的因素至少包括四个层次，即个体层次、组织层次、治理层次和环境层次。本文主要讨论环境层次的影响因素。

如表1，本文沿着"外部环境—组织特征—治理水平"的逻辑链条，分析专业社会组织和社区社会组织面对的不同外部环境，这种环境之下的组织运行特征，及其对于社区治理的影响。在分析外部环境与组织运行之间的关系时，本文主要是从组织社会学的资源依赖理论（Pfeffer & Salancik，1978）视角出发，强调社会组织参与社区治理时的行为特征受到资源供给来源的重要影响。

表1　外部环境—组织特征—治理水平

组织类型	环境特征	资源依赖	组织运行	存在问题	治理水平
专业社会组织	对上负责制	依赖政府资源	注意力分配	嵌入性程度	治理参与度
社区社会组织	社区内生性	依赖社区资源	资源整合性	专业性程度	治理的能力

（一）专业社会组织的环境

本文从"对上负责制—注意力分配—嵌入性程度"的解释链条，分析专业社会组织的外部环境如何影响其对于社区治理的参与程度。

1. 对上负责制：依赖政府资源。专业社会组织通常成立于社区之外，其主要的外部环境是作为资源供给方的地方政府，而非作为治理需求方的社区本身。专业社会组织获取资源的主要方式，是利用公益招投标、政府购买服务等机制，通过项目申请来获取政府资金支持。很多专业社会组织"资源获取冲动强烈，坚持工具主义的发展策略，而不是依据特定公益价值而设置"（李友梅等，2012）。结果是，政府与专业社会组织之间形成了一种类似于政府内部上下级关系的"对上负责制"，专业社会组织主要对作为发包方的政府负责。

2. 注意力分配：难以聚焦社区。对上负责制影响专业社会组织的注意力分配，即专业社会组织会集中注意力去寻找更多的项目资源（黄晓春、嵇欣，2014）。第一，政府与社区之间的注意力分配。专业社会组织更多直接关注政府自上而下的发包需求而非社区自下而上的实际需求。第二，多个项目与特定项目之间的注意力分配。专业社会组织更多关注如何获取更多项目，而非专注于完成特定项目。第三，项目申请与项目执行之间的注意力分配。专业社会组织更多关注如何获得立项拿到资源，而非专注于项目实施如何取得实际效果。

3. 嵌入性程度：浮于社区之上。上述注意力分配特征，会使得专业社会组织浮于社区之上。第一，参与范围的有限性。一般而言，专业社会组织参与治理的范围有限，受到政府项目发包的约束，局限于项目规定的某个领域。第二，参与治理的积极性。专业社会组织更多承接项目提供服务，较少真正深入地参与到社区治理之中处理各类社区问题。第三，参与状态的稳定性。专业社会组织与特定社区的关系状态，总体上是不稳定的，会随着政府发包项目的变动而不断变动。这些都影响到专业社会组织对于社区治理的参与度，带来进入社区的困难、与多元主体的关系困境以及治理效果的积累问题，影响社区治理水平。

值得指出的是，上述逻辑链条展现了大量专业社会组织参与社区治理的实际状况，但并不是所有的专业社会组织都遵循着上述行为逻辑，也有少量专业社会组织呈现出理想社会组织的行为特征。例如，在近年来各地的基层治理创新中，涌现出一些优秀的专业社会组织，它们在社区治理中的具体参与方式可能存在差异，但是共同点却是能够树立组织自身明确的公益导向，超越上述纯粹资源获取的功利行为逻辑，真正贴近社区居民和融入社区治理。

（二） 社区社会组织的环境

本文从"社区内生性—资源整合性—专业性程度"的解释链条，分析社区社会组织的外部环境如何影响其对于社区治理的参与能力。

1. 社区内生性：依赖社区资源。社区社会组织内生于社区，其面临的环境主要是社区本身，而非社区之外的其他主体。社区社会组织获取资源的主要方式，是通过社区内部各种其他组织或者非正式关系网络等渠道来动员分散在社区中的各类资源，包括物质资源、人力资源、文化资源等。当然，本文并不否认社区社会组织存在其他的资源来源及获取方式。近年来国家对于城乡基层社区逐渐投入大量的资源，不过，这些资源涉及社区整体的方方面面，提供给社区社会组织的资源还是较为有限。因此，社区社会组织更多依赖社区内在的资源。

2. 资源整合性：难以有效凝结。社区内生性影响社区社会组织的资源整合性，大量社区社会组织面对着如何有效凝结社区资源的难题（高红，2011）。第一，资源的存量特征。不同社区中的各类资源存量不同，社区社会组织能够整合多少资源，首先取决于社区的资源存量。第二，资源的互补程度。不同社区中的资源结构不同，社区社会组织的治理能力与能够整合资源的互补程度密切相关。第三，资源的整合机制。不同社区中的资源整合机制可能不同，主要包括以正式权威为支撑的纵向整合机制和以社会资本为支撑的横向整合机制（帕特南，2001）。其中，以信任、规范、网络等为核心的社会资本是更为常见的资源整合机制。

3. 专业性程度：治理能力薄弱。上述资源整合性特征，使得社区社会组织参与社区治理的能力整体上较为薄弱。第一，组织自身的脆弱性。社区资源会影响社区社会组织成员的年龄结构、知识结构以及组织内部的治理结构。通常，大多数社区社会组织的成员以中老年为主，知识结构相对单一，内部治理结构较为缺乏，运行不规范不稳定。第二，资源动员的变动性。社区社会组织对于社区的治理水平，随着社区资源和动员情况的变化而变化，即使在资源丰富的社区，也需要较强的资源动员，这使得多数社区社会组织参与社区治理的能力不足。第三，参与范围的有限性。实际上，社区社会组织更多聚焦于特定群体的共同兴趣爱好，如娱乐团队等，而较少深入参与到社区治理中（李友梅等，2012）。

需要说明的是，上述逻辑链条揭示了多数社区社会组织参与社区治理的实际状态，但并非所有的社区社会组织都是如此，也有少量社区社会组织呈现出理想社会组织的特征。例如，近年来不少城市社区中自发形成的停车自管会等社区社会组织，在解决社区停车难问题、动员社区居民参与社区协商等方面都发挥了较为重要的作用，有效参与了社区治理。这些组织的共同特点是，在基层政府和基层群众自治组织的支持下，整合了多种资源，提升了治理能力。

至此，综合上述两个方面的分析，我们还需要回答两个问题，即为什么社会组织与社区治理的匹配问题普遍存在的情况下，现实中还会出现接近理想状态的专业社会组织和社区社会组织？与此同时，这样的理想社会组织为什么数量较少呢？这实际上与政府和社区的应对方式及其局限有关。

四 应对方式及其局限

针对社会组织参与社区治理时的结构分化问题及其环境原因，地方政府和基层群众自治组织等采取了不少应对策略。基于本文的分析框架，这些策略可以从两个方面来理解，即增强专业社会组织的嵌入性和提升社区社会组织的专业性。当然，现实中这两方面都不是能够一蹴而就的，需要持续地关注和投入。

（一）增强专业社会组织的嵌入性

增强专业社会组织的社区嵌入性存在多种可能的路径，核心是需要指向如何使得专业社会组织更好地融入社区。笔者观察，基层在这方面的探索主要涉及三个重要的机制，即评价机制、进入机制和长效机制。

1. 评价机制：深入程度。由于专业社会组织的注意力分配主要受到政府的影响，所以政府购买社会组织服务时可以注重有关服务质量的评价机制建设。在评估中，引入考察专业社会组织之社区嵌入性的相关指标，具有导向作用。例如专业社会组织对社区需求是否进行了深入调查，在社区是否有固定工作人员，扎根社区的时间长度，社区内部组织与社区居民对社会组织服务的满意度等。

2. 进入机制：居社关系。专业社会组织对于社区的嵌入程度，与基层群众自治组织即居委会或村委会的支持力度密切相关。换言之，离开了居委会或村委会的积极支持，专业社会组织是很难真正进入城乡社区的。地方政府注重营造良好的居/村－社关系。一是寻求社区居委会或村委会对于专业社会组织的支持配合，二是要求专业社会组织与社区居委会或村委会保持良好的合作关系。

3. 长效机制：项目支持。为了使得专业社会组织能够长期植根于社区开展活动、提供服务和参与治理，一些地方政府开始注重建立长期的购买服务项目，改变过去偏好短频快的做法，使得专业社会组织与社区的关系能够相对稳定，取得的成效能够在社区持续积累。此外，长期项目也使得专业社会组织能够陪伴社区社会组织成长，将一些专业知识、技术和能力传授给社区社会组织。

虽然地方政府进行了上述探索，但是总体上还处于初期阶段，尚未形成较为成熟和具有普遍推广意义的做法。例如，评价机制方面，地方政府在购买服务时普遍采用的方法是邀请第三方机构的专家团队对社会组织进行项目评估，但是这种评估往往局限于合同规定的程序和内容，具有明显的技术治理的特征，而常常忽略最为重要的社区和居民的需求本身。另外，上述三种机制的推进，会触及更深层次的政府条块以及相关制度间的关系问题，需要相应的配套改革。

（二）提升社区社会组织的专业性

提升社区社会组织的专业性涉及多个层次，即社区基础层面、治理结构层面和外部资源层面。笔者观察，基层在这方面的实践探索包括基础结构层面的社区建设，机构合作层面的三社联动，以及资源引入层面的知识培训等。

1. 基础结构：社区建设。长远来看，社区社会组织的发展受到社区基础结构的影响，社区建设是社区社会组织发展的根本路径。通过社区建设，促进社区各类资源的存量增加和结构优化，促进社区公共精神、社会资本和自组织能力的培育，使得社区资源能够更好地整合起来，有效地凝结于社区社会组织，从而为提升社区社会组织的专业性和治理能力提供基础支撑。

2. 机构合作：三社联动。中期来看，通过具备专业水平的组织或者人员来培育和孵化具有一定专业性的社区社会组织，在联动中传授提供服务和参与治理的专业技术方法，以相互支撑相互合作的方式共同参与社区治理，也是提升社区社会组织专业性和治理能力的一种重要路径。近年来，很多地方政府正在探索推进的三社（社区、社会组织、社会工作者）联动就是这个方向上的尝试。

3. 资源引入：知识培训。短期来看，从社区外部引入不同类型的专项资源，针对具体治理问题，开展专家讲座进社区，加强专业社会组织对社区社会组织的知识培训和陪伴成长，使得社区社会组织能够学习专业社会组织的技术方法、治理结构和运行机制，掌握关于方案设计、活动策划、协商共治、规则制定、项目申报、纠纷化解等方面的知识，是地方政府普遍采用的方式。

不难看出，地方政府在这些不同层面的探索指向不同的时间跨度。长期、中期、短期的探索，对于社区社会组织专业能力提升的作用是依次递减的，与此同时，它们所耗费的成本也是依次递减的。由此，我们就能够理解，短期内的资源投入可以取得一些成效，但对于能力提升难以起到根本性的作用。

（三） 局限与超越

地方政府和基层群众自治组织的上述探索实践，尚未能改变社区治理中社会组织结构分化的基本格局。这说明现有探索实践有其内在局限。一方面，现有探索所涉及的制度安排还具备较高程度的不完备性；另一方面，这些探索主要侧重于资源对于社会组织的激励和约束作用，没有触及更为深远的文化的导向作用。换言之，虽然资源依赖机制是影响结构分化的核心机制，但是仅靠资源激励和约束机制的调整来试图改变结构分化状态是远远不够的。长远来看，解决社会组织与社区治理的匹配问题，有赖于以公共精神为核心的文化环境建设。

五　结论与讨论

本文以社会组织的迅猛发展与其参与社区治理的有限效果之间的反差现象为起点，讨论社会组织与社区治理的关系问题。通过构建"外部环境—供求匹配—治理水平"的分析框架，本文将作为需求侧的社区治理与作为供给侧的社会组织之间的匹配分析作为核心，指出社会组织参与社区治理的效果有限，实质是二者之间存在供求匹配不足的问题，即社会组织未能充分满足社区的需求，在此基础上，本文分析了导致匹配不足的环境因素和应对匹配不足的可能方式。与已有研究相比，本文将社会组织置于政府与社区构成的双重环境中，考察"政府—社会组织—社区"之间的关联机制及其诱发的治理后果，同时揭示了社会组织场域内部（专业社会组织和社区社会组织等）的结构分化问题。

本文的研究结论包括五个方面。第一，嵌入性和专业性是社区治理对于社会组织的两个基本需求，社会组织参与社区治理的效果有限，意味着社会组织难以有效满足社区治理的这两个基本需求。第二，自上而下的政府环境与自下而上的社区环境，构成了社会组织参与社区治理的双重环境，成为影响二者匹配关系的关键因素。第三，双重环境对社会组织场域内部各类组织（特别是专业社会组织和社区社会组织）的组织特征和行为逻辑产生影响，使得社区治理中的社会组织出现结构分化，即浮动的专业社会组织、虚弱的社区社会组织、少量的理想社会组织和其他类型的社会组织并存的格局。第四，资源依赖机制是外部环境影响社会组织参与社区治理的效果的核心机制。具体而言，专业社会组织对于政府的资源具有高度依赖性，这种依赖关系通过注意力分配机制，影响专业社会组织对于社区的治理参与度，使得专业社会组织常常浮动于社区之上；社区社会组织则对于社区的资源具有高度依赖性，这种依赖关系通过资源整合性机制，影响社区社会组织对于社区的治理能力，使得社区社会组织常常较为虚弱。第五，理论上的应对方式，是增强专业社会组织的嵌入性和提升社区社会组织的专业性。由此，基层治理的实践探索及其限制都可以得到清晰的理解。

本研究引发了一些值得关注的研究议题。第一，关注不同社会组织参与社区治理时的差异性。例如，专业社会组织与社区社会组织在参与社区治理时存在何种差异？包括哪些方面的内容？影响因素分别是什么？专业社会组织进入社区需要经过什么样的过程，与基层政府以及基层群众自治组织的互动机制是什么样的？如何才能够深度融入社区内部的网络结构中？第二，不同环境中，社会组织参与社区治理的程度和能力可能存在差异。地方政府的不同制度设计和实施情况，以及社区的不同特征，会使得社会组织的发育状况及其参与社区治理的水平存在何种差异？这对于地方政府的制度设计和社区建设存在什么样的启示？第三，什么样的社会组织场域结构或者组织生态体系是最优的？专业社会组织与社区社会组织的结构分化是正常的，每种社会组织有其自身的角色和功能，而且现实中的确存在嵌入性较高的专业社会组织以及专业性较高的社区社会组织，也存在两方面都较弱的社会组织。

那么，从社会组织场域建设的角度来讲，什么样的结构是合理的？标准是什么？如何不断建设和优化社会组织的生态系统？这些理论和现实议题都有待在未来的研究中继续探索。

参考文献

高红，2011，《社区社会组织参与社会建设的模式创新与制度保障》，《社会科学》第 6 期。

关信平，2011，《社会组织在社会管理中的建设路径》，《人民论坛》第 11 期。

黄晓春，2015，《当代中国社会组织的制度环境与发展》，《中国社会科学》第 9 期。

黄晓春，2017，《中国社会组织成长条件的再思考——一个总体性理论视角》，《社会学研究》第 1 期。

黄晓春、嵇欣，2014，《非协同治理与策略性应对——社会组织自主性研究的一个理论框架》，《社会学研究》第 6 期。

黄晓春、周黎安，2017，《政府治理机制转型与社会组织发展》，《中国社会科学》第 11 期。

江华、张建民、周莹，2011，《利益契合：转型期中国国家与社会关系的一个分析框架》，《社会学研究》第 3 期。

李友梅、肖瑛、黄晓春，2012，《当代中国社会建设的公共性困境及其超越》，《中国社会科学》第 4 期。

刘世定，2015，《"嵌入性"用于的不同概念、逻辑关系及扩展研究》，载刘世定主编《经济社会学研究（第二辑）》，社会科学文献出版社。

罗伯特·D. 帕特南，2001，《使民主运转起来：现代意大利的公民传统》，王列、赖海榕译，江西人民出版社。

陶传进，2008，《控制与支持：国家与社会间的两种独立关系研究》，《管理世界》第 2 期。

田凯，2016，《发展与控制之间：中国政府部门管理社会组织的策略变革》，《河北学刊》第 2 期。

杨宜勇、黄燕芬，2017，《十八大以来中国社会建设的新思路、新成就》，《社会学研究》第 6 期。

郁建兴、金蕾，2012，《社区社会组织在社会管理中的协同作用》，《经济社会体制比较》第 4 期。

虞锦美、叶珩、黄晓春，2014，《社会组织发展与公共政策创新》，载李友梅等著《城市社会治理》，社会科学文献出版社。

俞可平，2006，《中国公民社会：概念、分类与制度环境》，《中国社会科学》第 1 期。

张琼文、韦克难、陈家建，2015，《项目化运作对社区社会组织发展的影响》，《城市问题》第 11 期。

Pfeffer, Jeffrey & Gerald Salancik, 1978, *The External Control of Organizations: A Resource Dependence Perspective.* New York: Harper and Row.

Granovetter, Mark, 1985, Economic Action and Social Structure: The Problem of Embeddedness, *American Journal of Sociology* 91.

Structural Differentiation: Social Organizations in Community Governance in Contemporary China

Xiang Jinglin *

Abstract: This paper discusses the relationship between social organizations and community governance in contemporary China. By constructing the analysis framework of "external environment-supply and demand matching-governance level", this paper takes the matching of supply and demand between social organizations and community governance as the core issue, then analyzes the environmental factors leading to in-

---

* Xiang Jinglin is an assistant researcher from the Institute of Sociology, Chinese Academy of Social Sciences. He received his Ph. D. degree from Peking University. His main interest of research is economic sociology, organizational sociology and urban social governance. His publication includes the institutional logic of local financial governance, market role of local governments, relationship between social organization and community governance in China.

sufficient matching and the possible coping strategies. This research shows that: 1) Embeddedness and professionality are two basic needs of community governance for social organizations, but there is structural differentiation in social organizations in supply side, which means the basic pattern of coexistence of floating professional social organizations (low embeddedness) and weak community social organizations (low professionality). 2) Top-down government environment and bottom-up community environment are the key factors affecting structural differentiation, and the core impact mechanism is resource dependence mechanism. 3) The possible coping strategies are to enhance the embeddedness of professional social organizations and promote the professionality of community social organizations. The practice of grassroots governance can be understood from this perspective.

Keywords: Community governance; Structural differentiation; Professional social organization; Community social organization

Author: Xiang Jinglin, Institute of sociology Chinese Academy of Social Sciences.

试探与博弈：权力让渡过程中的社会组织行动空间与边界

——以 A 市某社会组织为例[*]

梁　晨[**]

摘　要　近年来，我国社会组织发展迅猛，政府成为促进其发展的主要推手。本文以苏南地区 A 市一个社会组织为例，描述其在所处的制度环境中如何拓展行动空间和自主性的过程。通过对政府组织与社会组织各自行动空间和特征的描述，以及对二者重塑边界可能性的探讨，本文认为在一个国家占主导地位的制度环境中，政府让渡出一定的权力和行动空间对社会组织的发展将会产生一定的积极影响。

关键词　社会组织　行动空间　行动边界

一　导言

近些年来，我国的社会组织发展迅猛，其发展路径及其与政府的关系引起了很多学者的关注。从实践来看，我国社会组织的

---

* 原文发表在《社会发展研究》2016 年第 4 期，有删改。感谢王春光、杨善华二位教授对本文的指导和建议。

** 梁晨，中国社会科学院社会学研究所副研究员。她在北京大学获得学士和硕士学位，在中国社会科学院获得博士学位。她的主要研究领域包括反贫困、社区和非政府组织研究。

发展主要有三种表现形式。第一种表现为政府直接让渡部分公共管理职能交由社会组织来实现，即自上而下的非营利组织所产生的社会机制，它是政府改革和政府职能社会化的产物；第二种表现为政府让渡一定的市场空间，待其发展到一定阶段，一些自下而上的非营利组织或者草根组织便随之应运而生，它们与市场经济发育的程度密切相关；第三种则表现为政府顺应市场的趋势，引导和促进社会自治模式的形成（贾西津，2003）。其中第一种是社会组织发展初期最主要的形式，尤其在政府较为强势的地区，政府直接参与、培育、主导和推进社会组织发展的情况比比皆是。最可能出现的后果则是社会组织在"强政府"的制度环境下，采取与西方截然不同的行动策略。

有研究注意到了社会组织的策略性行为（王信贤，2006），还有研究提出了"非正式政治"（张紧跟、庄文嘉，2008）等注重行动策略的分析视角。以上视角给后来的研究以很大的启迪，它们都试图阐释政府组织和社会组织之间的互动关系。政府对不同社会组织的管理方式、支持程度不同，社会组织应对其的行动策略和对其产生的影响也就有所不同。对于官办社会组织和草根社会组织与政府的关系以及行动策略，怀特（White，1993）指出官办社团通过牺牲结构自主性换取了实际影响力；鲁依依（Lu，2007）也认为，看似没有自主性的官办社会组织拥有"实际自主性"，当它们"嵌入"在政府机构中，就能发挥很好的动员资源和实现目标的能力。

以上研究梳理了社会组织的研究视角、发展路径和行动策略。这些文献或从政府与社会组织的关系角度阐明社会组织的行动特征；或强调社会组织独立于政府而存在，表现出与政府组织对立的姿态；抑或强调社会组织依附于政府而存在，是政府行政力量向社会渗透的结果。其中，"非协同治理—策略性应对"（黄晓春、嵇欣，2014）这一理论框架把社会组织的发展置于当代中国国家治理转型的时代脉络中去把握政府的治理逻辑对社会组织的影响，同时也阐释了制度环境多样化实践的特征。这是对复杂而多样化的现实进行全面关注的一种尝试，在一定程度上弥补了社会组织研究的视角缺失，还有可能挖掘出政府与社会组织的复杂关系。尽管如此，以上研究仍然缺少对政府与社会组织之间行动空间与边界的讨论。而我们认为，政府组织与社会组织拥有各自的行动空间，也有各自的行动边界，它们既可以主观地坚持自己的底线，也必须因客观条件的限制而坚守其底线。我们希望探讨的是在何种情况下，社会组织的行动空间和边界及其自主性能得以拓展，以及其所能拓展的程度和特征。

本文以苏南地区 A 市的城南社工服务社为个案①，通过考察其所处的制度环境及其应对策略，试图分析在一个国家占主导地位的制度环境中，社会组织如何与各级政府博弈而拓展其行动空间、获得自主权的过程；进而探讨政府组织与社会组织之间行动的空间和边界、特征以及其与自主性的关系。本案例中的社会工作服务社只是社会组织中的一种类型，是在政府主导下建立的，受政府资助和支持的社会组织，因而具有一定的独特性和代表性。这类社会组织在"强政府"的制度环境下比较多见，政府出于种种考虑需要培育和孵化这类社会组织。但是，由于对政府资源的依赖性较强，它们所提供的服务内容限制了它们在市场中获取资源的能力。

二 政府权力让渡与社会组织的行动空间

（一）权力的让渡和面临的困难

A 市是一个位于苏南地区的县级市。在 20 世纪 90 年代，随着

---

① 本文以城南社工服务社为个案，使用深度访谈与参与观察的研究方法对其进行个案分析，使用资料包括本人及课题组成员对 A 市城南社工服务社和相关政府部门以及社区居委会工作人员的访谈记录，城南社工服务社工作人员的工作日志。

乡镇企业的蓬勃发展，A 市成为"苏南模式"的代表。到了 90 年代中期，大多乡镇企业利用长三角地区的区位优势大力开展招商引资，实现了由单一所有制结构向民营、外资和新国资等企业性质和类型的转变，其经济发展水平一直位于全国百强县的前列。在过去的 30 多年里，从兴办社队企业和乡镇企业，到乡镇企业改制、招商引资，A 市政府积极行动的身影在这些转变里都有所体现。

面对市场化进程中产生的问题，A 市政府实施了一系列以行政手段为主导的行动，如城乡一体化、公共服务均等化、撤乡并镇和撤村并村等。但是这些社会行动在大多数领域存在着行政逻辑替代社会逻辑的现象（王春光，2013）。政府的强力推动一方面削弱了社会联结纽带和社会共同体的自主与自治能力，另一方面也模糊了政府与社会的分工，这有可能将政府推向与社会和民众的对立面，加剧政府与社会的摩擦和冲突。

从 2011 年到 2012 年两年期间，A 市对其南部郊区重新进行了规划，计划将其建成科、教、文、卫为主的新区，因此政府对该区的农户进行了大规模的征地拆迁。为了快速完成拆迁任务，新成立的城南镇政府在加大拆迁力度的同时承诺为拆迁上楼的居民缴纳物业管理费，结果全镇每年仅在物业管理费上的支出约 1000 万元。这种做法不仅为政府财政增添了负担，还模糊了政府、社会与居民的责任边界，直接导致了征地拆迁之后新建立的 B 社区所面临的重重矛盾。

作为城南镇建成的第一个城市社区，2012 年底，B 社区正式成立，面积 116 万余平方米，预计入住总人口 1 万人，目前已入住约 4000 人。该小区是个典型的失地农民动迁安置小区，其主体由三个动迁安置小区和四个商业开发小区组成，目前商业开发小区入住率较低，而"洗脚上楼"的农民则占社区总人口的 81%。由于这次征地拆迁推行速度过快，产生了许多不可避免的矛盾，居民与政府的紧张关系直接体现在被征地拆迁之后集中居住的居民与社区居委会的关系上。在居民眼中，社区居委会代表政府，整个征地、拆迁和上楼的过程是由政府主导的，因此他们在生活中遇到任何问题都会去找社区居委会解决，其中最突出的矛盾集中在小区会所的使用问题上。已经搬上楼的新居民，他们的婚丧嫁娶依然沿用农村习俗，小区里仅有的会所经常遇到"红事"和"白事"使用冲突的状况，这些都需要社区居委会出面来调解。

> 最大的矛盾是婚丧嫁娶。谁家有喜事都提前几个月去会所预约，丧事没法预约啊，撞到一起就有矛盾。……其实镇上找了原来的厂房改造成专门的办丧事的地方，但是人们都不去，嫌远，嫌条件差、不气派，亲戚朋友也不方便去帮忙。每次有矛盾都会到我办公室拍桌子。（B 社区居委会前主任 L 女士访谈，编号 FTLJ20130108）

居委会干部对此感到非常委屈，他们认为居委会干部和居民之间相互不理解，矛盾逐渐加深是由于"农转居"的村民个人素质不高、"不领情"造成的。这时 B 社区的居委会更像政府的下属机构，已经无法站在居民的立场上实现居民自治的工作目标。

同时，A 市政府也在努力调整政府角色，试图让渡出部分权力和空间以培养社会组织自行运转和自行解决问题的能力：政府职能逐渐从"主角"转变为"导演"、"监制"和"保证人"；他们期望完成从"运动员"到"裁判员"的角色转换，避免直接参与一切具体事务，从大包大揽到选择战略、制订规划、监督协调和服务保障，他们同时也期望发挥"仲裁者"的功能而保持其超然的权威性。2008 年，A 市民政局在全国率先推行"政社互动"和"三社联动"的社会管理体制改革，试图通过推动社会自治和培育自组织的方式来让渡权力和空间，以扭转政府过于强势和包揽一切的局面。

但这种治理方式的转变在推行过程中遇到了困难。第一个困难是政府"找不到社会"。A 市的社会组织并不发达，2011 年，除去民办非企业和基金会之外，A 市共有社会组织 175 家，其中发展最快的是行业协会和学术性社团，前者反映了企业的诉求，后者的行政色彩较浓，他们都难以在社会建设和社会服务方面发挥其真正的作用。在社会服务类组织中，以民办非企业注册的教育类组织居多，此类组织多数从事打工子弟学校的教育工作或职业培训工作；而由民间自发组建的社会服务和慈善公益类的社会组织却很少见，专业社会工作组织则更为缺乏。2012 年，A 市拥有持社会工作者执业资格证书的社工 80 位，但是大部分都是社区居委会和街道的工作人员，唯一的专业社会工作机构是 2011 年在某大学社会工作专业教师的协助下成立的社工事务所。在最初的"三社联动"设计中，社区组织、社会工作者和社会组织将三位一体、联合行动，当社区组织面临着社会组织缺位的困境，他们找不到社会组织和专业社会工作者来承接工作，只好找社区居委会，而"政社互动"也主要是政府与社区居委会的互动。但是，社区居委会更像是政府的派出机构，承担了多项行政职能，并不能完全代表"社会"。

第二个困难是"社会不动"。在"政社互动"和"三社联动"开展初期，民政局的工作人员都在抱怨"社会不动"，"无论怎样努力地撬动，社会都不动"①。在缺乏社会组织和专业社会工作者的情况下，政府将社区视为社会的代表，而让社区"动起来"却显得十分困难。如前文所述，当时的社区居委会都有行政化的趋势，无法真正带动社区居民参与自治，所以才出现了"社会不动"的景象，这让渴望与社会互动的 A 市政府部门感到很苦恼。试图改变角色、让渡权力和行动空间的 A 市政府找不到让渡的对象，社会也不像他们希望的那样"动起来"，因此他们迫切希望能培育出社会组织，尤其是社会工作服务组织来承接"三社联动"的服

---

① 资料来源：对 A 市民政局副局长 Z 女士的访谈（FTZHY20120319）。

务项目，撬动社会参与的行动，解决日益尖锐的社会矛盾。

（二）空间的冲突和边界的确立

Z 研究单位的一支研究团队在此期间来到 A 市调研。这个单位与 A 市有着多年的合作关系，在了解到 B 社区的情况之后，他们主动提出可以协助 A 市成立社工社会组织，从"需求导向"和"能力建设"的思路出发，为城南镇政府提供社区服务，A 市政府和民政局对此欣然接受。经过他们的牵线搭桥，A 市政府和民政局聘请了 G 省专业社工机构对本市进行摸底调查，协助其招聘和培训 A 市的本地社工。2014 年 6 月，在 A 市民政局与城南镇政府的多方沟通和努力下，"城南社工服务社"正式挂牌成立。它主要针对 B 社区开展社区建设，其经费主要来源于城南镇政府的购买项目（初步定为每年 12 万元）；除此之外，城南镇政府还会预留一部分财政预算设置招标、投标或奖励的项目目录，方便社区自组织（主要包括兴趣组织、互助合作组织和社区服务组织等）进行申请。

城南社工服务社的服务对象是 B 社区全体居民，其主要工作目标是满足居民需求、提供服务、培养居民自治能力，通过面向居民的服务和自治能力的培养来缓解居民与政府之间的矛盾。法律规定，社区居委会是居民自治组织，负责居民自治和服务工作，但 B 社区居委会和大多数社区居委会一样，将大部分精力放在完成上级布置的、报表和台账等工作上。所谓"上面千条线下面一根针"，居委会更像一个"准政府部门"，再加上与社区居民关系紧张，他们实际上并没有太多的精力和能力去发挥自治组织应该发挥的作用。城南社工服务社弥补了社区居委会的工作缺失，分担了本应归属社区居委会的一部分工作，在政府对其缓解社会矛盾的期待中获得了较为自主的行动空间。

作为专业的社会工作组织，城南社会工作服务社与传统居委会在工作方法上有所不同，它主要从"需求导向"和"能力建设"这两方面入手开展工作和强调社会工作专业性。首先，"需求导向"强调改变过去自上而下的决策和配置资源的方式，从群众的实际需求出发，引导和支持他们自下而上地参与决策，甚至自我服务；"能力建设"则强调让社会组织、社区和居民都具备自我发展和自我管理的能力。尽管 A 市有部分居委会工作人员通过了社会工作者执业资格考试，但他们的工作性质限制了他们对社工实务技能的应用，无法在社区建设和社会建设中发挥应有的作用。相反，城南社工服务社强调社会工作专业性，他们的目标是培养出一支独立的、本土化的专业社会工作人才队伍，发展出一系列具有本土适应性的、有效的社区工作方法，建立起一整套可传递和可复制的社区工作实务模式。城南社工服务社的两个工作目标——独立的社会组织、撬动社会参与去缓解社会矛盾，得到了市政府和民政局的认可，使其获得了很大的行动空间。但城南镇政府的工作重心依旧是征地拆迁和经济建设，出于维护社会稳定的考虑，他们对社工服务社的实际工作有一定的限制，这对社工服务社实现其工作目标和拓展其行动空间产生了一定的负面影响。

于是我们看到，A 市政府通过培育城南社工服务社这一专业的社工社会组织，将原属于社区居委会的社区服务和自治职能让渡给社工服务社去执行，以期达到撬动社会参与、缓解社会矛盾的目的。但源于 A 市政府的现实需求而被孵化和培育起来的城南社工服务社，其独立性和自主性本身存在先天不足，其行动空间也受到了不同层级政府的限制，所以它必然会通过不懈的努力去逐步取得更大的自主性和独立性以及更大的行动空间。

三 试探和博弈：城南社工服务社的行动

（一）不同政府部门的多重逻辑和诉求

有学者指出改革中的中国政府结构具有两大重要特征：一是横向上部门间的权威与利益矛盾，二是纵向上多层级的政府结构。这种复杂而特殊的政府结构也为社会组织的运作提供了背景（纪莺莺，2013）。黄晓春、嵇欣（2014）等用"非协同治理"概念对"条"、"块"和党群部门面对公共服务型社会组织时的制度逻辑进行了更为细致的分析。"条"的制度逻辑倾向于塑造这些组织基于政府目标和"事本主义"特征的自主性形态；"块"的目标治理逻辑倾向于塑造这些组织基于区域性需求的自主性形态；而党群部门的独特偏好则决定了其更倾向于塑造这些组织基于"主流符号"生产过程的自主性形态。可以看到，不同层级和不同部门的政府机构之间存在着不同的诉求和制度逻辑，而正是这些不同的诉求和制度逻辑使得他们在面对社会组织时会持有不同的态度，并因此采取不同的对策。在本案例中，城南社工服务社的试探和博弈对象不仅是政府，而且是存在于不同层级和部门中的多个行动主体。

A 市政府对专业社会工作的工作方法和团队有所期盼，希望他们用新方法去解决目前的社区困境。一般来说，地方政府在社会治理方面进行创新的动力有两个：一个是基于政绩考虑的创新要求，希望做出亮点；另一个是基于现实的倒逼，需要用创新的方法去解决现实问题。这两个动力在 A 市政府的行动逻辑中都有所体现：在与邻市的经济竞争中处于落后地位的 A 市需要一张"社会建设"的名片来打造自己的特色，同时城南镇 B 社区由于快速征地拆迁所产生的社会矛盾以原有的方法已经不能被有效化解。因此，A 市政府对城南社工服务社的支持态度是有现实依据的。

同样对社工服务社表示支持的是带有强烈"事本主义"逻辑特征的"条"部门——A 市民政局。前文提到，2008 年 A 市民政局在全国创新性地实践了"政社互动"和"三社联动"，但是苦于没有社会工作者和社会组织与政府互动，这个创新实践活动无法切实开展起来。他们以及他们下属的社会组织服务中心最希望建成城南社会工作服务社并发挥其在创新实践中的主体作用。社会组织服务中心的主要任务是孵化和培育社会组织。从 2012 年开始，该中心每年投入 200 万元用于此项工作：支持社会组织开展项目、增加员工，还专门设置了孵化基地提供给入驻机构免费使用，同时还从上海等地请来专家对其进行专业培训和授课。在他们的努力下，A 市各类社会组织数量明显提高，从 2011 年的 180 家增加到了 2016 年的 807 家，每万人拥有社会组织数量达到 11.23 个，初步形成了门类齐全、层次各异、覆盖广泛的社会组织体系。像城南社工服务社这样专业能力有保障、在启动阶段有固定经费支持的社会组织最容易被"孵化"成功。后来的事实证明，社会组织服务中心将资源投入到社工服务社上获得了相对较大的收效，这也成为他们对城南社工服务社表示支持的现实依据。

而案例中的城南镇政府，作为"块"部门的基层，他们的诉求和逻辑与市政府和市民政局有所不同，其主要任务依然是完成辖区内其他区域的征地拆迁工作，"维稳"在年终考核中的权重足以"一票否决"镇政府一年的工作绩效。对于他们来说，陌生的社会工作方法可能会带来风险，必须谨慎对待。市里将项目放到城南镇 B 社区，城南镇将其视为上级派下来的一项任务，为此他们可以在购买经费上保障到位，在经费支持上保证顺畅，但他们对社会工作的理念和方法以及城南社工服务社本身持观望态度。城南镇在机构改革之后下设 5 个局，分别是经济发展局、规划建设局、招商局、人力资源与社会保障局，和社会事业局，其中社会事业局有 7 个人，负责民政、计生、残疾人、文教体、司法、综治、信访、市场监督、卫生和维稳等工作。

> 我们社会事业局只有 7 个人，要管这么多工作。说实话，我们主要的精力都在应付综治和维稳，应付（社会）矛盾。目前我们的管理水平还跟不上，还有历史遗留问题都搅在一起，矛盾就集中爆发了。维稳的工作压力特别大，特别大，……整个城南镇工作主要围绕着招商和建设，还有拆迁，我们当然需要社会组织来帮我们解放双手，但是对社会组织的建设和帮助顾不上。（对城南镇社会事业局 J 科长的访谈，编号

FTCJ20150916）

　　征地拆迁重点地区的敏感性和属地管理责任制，让城南镇把经济发展和社会稳定放在第一位，他们需要的是一个能快速见效并能带来社区团结稳定的工作方法，但对这个方法背后的理念却并不在意。

　　刚刚挂牌成立的 B 社区居委会对社工服务社的行动则更加紧张。与城南镇的状况类似，作为刚刚"拆迁上楼"的新社区，稳定和"不出事"是镇政府要求居委会完成的首要任务；同时被居民认为是"政府的代表"的社区居委会在直接面对居民提供服务时感受到了来自居民的巨大压力。基于这双重压力，社区居委会对社区内的任何变动都感到非常紧张，对以"挖掘群众主体性"为主要工作方法的社会工作者持怀疑态度，担心他们激发居民的对立情绪，破坏社区的稳定。

　　由于各自不同的制度逻辑和诉求，各级政府职能部门对城南社工服务社这一新生事物产生了不同的看法。城南社工服务社在与他们互动的过程中，分别采取了试探和博弈的行动策略，逐渐寻找到拓展行动空间和提高自主性的可能性。

　　（二）在试探和博弈中拓展空间，提高自主性

　　在成立之初，社工服务社希望在社区中招募居民志愿者来发动居民参与，同时宣传自己。他们想出的办法是在社区内最热闹的主干道旁边"摆摊"招募志愿者。B 社区居委会对此并不十分赞同，时任居委会主任的 L 女士还特别提醒他们，这样做有可能会引来"刺儿头"制造"乱子"。然而，社工服务者却选择在下午4：30～7：30 到主干道旁边"摆摊"。这个时间正值居民下班高峰，社工指着胸前佩戴的"社工身份卡"和手中的宣传材料向围观的居民介绍自己和社工服务社。居民的报名热情大大出乎社工们的意料，摆摊第一天就招募到志愿者 30 多名，包括英语老师、幼教老师、拉丁舞教师、从事消防工作的专业人士和愿意赞助公益活动的私企老板等。有一位阿姨表示"我们居民都是有爱心的，但是就是没有人来组织我们"①，社工们为此很感动。经过几次"摆摊"招募，不仅社区志愿者数量逐渐增加，而且社工服务社的知名度也大大提高，同时社区居委会对社工服务社的工作性质和工作方法也有了更深刻的了解。"摆摊招募志愿者"是社工服务社与居民的第一次正式互动，他们向居民展示了社二独特的身份和专业性，也在社区居民中初步了解到现有的资源和存在的需求；这也是社工服务社对 B 社区居委会的第一次"试探"，他们向居委会展示了自己的工作方法，并让居委会认识到专业工作方式行之有效，使其逐渐放弃之前对社工服务社的质疑态度并赢得了初步认同。

社工服务社对居委会的第二次"试探"是关于是否在社区内组织大型活动。社工服务社根据从社区内部调查了解到的社区基本情况和资源设计了三项工作内容：孵化和培养社区社会组织、组织社区大型活动和举办社区大讲堂等系列活动。但是 L 主任出于安全和稳定的考虑，对"组织社区大型活动"这一项工作内容坚决反对。反对的原因，L 主任在访谈中也委屈地说道："我确实不敢搞任何大型活动，就怕有居民来闹事，B 社区摘牌的时候都差一点出事。"② 在"稳定压倒一切"和属地管理负责制的双重压力下，社区居民一旦在社区大型活动中发泄其不满情绪且引起严重后果，社区居委会将承担不可推卸的责任，所以，居委会工作人员对社区居民和社区活动那种小心翼翼的态度便在情理之中。但是社工们依然顶住居委会的压力，说服 L 主任顺应老百姓的要求举办一次元宵节晚会，甚至表示他们会对突发事件负责。经过双方的协商，最终由招募来的居民志愿者和社区积极分子等共同参与筹划的"欢乐庆元宵"晚会在居委会活动厅成功举办。晚会期

---

① 资料来源：社工服务社负责人的工作日志（RZCWJ20140514）。
② 资料来源：对 B 社区居委会前主任 L 女士的访谈资料（FTLJ20141109）。

间并没有出现让 L 主任害怕的"乱子"，这就给居委会吃了一颗"定心丸"。之后，社工服务社又在一年之内相继策划了"三八妇女喜乐会"、"五月大联欢"、"暑期狂欢节"等几次大型活动，活动场所逐渐由室内移至室外，吸引了更多的居民观看和参与。居民们认真准备节目，还有观众即兴登台表演。多次成功举办的活动使 B 社区的氛围变得越来越好，社区志愿者的数量也越来越多，社区内部还由此孵化出姐妹编织社、社区舞蹈团等兴趣型社区自组织。活跃的 B 社区成为附近社区居民羡慕的对象，城南社工服务社的工作在得到居民和居委会认可的同时，也在与居委会的试探和博弈中逐渐突破了居委会对他们的限制。他们也将居委会的底线强化于心：只要能够维护社区的稳定，居委会对居民参与和能力培育这些工作是非常欢迎的，而且可以为此做出相应的妥协。

社工服务社用自己的实际行动改变了 B 社区居委会干部的态度，赢得了赞许和支持，但却并没有得到城南镇政府的理解和全力支持。城南社工服务社的负责人和社工借助政府部门的不同逻辑和诉求与镇政府博弈，为自己扩大了生存和发展的空间，同时也不断试探到基层政府的底线。

首先，城南社工服务社需要向镇政府争取独立的人事权。在挂牌成立前，社工招募和培训工作已经开始进行。由于社工服务社的项目是由城南镇政府出资购买的服务性项目，当时社会工作者的岗位工资也由城南镇政府支付，因此，镇政府希望新招募的社会工作者经过培训后直接成为居委会干部。而负责本次社会工作者招募和培训工作的社会工作机构负责人则坚决反对。他们认为社会工作者只有保持服务社的雇员身份才能够持续保持第三方的客观性和专业性，因此他们主张社会工作机构必须拥有独立的人事权。G 省社会工作机构负责人找到当时牵线搭桥的 Z 研究团队成员一起去说服 A 市政府和民政局，甚至还找到了 A 市负责社会建设的副市长，获得了他们的一致支持。最终社工服务社保住了他们独立的人事权，招募来的社会工作者们经过培训之后，成为社工服务社聘用的专业人员，很快就在社工服务社中发挥了骨干作用。

　　这个来之不易的人事自主权奠定了城南社工服务社独立自主的基础，这种独立自主还体现在自主决定业务领域方面。在城南镇政府负责社会事业的 J 科长眼中，社工服务社的主要工作是在社区里"搞活动"，以此来丰富老百姓的文化娱乐生活。从"维稳"角度，他们并不希望社工服务社脱离镇政府的控制而独立地开展其他领域的业务，尤其是在社区自组织中引入参与和治理的因素。2014 年底，居民提出在社区建立义务巡逻队。在社工的指导和组织下，B 社区"义务相帮队"成立了。由十几个居民组成的"义务相帮队"每天傍晚分组在社区巡逻，发现坏掉的公共设施就记录下来汇总上报给相关部门，发现社区中的公共空间被占用或其他坏人坏事便主动制止，后来发展到巡逻的时候顺路探望该社区里的空巢老人。"义务相帮队"的工作让镇政府看到自下而上的反映渠道畅通，居民互助互利，他们开始对"治理型"居民自组织有了新的认识，其态度也从原来的警惕转变为接受并予以支持与帮助。

　　通过与 B 社区居委会和镇政府的博弈和试探，城南社工服务社的工作方法和工作能力都得到了认可，被誉为"不会带来社会矛盾的放心组织"。由此，他们也获得了更多的自主空间和资源，可以顺利地举办大型社区活动，协助居民成立多渠道参与的治理型社区自组织，其业务范围扩展到城南镇的其他 3 个城市社区；同时他们还走出城南镇，在 A 市扩大服务范围，对 A 市政府产生了不小的影响。一般来说，作为"块"部门的基层政府倾向于控制这些组织的活动领域，不希望他们跨地域开拓业务，由基层政府购买的服务型社会组织也会尽力维持与基层政府的关系，按照基层政府的要求完成工作。但是城南社工服务社打破了地域约束，走出城南镇，在 A 市甚至苏州地区开展工作，使其获得了更多资源和行动空间，逐渐演变成 A 市的一张名片。

在城南社工服务社的影响下，A 市政府对社会工作的重视程度也在逐年提高。2012 年，A 市拥有社会工作者执业资格证的社会工作人员仅 80 名，大部分是社区居委会和街道的工作人员，专业社工社会组织也只有一家。2014 年以后，A 市引进专业社会工作者的数量逐年提高，社会工作专业的领军人才另外享有 10 万元以上安家补贴。此政策吸引了社会工作专业硕士以及其他相关专业如社会学、社会政策的博士等近 40 余人来 A 市开办社工机构。除了人才引进，A 市政府对本土人才的培养也加大了力度。从 2015 年起，本地学生本科就读社工专业的，每人每年奖励一万元。2015 年全市共计 10 名本科生选择社会工作专业，2016 年的数量更有所增加。

有学者认为，社会组织的自主性可以分为三个维度：在多大程度上可以自主决定提供产品的领域范围，在多大程度上可以自主决定组织活动的地域范围，在多大程度上可以自主决定组织内部的运作过程（黄晓春、嵇欣，2014）。城南社工服务社通过与镇政府的博弈获得了独立的人事权，自己可以独立决定人员招聘、调配和安排人事，其服务范围也扩展到了 A 市其他乡镇社区甚至其他城市，还主动争取到了红十字会和残联等部门的项目支持。

城南社工服务社在与各级政府的试探和博弈中赢得了政府的信任，拓展了行动空间，从一个在居委会和镇政府监督下解决社区矛盾、搞好社区活动的组织转变为一个可以不被干涉地自由使用工作方法、确定业务内容的组织；其工作范围从只在 B 社区扩大到 A 市其他社区甚至其他城市；其工作方式从被动提供服务走向主动影响居委会和镇政府，甚至引起市政府对社会工作专业和人才的重视。他们在与各级政府的互动中试探底线，改变行为，重塑边界。

四 试探和博弈中形成的边界和自主性

作为第三部门，社会组织与政府组织的行动逻辑和空间都存在差异，他们在互动中认识到各自行动的可能性和局限性，因而产生了社会组织与政府组织之间的边界。这个边界在双方的相互试探和博弈中会发生变动，甚至可能会被重塑。我们从本案例中可以分析出这个边界的特征。

第一，边界在社会组织与不同层级的政府组织之间互动产生。在本案例中，A市政府原本是苏南模式中"强政府"的集中体现，在征地拆迁的实践中包揽一切，并没有行动边界和自我约束行动空间的意识。在认识到自身局限性之后，A市政府培育了城南社工服务社这一社会组织，在互动的过程中对自己的行动局限性和能力产生了一定的认识，逐渐形成了边界意识，这就给社会组织提供了更多的行动空间。城南社工服务社也在与不同层级政府的互动中扩展其行动空间，同时也对自己行为的局限性和政府行动的底线有了进一步的认识，以至于他们不去触碰底线，而是去与政府建立良性的互动关系。

第二，边界是有弹性的，在双方的试探和博弈中会不断发生改变。在本案例中，最初B社区居委会对社工服务社一直保持提防抵触的态度。居委会必须维护社区稳定，所以他们不同意社工服务社举办大型社区活动。但是随着几次大型活动的成功举办，居委会有所妥协，社工服务社由此获得了更多的行动空间。城南镇政府试图控制社工服务社的人事权和资源以及业务种类，对社工服务社发动居民参与治理的活动也很警惕。但是通过双方的博弈，社工服务社获得了人事自主权，他们协助社区居委会组织起来的治理型社区的自组织——"义务相帮队"，也让镇政府看到了居民参与社会治理的好处，于是镇政府对其有所妥协和退让，这也给社工服务社让渡了更多的自主空间。市政府的诉求也在发生变化，从最初仅仅培育和孵化社会组织变成重视社会工作的专业性和社工人才的培养，给社会组织提供了更好的土壤。可以看出，城南社工服务社在与各级政府的不断博弈中重新认识到自身的能力和局限性，在提高自主性、扩大业务领域和拓展行动地域等方面都有所突破，甚至走出A市范围去获得更广阔的行动空间和更多的资源。

第三，边界是分层的，社会组织与不同层级政府之间的边界会有所不同。居委会虽然经常被居民视为政府部门的代言人，自身带有强烈的行政色彩。但就实质而言，居委会是自治组织，他们与社会组织之间的边界很模糊。在本案例中，B社区居委会主任对社工服务社的态度一开始很警惕，但由于实际工作中与之接触较多，她最能理解社工服务社的工作理念、服务精神和工作方法。社区居委会工作人员的行动逻辑偏向于实用主义，只要社工服务社的工作能产生实际的效果，他们就会做出相应的妥协和退让，这使得他们与社会组织之间的行动边界变得更加模糊。市级政府的制度诉求与社工服务社类似，所以他们容易对自己的行动空间做出适度的调试。相比之下，镇政府则更加保守，虽然通过双方互动，他们能够认识到社工服务社的工作能力，把人事自主权和业务领域自主权还给社工服务社，但是他们依然对社工服务社保持警觉，给予社工服务社的行动空间最小，其边界也最明显。在多次试探和博弈过程中，双方有妥协、有退让，也有坚持，各自的边界在其间形成和改变，这使得社会组织和各级政府慢慢了解到各自行动的底线和局限性以及突破局限性的可能性。

第四，自主性及其与边界的关系。前文提到社会组织自主性的三个维度，社会组织的自主性与行动的边界息息相关。自主性是社会组织获得更多行动空间，突破边界的基础，自主性的提升可以帮助其确定边界并拓展空间。如果社会组织的能力和自主性提升，其行动空间就有拓展的可能，与政府之间的行动边界也有可能被重塑。

五　结语

城南社工服务社的创立是A市政府实际需求的产物。政府从自己的需求出发，让渡部分权力和行动空间，培育了城南社工服务社这一社区社工组织。在初创阶段，城南社工服务社是 A 市政府自上而下主导和推行的产物，处于"强政府"的制度环境中，对政府的依赖程度很高，政府对其控制也较强。即便是这样，培育社会组织的制度环境也充满了缝隙，不同层级政府部门的制度逻辑和诉求有所不同，使得社会组织可以针对不同层级的政府部门采取不同的试探和博弈的行动策略，以谋求生存和发展的机会，拓展更多的行动空间，获得更大的自主性。社会组织与各级政府部门之间存在行动边界，边界在双方互动中形成，表现出弹性和分层的特点。随着双方的坚持、退让或者妥协，社会组织逐渐重塑与政府的边界。

然而，在行政逻辑替代社会逻辑时，什么要素在政府让渡权力和空间上起主导作用？回答这个问题，社会组织需要从政府行政逻辑的角度切入去考虑自己的运行方式。"强政府"制造的社会行动，一方面，源于工作开展中逐渐意识到的社会多元需求和压力；另一方面，源于从政绩角度考虑的创新需求。但无论从哪方面出发，"强政府"对社会组织的培育都会让渡出一定的权力和空间；不同政府部门让渡的空间不同，与社会组织之间的边界也有所不同。其中，乡镇基层政府对社会组织的态度最"顽固"，而民政部门对其态度最"开放"。后者容易理解，因为社会组织的发展程度与其政绩直接相关；然而前者却有较为复杂的原因。一方面，来自"维稳""一票否决"的压力和属地管理负责制度让乡镇政权面对可能存在风险的一切事务都持审慎态度；另一方面，这类社会治理方面的改革创新通常以县级政府或"条"部门为主体来开展，乡镇级政府很难动员足够的资源去进行社会治理和改革创新。在没有好处反会承担风险的情况下，他们对待社会组织的态度便符合情理，所以本案例中的城南镇政府对社工服务社的态度最冷淡。城南镇政府做出的选择更像是机会主义的权宜性选择，秉承着"不出事逻辑"（贺雪峰，2010），只选择眼前能看到的好处。基于各个部门各自不同的制度逻辑来考虑，不同层级和部门的政府组织释放的行动空间有所不同，从社会组织的行动空间和自主性生产的角度也可以反思政府行政逻辑对社会组织的影响。

由此看来，政府购买的能力建设类社会组织生产自主性的路径，有可能是自上而下与自下而上的复杂结合。关于社会组织的自主性生产机制，有学者认为"非协同治理—策略性应对"的双重机制塑造了一种极为独特的、当代中国社会组织的自主性生产机制。在"非协同治理"的制度生产框架下，社会力量作为制度生产的主体处于缺位状态，由此导致了社会组织自主性的生产与社会主体性发展相互脱节的现象。同时，这种制度环境强化了以项目为载体和"事本主义"的发展导向，导致社会组织的自主性生产长期停留在技术层面，变成权宜的选择（黄晓春、嵇欣，2014）。这就是我国当代社会组织发展的困境，对于城南社工服务社这类由政府培育而建设起来的社工社会组织来说，政府的孵化和培育造就了其本身自主性的先天不足；同时由于提供服务的种类限制了其进入市场的可能性，其自主性生产便受到了更多的限制。

但是在行政体系的不同制度逻辑中，拥有专业知识、技能和理念的社会组织会从自身诉求出发去采取试探和博弈的行动策略。在与各级政府互动的过程中，其自有的公共性可能会将社会组织带进自主性生产的轨道，自下而上地影响行政体系。从政府部门的角度而言，政府让渡出一定的权力和行动空间，社会组织就可以在一定程度上对其行动空间和自主性有所拓展，甚至潜移默化地对政府的行动逻辑产生影响。这种由政府自上而下建立，又由社会组织自下而上地对其产生影响的复杂结构造就了社会组织复杂的自主性，同时也体现了政府组织与社会组织之间关系的复杂性。

所以，本文存在的局限性有二。首先，我们只讨论了东部地区政府购买的能力建设类社工社会组织，对其他地区、其他类型的社会组织，如财政相对紧张的西部地区，以及直接提供公共服务的社会组织并无涉及，因此本文的讨论存在一定特殊性。就其类型所言，正如前文中提到的，能力建设类社工社会组织主要从事社区居民参与、能力培育和社区建设等业务，不直接面向群众提供公共服务。这类组织由于业务内容所限，对政府资源依赖较多，在市场中获得资源能力较差，因此对与政府的博弈较为重视。而那些直接提供公共服务的社会组织，如养老服务组织，它们在市场中获得资源能力较强，可以从被服务对象手中获得收入。对政府资源各自不同的依赖程度可能会影响到这两类不同类型社会组织与政府博弈的动力、姿态和具体方式。就其所处地域而言，A 市所处苏南地区，地方政府有充足的财政资金用于购买社会组织提供的服务；而在广大的中西部地区，地方政府往往缺乏购买社会服务的经费，或者财政资金相对紧张，因此这类社会组织与地方政府的关系也就有可能呈现出不同的特征。其次，对于行动边界特征的分析及其与自主性的关系还有进一步挖掘的空间。本文只对行动边界特征做了初步的分析，但就形成这些特征背后的原因，以及边界与自主性之间的深层关系的分析还不够，需要更加深入的研究。

参考文献

范明林，2010，《非政府组织与政府的互动关系——基于法团主义和市民社会视角的比较个案研究》，《社会学研究》第 3 期。

葛道顺，2011，《中国社会组织发展：从社会主体到国家意识——公民社会组织发展及其对意识形态构建的影响》，《江苏社会科学》第 3 期。

贺雪峰、刘岳，2010，《基层治理中的"不出事逻辑"》，《学术研究》第 6 期。

黄晓春、嵇欣，2014，《非协同治理与策略性应对——社会组织自主性研究的一个理论框架》，《社会学研究》第 6 期。

纪莺莺，2013，《当代中国的社会组织：理论视角与经验研究》，《社会学研究》第 5 期。

贾西津，2003，《中国公民社会发育的三条路径》，《中国行政管理》第 3 期。

康晓光、韩恒，2005，《分类控制：当前中国大陆国家与社会关系研究》，《社会学研究》第 6 期。

王春光，2013，《城市化中的"撤并村庄"与行政社会的实践逻辑》，《社会学研究》第 3 期。

王信贤，2006，《争辩中的中国社会组织研究：国家—社会的视角》，台北：韦伯出版公司。

张紧跟、庄文嘉，2008，《非正式政治：一个草根的行动策略——以广州业主委员会联谊会筹备委员会为例》，《社会学研究》第 2 期。

周雪光、艾云，2010，《多重逻辑下的制度变迁：一个分析框架》，《中国社会科学》第 4 期。

周雪光、练宏，2012，《中国政府的治理模式：一个"控制权"理论》，《社会学研究》第 5 期。

Lu, Yiyi, 2007, "The Autonomy of Chinese NGOs: A New Perspective." *China: An International Journal* 5 (2).

Saich, Tony, 2000, "Negotiating the State: The Development of Social Organization in China." *The China Quarterly* 161.

White, Gorden, 1993, "Perspective of Civil Society in China: A Case Study in Xiaoshan City." *The Australian Journal of Chinese Affiars* 29.

Pushing the Boundaries: Exploring the Action Space of a Social Organization in the context of Devolution in Urban China

Liang Chen [*]

Abstract: In recent years governance reforms in China have resul-

[*] Liang Chen is an associate researcher from Institute of Sociology, Chinese Academy of Social Sciences. She received her Bachelor's degree and Master's degree from Peking University and Ph. D. degree from CASS. Her main interest of research includes anti-poverty policy study, community and NGO development study. Her publication includes rural community study in Hebei province, anti-poverty project in some western provinces, and local governance and innovation programs across many Chinese provinces.

ted in significant changes in the role of social organizations. To provide further insight into this shift, this paper presents a case study of a social organization in a city in Southern Jiangsu. Drawing on a qualitative research methodology, the following discussion explores how emerging forms of new governance have expanded SOs' space for action and given them increased autonomy in the prevailing institutional environment. It also describes the respective action spaces and characteristics of local government. These two strands of the research are synthesized in order to provide new insights into the reshaping of the boundaries between SOs and the local state. The findings show how, in a government-dominated institutional environment, the devolution of power has certain positive impacts on the development of SOs.

Keywords: Social Organization (SO); Action Space; Boundaries

对我国医疗保险制度福利效应的评估

——基于选择性的分析

於 嘉*

摘 要 我国医疗保险制度经多年改革，产生的福利效应值得关注。本文利用 2010 年中国综合社会调查数据，采用倾向得分匹配法解决参保中选择性问题，全面评估医保制度的福利效应。研究显示，医保将促进个人健康、增加医疗支出、减轻家庭对获取医疗服务与支付重病治疗的担心，并提高居民幸福感与对政府信任感，具有较好的直接效应与社会效应。然而，医保并未减轻医疗支出对家庭的压力，这表明降低我国就医费用仍是未来医保制度发展的重要方向。

关键词 医疗保险 福利效应 社会效应 倾向得分匹配

一 引言

医疗保险制度被视作国家公共医疗卫生体系和社会保障体系的重要组成部分，其目的在于增加医疗保健服务的可及性、改善公民的健康与提高预期寿命，以及减轻家庭的医疗费用负担。除

---

* 於嘉（1988 - ），女，辽宁大连人，北京大学社会研究中心，助理教授，博士，主要从事人口社会学、劳动经济学研究。

此之外，作为国家社会福利制度的重要方面，医疗保险制度的目标同样包括促进社会公平和维持社会秩序的稳定。

中华人民共和国成立以来，我国就开始建设医疗保险制度。改革开放以前，城镇地区的医疗保险主要包括机关与事业单位人员的公费医疗和企业职工与退休人员的企业劳保医疗，农村地区则是合作医疗保险制度。然而，随着经济体制的改革，以往的医疗保险制度显现出大量弊端，农村地区的医疗保险状况也变得较差。因此，为了增进医疗保险制度的效率和公平、扩大医疗保险的覆盖面，90 年代以来，我国在城镇与农村地区推行了医疗保险改革，努力完善我国的社保体系。根据《中国统计年鉴》，2000 年至 2009 年，我国的医疗保险支出的年增长率达到 47%（白重恩、李宏彬、吴斌珍，2012）。而中国新医改规划也要求政府（2009 ~ 2011 年）每年投入约 1300 亿元来完善我国的医疗保险制度。面对如此巨额的财政支出和大量人力物力的投入，评估我国医疗保险制度具体产生了什么效果也成为学界与社会关注的焦点。

以往的研究发现，医疗保险制度可以显著地增加城镇老年人的预期寿命、降低老年人的死亡率、提高老年人及时就医的概率和增进老年人的幸福感，有利于促进城镇参保个人的健康，增加农村家庭的非医疗支出类消费、带动全国的消费及降低储蓄率，并释放了家庭的医疗需求。然而，如何评估医疗保险制度这一政策的影响仍然留有许多需要探索的空间，除了评估医疗保险是否减轻了居民的看病负担、改善了健康状况等直接效应外，医疗保险制度带来的社会效应也应该被考虑在内进行评估。因此，本研究将弥补目前文献的不足，综合地评估医疗保险制度的福利效应，除了评估医疗保险制度对我国城乡家庭健康、消费等方面的影响外，也将评估医疗保险制度如何影响居民的医疗负担感、主观幸福感和政府信任感等社会效应。

本研究利用具有全国代表性的微观数据——2010 年中国综合社会调查（CGSS2010），综合估计医疗保险制度的福利效应。由于人们可以根据自身的状况选择性地参加医疗保险，而自身的状况可能与家庭医疗消费等医疗保险带来的后果相关，因此如果不考虑这一内生性问题直接估计医疗保险的效应，其结果将是有偏的。为了解决这一内生性问题，本文将基于反事实因果分析框架，利用倾向得分匹配方法进行估计。结果显示，我国的医疗保险制度显著地改善了居民的健康状况，在没有增加个人实际支出医疗费用的情况下，医疗保险增加了居民总体的医疗支出，增加了居民对医疗服务的利用，一定程度上达到了这一政策的直接目标。除此之外，医疗保险制度也减轻了居民对无法获取医疗服务的担心和对患重病时无法支付医药费用的担心，充分体现了"社会防护网"的作用。然而，医疗保险制度并没有在心理上减轻居民对于医疗费用支出的压力。最后，我国的医疗保险制度也产生了较好的社会效应，无论居民的幸福感还是对政府的信任感都有所提升。

二 制度背景与文献综述

1. 制度背景

我国的医疗保险制度自中华人民共和国成立以来经历了几个阶段的发展，且在城镇与农村地区有所不同。在城镇地区，最初的医疗保险制度主要由覆盖机关与事业单位人员的公费医疗和覆盖企业职工与退休人员的企业劳保医疗组成，然而由于保障水平过高且缺乏制约机制，该体制效率低下且浪费严重。因此我国从1990年代开始在城镇地区实施社会统筹试点，以1998年底出台的《国务院关于建立城镇职工基本医疗保险制度的决定》为标志，我国城镇地区正式全面开始实施社会统筹和个人账户相结合的城镇职工基本医疗保险制度。这一制度的主要特征为"统账结合"，即利用医疗保险统筹基金支付符合基本医疗保险的住院及门诊特定项目费用，而个人账户则用于支付符合基本医疗保险的门诊费用、定点零售药店购药费用及住院与门诊特定项目费用中个人负担的部分，当医疗费用超出个人账户余额时，超出部分由个人自付。

我国的农村地区在 1955 年开始实施农村合作医疗保险制度，并在其后的二三十年里得到了大力发展，覆盖了农村绝大多数人口。然而随着改革开放，旧的农村合作医疗制度逐渐衰落。为了防止农民因病致贫、因病返贫，国家在 2003 年提出实施新型农村合作医疗保险制度（新农合），即由政府组织、引导、支持，农民自愿参加，个人、集体和政府多方筹资，以大病统筹为主的农民医疗互助共济制度。新农合覆盖了大部分多发病、常见病及急性传染病，并根据门诊、住院和大病医疗费用的金额实行不同的报销比例，近些年政府不断加大投入和提高报销比例。至今，无论在城镇地区还是农村地区，医疗保险已经覆盖了大多数人群。

2. 文献综述

以往对医疗保险实施效果评估的文献主要有两方面：一是医疗保险对医疗服务需求和消费的影响，二是医疗保险对健康的影响。

以往有关医疗服务需求与消费的研究主要集中在美国等发达国家与地区，针对中国的研究较少。近几年，随着可用数据的增加，学者们评估了我国医疗保险制度对及时就诊概率、医疗消费支出、非医疗消费支出等方面的影响。甘犁等（2010）根据对宏观数据的研究指出，政府在新农合上的投资将撬动约 2.36 倍的农村居民消费，城镇职工医疗保险带动了其 4.16 倍的城镇家庭消费，总的来看，基本医疗保险带动了全国约 7% 的消费。马双等（2010）的研究表明新农合将显著地增加农村家庭的食品消费。而白重恩等（2012）和臧文斌等（2012）的研究也同样显示了医疗保险与消费之间的正向关系，利用农村观测的微观面板数据发现，新农合使得非医疗支出类的家庭消费增加了 5.6%，且这一正向影响在收入较低或健康状况较差的家庭中更显著。针对城镇地区的老年人，黄枫与甘犁（2012）的研究表明医疗保险将显著增加其医疗支出。胡宏伟等（2010）基于9城市家庭追踪面板数据的研究表明，医疗保险显著地释放了家庭的医疗需求，促进了家庭医疗消费绝对量和相对比例的提高。利用微观数据，近年来的几项研究发现，医疗保险促进了老年人医疗服务的利用，增加了老年人医疗费用的住院支出与总支出，提高了老年人的及时就医概率与住院率。

医疗服务的利用是为了获得健康（Grossman，1972），因此医疗保险在增加了医疗消费与服务利用的基础上，能否增进居民的健康便成为研究者关注的重要问题。以往针对美国等西方国家的研究结果并不统一，一部分研究发现医疗保险将显著地改善人们的健康状况，降低65岁以上急诊入院病人的死亡率（Card et al.，2009）；然而另一部分研究则表明医疗保险制度并没有显著降低65岁以上人群死亡率，且对个人自评健康没有产生显著的影响（Finkelstein and MaKnight，2008；King et al.，2009）。国内对这一议题的研究最近几年开始增多，研究者们发现医疗保险可以显著地提升城镇地区老年人的健康水平并降低其死亡率（黄枫、甘犁，2012；黄枫、吴纯杰，2009），医疗保险对城镇居民的健康有着促进作用，且对社会经济状况较差的人群影响更大（潘杰等，2013）。对于农村地区，吴联灿和申曙光（2010）发现新农合对个人自评健康有小幅正影响。王翌秋与雷晓燕（2011）、程令国与张晔（2012）的研究均表明，新农合提高了农村老年人的健康水平，提高了老年人对自身慢性病的知晓度。

从上述文献看，不同的研究采用了不同的模型从不同角度估计了医疗保险对医疗需求与消费、健康状况等客观方面的影响。然而，除了经济上对居民医疗负担的减轻之外，医疗保险能否减轻居民在看病上的心理负担也至关重要，但是相关研究却较为缺乏。除此之外，作为我国社会保障体系的重要方面，医疗保险制度的社会效应——医疗保险能否增加居民的幸福感、增进居民对政府的信任度等方面——却较少受到关注，尚未见到相关研究。本文希望弥补目前文献的不足，除了对医疗保险制度对居民的客观效应进行评估外，也将评估对居民主观的效应及讨论可能带来的社会效应。

三　数据与模型

1. 数据与变量

本文使用的数据来自 2010 年中国综合社会调查 (CGSS 2010)，该调查采用多阶分层概率抽样，调查范围覆盖了中国大陆 31 个省份，调查对象为 17 岁以上的居民，在城镇与农村地区分别进行了样本的随机收集，因此研究结论可以进行全国城乡层次的推广。CGSS2010 最终的有效样本量为 11785 个。在剔除缺失值后，本研究使用的有效样本包括了 9522 个个人，其中 8371 人拥有医疗保险，1151 人没有医疗保险，一定程度显示出我国医疗保险在 2010 年时覆盖面已经相当广。

本文的因变量主要包括医疗保险制度的直接效应和社会效应两方面。其中，直接效应包括受访者的健康状况和医疗费用。健康状况测量的是受访者目前的身体健康状况，是一个定序变量，1~5 分别表示"很不健康"、"比较不健康"、"一般"、"比较健康"和"很健康"。医疗支出有两个测量指标，一个是受访者当年总的医疗费用，另一个为受访者当年自付的医疗费用，且均对其取了对数。社会效应包括居民看病负担、幸福感和对政府信任度三个方面。居民看病负担包括三个测量指标，一是医疗支出对家庭造成的压力，1~5 分别表示"没有压力"、"很少"、"一般"、"明显"、"非常大的压力"；二是是否担心无法获得医疗服务，1~4 分别表示"非常担心"、"有点担心"、"不是很担心"和"完全不担心"；三是是否担心因自己或家人患重病时付不起医疗费用，

1~4 分别表示 "非常担心"、"有点担心"、"不是很担心" 和 "完全不担心"。[①] 受访者的幸福感分为五个类别，1~5 分别表示 "非常不幸福"、"比较不幸福"、"说不上幸福不幸福"、"比较幸福" 和 "非常幸福"。政府信任度有两个指标，分别为对中央政府的信任程度和对地方政府的信任程度，其中 1~5 分别表示 "完全不可信"、"比较不可信"、"居于可信与不可信之间"、"比较可信" 和 "完全可信"。

本文的最主要解释变量为受访者是否拥有各种形式的医疗保险（是 =1）。用于预测倾向性得分的变量包括受访者的年龄、性别、受教育年限、是否在婚、是否有工作、上一年的收入状况、党员身份、儿子数量、女儿数量、是否城市户口和受访者所在省份 2009 年的人均 GDP。在根据倾向得分获得匹配样本后对上述因变量进行分析时，还将纳入家庭收入、工作类型等控制变量。

2. 实证分析框架

以往对医疗保险制度影响的研究中，为了探寻因果关系，学者们大多基于地区的差异，选用双重差分法来比较参与医疗保险的群体与未参加医疗保险的群体在参保前与参保后的差别，以此了解医疗保险制度的影响。然而双重差分法的一个重要的问题在于个体不能够影响他们进入参与组还是控制组。在城镇与农村医疗保险改革阶段，将试点地区与其他地区作为参与组与控制组是行得通的，然而随着医疗保险制度从试点走向了全国的覆盖，这时是否参与医疗保险制度很大程度上由个体决定而非制度障碍的影响，利用双重差分法也就不再那么恰当了。然而，如果直接比较参保者与未参保者

---

① 在 CGSS2010 中，随机抽取了全部受访者的三分之一回答有关医疗与健康的子问卷。文中对 "是否担心无法获得医疗服务" 与 "是否担心无法负担医疗费用" 的展示的结果，是根据全样本进行匹配，然后在匹配样本中选取回答了这两个问题的样本进行分析获得的。本文也尝试只对回答了健康问卷的子样本进行匹配，然后根据子样本的匹配样本进行分析，得出结果与文中显示结果基本相同。

在指标上的差别也存在一定的问题，因为是否参与医疗保险的选择并不是随机的，这一决策可能受到年龄、收入、受教育程度等多方面因素的影响，甚至医疗支出这一评估指标也会影响到个体是否参加医疗保险。由于这一内生性问题，简单地比较参与医疗保险的个体与未参与医疗保险的个体在各个指标上的差别得到的结果可能是有偏的，得出的并不一定是真正的政策影响。因此本文选择利用倾向得分匹配这一方法来解决这一内生性问题，即利用受访者年龄、受教育程度等方面的信息，构造出一个真正可比的参保组与未参保组，然后通过重新构造出来的包含着可比对象的样本来估计医疗保险的真正效应。具体来讲，首先将利用 Logistic 模型估计个人是否会选择参保的概率，然后选定一个尺度，针对每一个未参保人，找出与其概率较为接近的一个或多个参保人进行配对，然后根据这个配对的样本估计参保人与未参保人在健康状况、医疗支出、医疗压力、幸福感、对政府信任度等方面的差异。

其中，针对健康状况、幸福感、对政府信任度、医疗压力等定序变量，由于使用一般线性回归方法会违反方差齐次性的要求，因此本文利用定序 Logit 模型（Ordinal Logit Regression）对其进行分析。对于医疗支出这一连续变量，由于有大量受访者当年并没有产生医疗费用，为了解决因变量不符合正态分布的问题，本文使用 Tobit 回归模型来进行分析。

四　分析结果

首先，我们基于 Logistic 回归估计每个个体是否有医疗保险的倾向值得分，回归模型的结果见表 1。由于我国医疗保险现在的覆盖程度比较高，大多数人都已经有了医疗保险，而倾向得分匹配的核心在于为每一个处理组的观测对象找到一个或多个控制组的观测对象，如果将参与医疗保险的居民作为参与组，那么将不具有足够控制组样本来进行配对。因此在表 1 的 Logistic 回归中，我

们的因变量为是否参加医疗保险，其中没有参加医疗保险的居民
被视作处理组，赋值为 1，参与医疗保险的居民被视作控制组，赋
值为 0，这样可以提高倾向得分匹配的效率。

表 1　预测是否有医疗保险的 Logistic 模型结果

因变量	是否有医疗保险（没有 = 1）	
	非标准化回归系数	标准误
年龄	− 0.032 ***	0.003
男性（是 = 1）	0.124 *	0.066
受教育年限	− 0.075 ***	0.013
是否在婚（是 = 1）	− 0.531 ***	0.076
现在是否有工作（是 = 1）	− 0.359 ***	0.075
去年个人年收入	1.316e − 07	3.091e − 07
是否党员（是 = 1）	− 0.670	0.131
是否农村户口（是 = 1）	− 0.644 ***	0.079
所在省份 2009 年人均 GDP	5.413e − 06 ***	2.076e − 06
儿子数量	0.057	0.047
女儿数量	0.024	0.040
常数项	0.938 ***	0.232
样本量	9522	

注：非标准化回归系数，*** $p < 0.01$，** $p < 0.05$，* $p < 0.1$。

　　从表 1 中我们可以看出，年龄较大的居民、受教育程度更高的
居民、在婚的居民、现在有工作的居民、党员、农村户口的居民
和所在省份人均 GDP 越高的居民拥有医疗保险的概率越高。利用
表 1 中的结果，我们可以预测每个居民参与医疗保险的倾向得分，
然后利用这些倾向得分进行匹配。在这个研究中，我们选择用邻
近匹配（Nearest Neighborhood Matching）的方式进行匹配，① 即为

────────────

① 匹配的方法还包括核心匹配（Kernal Matching）、标尺匹配（Radius Matching）
等，限于篇幅不对匹配的方法进行更多的探讨。

每一个处理组的个体选择与其倾向值最接近的控制组的个体进行匹配。最后得到的匹配样本为 2448 人，其中未参与医疗保险的 1265 人，参与医疗保险的 1183 人。① 表 2 显示了未匹配样本和匹配样本中，参保人与未参保人在一些主要自变量与因变量上的描述性统计结果。我们可以看到，在匹配样本中，参保人与未参保人在年龄、受教育年限、婚姻状况、是否有工作、党员身份、户口等自变量上的均值均比未匹配前更为接近，即匹配样本中参保人与未参保人更具可比性。在因变量方面，匹配样本中的描述性统计结果也与未匹配样本中有着一定的差异，而这一差异正来源于个体在参与医疗保险与不参与医疗保险上的选择性。

表 2　匹配前与匹配后样本描述性统计结果

			未匹配样本 (N = 9952)		匹配样本 (N = 2448)	
			均值	标准差	均值	标准差
自变量	年龄	参保人	48.457	14.858	44.087	15.323
		未参保人	43.994	15.777	43.994	15.772
	受教育年限	参保人	9.456	3.441	9.670	3.447
		未参保人	9.622	3.234	9.617	3.23
	是否在婚	参保人	0.843	0.360	0.728	0.43
		未参保人	0.734	0.443	0.732	0.44
	现在是否有工作	参保人	0.676	0.449	0.634	0.48
		未参保人	0.629	0.484	0.629	0.48
	是否党员	参保人	0.141	0.353	0.083	0.27
		未参保人	0.070	0.248	0.073	0.25
	是否农村户口	参保人	0.543	0.495	0.445	0.49
		未参保人	0.442	0.494	0.439	0.50

---

① 虽然每个个体都有倾向值得分，但是由于有的个体得分太高或者太低，无法找到匹配的样本，因此并非每一个参与组的个体都可以找到匹配的对象。

续表

			未匹配样本 （N = 9952）		匹配样本 （N = 2448）	
			均值	标准差	均值	标准差
自变量	所在省份人均 GDP（万元）	参保人	3.054	1.685	3.097	1.713
		未参保人	3.227	1.548	3.227	1.548
因变量	健康状况	参保人	3.593	1.123	3.753	1.078
		未参保人	3.694	1.114	3.688	1.109
	自付医疗 费用对数	参保人	5.508	3.227	5.291	3.256
		未参保人	5.118	3.242	5.183	3.243
	全部医疗 费用对数	参保人	5.892	3.213	5.682	3.237
		未参保人	5.344	3.244	5.340	3.240
	医疗支出压力	参保人	2.875	1.418	2.812	1.422
		未参保人	2.783	1.366	2.768	1.373
	担心无法获得 医疗服务	参保人	1.889	1.003	1.989	1.019
		未参保人	1.798	0.922	1.803	0.920
	担心无法支付 医疗费用	参保人	1.633	0.927	1.679	0.971
		未参保人	1.503	0.791	1.503	0.786
	幸福感	参保人	3.792	0.869	3.774	0.903
		未参保人	3.604	0.934	3.601	0.927
	中央政府 信任度	参保人	4.427	0.773	4.415	0.804
		未参保人	4.273	0.845	4.273	0.853
	地方政府 信任度	参保人	3.934	1.023	3.914	1.045
		未参保人	3.791	1.068	3.785	1.068

接下来我们将对匹配的样本进行统计分析，同时也对未匹配样本进行同样的分析来比对是否存在着因为内生性造成的有偏估计。表 3 显示了医疗保险对受访者健康状况的影响。[①] 我们可以看

———————

① 限于篇幅，除了关键字变量——是否有医疗保险，其他变量的回归结果不在文中显示。

到，在未匹配样本中，医疗保险对受访者健康状况没有显著的影响，而在控制了选择性后，医疗保险对受访者的健康状况有显著的改善作用。

表 3　对受访者健康状况的定序 Logit 回归结果

	因变量：受访者健康状况 （1 = 很不健康，5 = 很健康）	
	未匹配样本	匹配样本
是否有医疗保险	0.012 （0.058）	0.140 * （0.078）
其他变量已控制		
样本量	9522	2448
似然对数值	− 12947.913	− 2959.792
卡方值	1828.324	485.227
卡方检验	0.000	0.000

注：1. 表中显示为非标准化回归系数，括号内为标准误；
2. *** $p < 0.01$，** $p < 0.05$，* $p < 0.1$。下同。

表 4 显示了参与医疗保险对上一年全部支付医疗费用的影响和参与医疗保险对上一年个人支付医疗费用的影响。可以看出，在匹配样本中，估计的系数低于未匹配样本，这一定程度上反映了个人可能出于自身情况的考虑，如年龄较大更可能接受医疗服务，而选择是否参与医疗保险，在解决这一个人选择性问题后，医疗保险与医疗费用之间的相关系数会变小。在匹配样本中我们观察到，有医疗保险的居民虽然产生的全部医疗费用更高（比没有医疗保险的居民高出31%），但是个人支付的部分与没有医疗保险的居民没有显著差别。这一结果表明，虽然医疗保险整体上增加了居民医疗费用的支出，但是个人支出的部分并没有增加，相比于未参与医疗保险的居民，其多支出的医疗费用其实是由医疗保险制度来支付的，而这也说明了我国的医疗保险制度的确使得一些居民在不增加个人支出的情况下，享受了更多的医疗服务。

表4 对上一年个人支付与全部支付医疗费用的 Tobit 回归结果

	因变量：上一年全部支付医疗费用的自然对数		因变量：上一年个人支付医疗费用的自然对数	
	未匹配样本	匹配样本	未匹配样本	匹配样本
有医疗保险	0.419 ***	0.310 *	0.158	0.039
	(0.128)	(0.176)	(0.133)	(0.181)
其他变量已控制				
样本量	9522	2448	9522	2448
似然对数值	-23124.746	-5432.879	-23417.793	-5496.223
卡方值	305.273	62.121	286.156	57.823
卡方检验	0.000	0.000	0.000	0.000

表5显示的是参与医疗保险对于医疗压力与负担看法的定序 Logit 回归结果。类似的，我们可以看到匹配样本与未匹配样本的估计结果差异较大，这也是由于选择性这一内生问题造成的。根据匹配样本的结果我们可以看到，无论有没有医疗保险，医疗支出均对家庭造成了一定的压力，超过一半家庭对医疗支出感到了明显的压力，这反映出我国"看病贵"的问题仍然没有解决。而

表5 对医疗压力与负担的定序 Logit 回归结果

	因变量：医疗支出对家庭造成的压力（1=没有压力，5=非常有压力）		因变量：担心无法获得医疗服务（1=非常担心，5=不担心）		因变量：担心重病时付不起医药费用（1=非常担心，5=不担心）	
	全样本	匹配样本	全样本	匹配样本	全样本	匹配样本
有医疗保险	0.057	0.032	0.155	0.369 ***	0.296 **	0.430 ***
	(0.056)	(0.076)	(0.105)	(0.142)	(0.117)	(0.156)
其他变量已控制						
样本量	9522	2448	3125	714	3125	714
似然对数值	-14762.247	-3494.912	-3754.729	-862.028	-3120.434	-697.841
卡方值	695.615	131.743	162.586	38.193	269.374	56.912
卡方检验	0.000	0.000	0.000	0.001	0.000	0.001

对担心无法获得医疗服务和担心重病时无法支付医疗费用的分析结果显示，医疗保险可以显著地缓解居民对于医疗服务获得和重病时医疗费用支出的担心。前者反映出我国医疗保险制度建设中对医疗硬件设施和医疗服务人员进行大力投入的成效，后者与我国医疗保险制度中的"城乡大病医疗保险"等项目的实施息息相关，也预示着医疗保险制度确实为我国居民和家庭在面临重大疾病时提供了一定的保障与支持。

表 6 中显示的是参与医疗保险对于幸福感和政府信任度的影响。可以看出，参与医疗保险可以显著地提高居民的幸福感，增加居民对中央政府以及地方政府的信任感。这些结果表明，除了改善居民健康状况等直接的政策目标外，医疗保险政策也产生了积极的社会效应，这也显示出医疗保险制度作为我国社会保障制度的一个重要组成部分，一定程度上起到了维护社会稳定、提升居民生活幸福感等福利制度应有的作用。

表 6　基于全样本和匹配样本对幸福感与政府信任度的
OLS 回归结果

	因变量：幸福感 (1 = 非常不幸福，5 = 非常幸福)		因变量：对中央政府的信任 (1 = 非常不信任，5 = 非常信任)		因变量：对地方政府的信任 (1 = 非常不信任，5 = 非常信任)	
	全样本	匹配样本	全样本	匹配样本	全样本	匹配样本
有医疗保险	0.329 *** (0.061)	0.351 *** (0.081)	0.230 *** (0.062)	0.372 *** (0.085)	0.153 *** (0.059)	0.201 ** (0.078)
其他变量已控制						
样本量	9522	2448	9522	2448	9522	2448
似然对数值	− 11216.187	− 2793.239	− 9037.008	− 2239.713	− 12285.513	− 2971.925
卡方值	404.013	100.134	1011.048	302.289	670.763	158.426
卡方检验	0.000	0.000	0.000	0.000	0.000	0.000

五　结论

本文利用具有全国代表性的微观数据——2010 年中国综合社会调查，基于倾向得分匹配的方法，评估了我国医疗保险制度的福利效应，包括直接效应与社会效应，结论如下。

首先，与以往研究发现一致，本文的研究结果显示，医疗保险对居民的健康状况有着正向的影响。此外，医疗保险将显著提高居民总的医疗支出，但是并没有增加医疗支出中个人支出的部分。这些结果表明，我国的医疗保险的确改善了居民的健康状况，在不加重个人负担的前提下增加了居民对医疗服务的使用，一定程度上达成了这一制度的直接目标。

其次，我国医疗保险制度减轻了居民对患重病时无法支付医药费用的担心和居民对无法获取医疗服务的担心，充分体现了"社会防护网"的作用，而医疗保险制度中有关大病重病的项目也获得了一定成效，需要持续的展开。但是，医疗保险制度并没有在心理上减轻居民对于医疗费用支出的压力。这表明我国的医疗改革仍然需要进一步的深化，尤其是在医疗费用方面，如何降低就医费用将是未来医疗保险制度发展的一个重要方向。

最后，我国的医疗保险制度也产生了较好的社会效应，无论是居民的幸福感还是居民对政府的信任感都有所提升。因此，进一步推动医疗保险的覆盖和医疗保险内容的改善将切实地增加我国居民的福祉，也将帮助政府更好地应对和解决居民面对的困难。

参考文献

白重恩、李宏彬、吴斌珍：《医疗保险与消费：来自新型农村合作医疗的证据》，《经济研究》2012 年第 2 期，第 41～53 页。

胡宏伟、张小燕、赵英丽：《社会医疗保险对老年人卫生服务利用的影响——

基于倾向得分匹配的反事实估计》，《中国人口科学》2012 年第 2 期，第 57～66 页。

黄枫、甘犁：《医疗保险中的道德风险研究——基于微观数据的分析》，《金融研究》2012 年第 5 期，第 193～206 页。

黄枫、吴纯杰：《中国医疗保险对城镇老年人死亡率的影响》，《南开经济研究》2009 年第 6 期，第 126～137 页。

刘明霞、仇春涓：《医疗保险对老年人群住院行为及负担的绩效评价——基于中国健康与养老追踪调查的实证》，《保险研究》2014 年第 9 期，第 58～70 页。

亓寿伟、周少甫：《收入、健康与医疗保险对老年人幸福感的影响》，《公共管理学报》2010 年第 1 期，第 100～107 页。

王新军、郑超：《医疗保险对老年人医疗支出与健康的影响》，《财经研究》2014 年第 12 期，第 65～75 页。

潘杰、雷晓燕、刘国恩：《医疗保险促进健康吗？——基于中国城镇居民基本医疗保险的实证分析》，《经济研究》2013 年第 4 期，第 130～142、156 页。

甘犁、刘国恩、马双：《基本医疗保险对促进家庭消费的影响》，《经济研究》2010 年第 S1 期，第 30～38 页。

胡宏伟、刘雅岚、张亚蓉：《医疗保险、贫困与家庭医疗消费——基于面板固定效应 Tobit 模型的估计》，《山西财经大学学报》2012 年第 4 期，第 1～9 页。

马双、臧文斌、甘犁：《新型农村合作医疗保险对农村居民食物消费的影响分析》，《经济学（季刊）》2010 年第 1 期，第 249～270 页。

臧文斌、刘国恩、徐菲、熊先军：《中国城镇居民基本医疗保险对家庭消费的影响》，《经济研究》2012 年第 7 期，第 75～85 页。

程令国、张晔：《"新农合"：经济绩效还是健康绩效？》，《经济研究》2012 年第 1 期，第 120～133 页。

Grossman, M., 1972, "On the Concept of Health Capital and the Demand for Health". *Journal of Political Economy*, 80 (2): 223 – 255.

Card, D., Dobkin, C., Maestas, N., 2009, "Does Medicare Save Lives?". *Quarterly Journal of Economics*, 124 (2): 597 – 636.

Finkelstein, A., McKnight, R., 2008, "What Did Medicare Do? The Initial Impact of Medicare on Mortality and Out of Pocket Medical Spending". *Journal of Public Economics*, 92 (7): 1644 – 1668.

King, G., Gakidou, E., Imai, K., Lakin, J., Moore, R. T., Nall, C., Ravishankar, N., Vargas, M., Tellez-Rojo, M. M., Avila, J. E. H., Avila, M., Llamas, H. H., 2009, "Public Policy for the Poor? A Randomized Assessment of the Mexican Universal Health Insurance Programme". *The Lancet*, 373 (9673): 1447 – 1454.

吴联灿、申曙光：《新型农村合作医疗制度对农民健康影响的实证研究》，《保险研究》2010 年第 6 期，第 60 ~ 68 页。

王翌秋、雷晓燕：《中国农村老年人的医疗消费与健康状况：新农合带来的变化》，《南京农业大学学报》（社会科学版）2011 年第 2 期，第 33 ~ 40 页。

Evaluating the Welfare Effect of Medical Insurance in China
—A Propensity Score Matching Analysis

Yu Jia [*]

Abstract: The overall welfare effect of Chinese medical insurance system is a research question worth in-depth exploration. Capitalizing on data of China General Social Survey 2010, applying propensity score matching to solve the selection problem, this study evaluates the direct effects and social effects of medical insurance system in China. The results show that medical insurance is positively associated with individual health condition, and it increases residents' overall expenditure on medical care without increasing the expenditure paid by individuals. In addition, medical insurance significantly relieves the families' worry of medical

---

[*] Yu Jia is an Assistant Professor of social research at Peking University. She received her Ph. D. degree from Hong Kong University of Science and Technology. Her research interest lies in the Chinese family and gender inequality. She has published articles about housework division, marriage entry, cohabitation, and parenthood in China. Her current work is on the Second Demographic Transition in China.

service and expense of serious disease, and improves the residents' happiness and trust in government. However, medical insurance does not reduce the pressure of medical expenditure on Chinese residents, implying that reduce the medical cost is still the future development goal of medical insurance system in China.

Keywords: medical insurance; welfare effect; social effect; propensity score matching

图书在版编目（CIP）数据

社会政策与地方治理：欧洲和中国的经验／肖林，
（英）张倩仪（Sin Yi Cheung）主编. -- 北京：社会科
学文献出版社，2019.12
　（社会政策丛书）
　ISBN 978 - 7 - 5201 - 5047 - 7

　Ⅰ.①社…　Ⅱ.①肖…②张…　Ⅲ.①社会福利 - 对
比研究 - 中国、欧洲 - 文集②地方政府 - 行政管理 - 对比
研究 - 中国、欧洲 - 文集　Ⅳ.①D632.1 - 53②D750.7 - 53
③D625 - 53④D750.32 - 53

　中国版本图书馆 CIP 数据核字（2019）第 118780 号

社会政策丛书
社会政策与地方治理：欧洲和中国的经验

主　　编／肖　林　〔英〕张倩仪（Sin Yi Cheung）

出 版 人／谢寿光
责任编辑／隋嘉滨

出　　　版／社会科学文献出版社·群学出版分社（010）59366453
　　　　　　地址：北京市北三环中路甲 29 号院华龙大厦　邮编：100029
　　　　　　网址：www.ssap.com.cn
发　　行／市场营销中心（010）59367081　59367083
印　　装／三河市尚艺印装有限公司

规　　格／开　本：787mm × 1092mm　1/16
　　　　　　印　张：20.25　字　数：268 千字
版　　次／2019 年 12 月第 1 版　2019 年 12 月第 1 次印刷
书　　号／ISBN 978 - 7 - 5201 - 5047 - 7
定　　价／118.00 元